古典文獻研究輯刊

二四編

潘美月・杜潔祥 主編

第 3 冊

詩經斠詮評譯（三）

蔡 文 錦 著

國家圖書館出版品預行編目資料

詩經斠詮評譯（三）／蔡文錦 著 -- 初版 -- 新北市：花木蘭
文化出版社，2017〔民 106〕
目 4+256 面；19×26 公分
（古典文獻研究輯刊 二四編：第 3 冊）
ISBN 978-986-404-989-9（精裝）
1. 詩經 2. 注釋 3. 研究考訂
011.08   106001862

ISBN-978-986-404-989-9

古典文獻研究輯刊
二四編　第 三 冊   ISBN：978-986-404-989-9

詩經斠詮評譯（三）

作　者	蔡文錦
主　編	潘美月　杜潔祥
總 編 輯	杜潔祥
副總編輯	楊嘉樂
編　輯	許郁翎、王筑　美術編輯　陳逸婷
企劃出版	北京大學文化資源研究中心
出　版	花木蘭文化出版社
社　長	高小娟
聯絡地址	235 新北市中和區中安街七二號十三樓
	電話：02-2923-1455／傳眞：02-2923-1452
網　址	http://www.huamulan.tw 信箱 hml 810518@gmail.com
印　刷	普羅文化出版廣告事業
初　版	2017 年 3 月
全書字數	915287 字
定　價	二四編 32 冊（精裝）新台幣 62,000 元

詩經斠詮評譯(三)

蔡文錦 著

目

次

卷十二　國風十二

陳　風

　　陳，相傳伏犧氏的故城，古國名。周武王滅商，封虞舜的後裔胡公媯滿於陳（陳，今河南省淮陽縣）以奉舜祀，加以政治聯姻，配以元女太姬。太姬無子而好巫覡禱祈神靈、歌舞之樂，陳幽公時以下政衰，淫樂無度。陳國在今河南淮陽、柘城與安徽省亳州一帶。前 544 年，季札評《陳風》:「國無主，豈能久乎！」是說陳幽公時政治衰敗，陳桓公時亂作而國人心散，尤其荒唐的是陳靈公六年（前608）楚國伐陳，前600年陳靈公竟「與大夫孔甯、儀行父皆通於夏姬，衷其衣以戲於朝」，前598年靈公被殺。如果說《宛丘》《東門之枌》是陳國尚巫尚舞的風俗畫，詩人在誇陳國女巫舞蹈家的風姿綽約、舞姿優美，又刺以「無冬無夏」、「不績其麻」，《衡門》則是寫伏犧氏道家文化的發祥地隱逸宗詩人的遠離紅塵俗世紛爭的一股仙靈之氣，天人合一，擁抱大自然別有人生情趣與詩趣；《東門之池》《月出》《澤陂》是陳國眞情相戀的眞率告白；《墓門》寫出女詩人的眞情規諫；《防有鵲巢》則是勸國王莫聽讒言、勸丈夫提防離間；《東門之楊》則是寫情人幽會而一方失約。總之，並不盡如漢·鄭玄《詩譜》:「國人傷而刺之，陳之變風作矣。」宋·王

安石《臨川集補遺》所云「《陳風》皆刺」。其實，鄭、王所論不免片面，《陳風》中《東門之枌》《衡門》《東門之池》《東門之楊》《月出》《澤陂》六篇屬於褒揚類的詩歌，則已超半數。顧鎮《虞東學〈詩〉》5「今讀《陳詩》十篇，節短韻長，實爲《楚辭》開乳之源，則其浸淫於楚者久矣」，是爲卓見。

宛　丘

子之湯〔蕩〕兮，	您婆婆娑娑起舞多佚蕩啊，
宛〔韞菀甸〕丘之上兮，	輕歌曼舞在這宛丘上啊，
洵〔詢恂〕有情兮，	我癡癡地將您念想，
而無〔亡〕望兮。〔1〕	可惜沒什麼指望啊。
坎〔竷〕其擊鼓，	敲起大鼓咚咚咚咚，
宛〔韞菀甸〕丘之下。	歌舞在那宛丘場中，
無〔亡〕〔夏〕冬無〔亡〕夏〔冬〕，	無論夏，無論冬，
值〔植〕其鷺羽。〔2〕	手執鷺羽引來不少觀眾。
坎其擊缶〔瓾瓲〕，	坎坎坎坎敲起瓦瓿，
宛〔韞菀甸〕丘之道。	歌舞在宛丘之道，
無〔亡〕冬無〔亡〕夏，	無論隆冬，無論炎夏，
值〔植〕其鷺翿〔纛〕。〔3〕	手執鷺纛逗來觀眾陣陣叫好！

【詩旨】

《詩論》簡 22「《宛丘》曰：旬又（洵有）情，而亡（無）望，虐（吾）善之。」

《竹書紀年集證》繫於前 856 年。

《齊說》《漢·匡衡傳》：「陳夫人好巫，而民淫祀。」張晏注：胡公夫人，武王之女太姬無子，好祭祀鬼神，鼓舞而祀。故其《詩》曰：「坎其擊鼓，宛丘之下，無冬無夏，值其鷺羽。」

《毛序》：「《宛丘》，刺幽公也。淫荒昏亂，遊蕩無度焉。」刺在「無冬無夏」一句。

案：這大約是上古陳國地域的男歌手對女巫兼女舞蹈家既驚豔又鍾情又惜無盼頭的放開歌喉的吟唱，直抒其情，畢竟民歌要出自眞情，故批評說歌舞未嘗不可，不能「無冬無夏。」

【校勘】

《單疏》《唐石經》同。

〔1〕本字作蕩，《毛》湯，訓爲蕩，《魯》《離騷注》《白帖》6《御覽》256 蕩，湯古字。《毛》宛丘，《詩論》簡 22 作「旬丘」，《齊》《漢·地理志》《魯》宛邱，《澮水注》《初刻》8/194. P2529 菀丘，《外傳》韞丘，字異義同，通作宛丘。《新詮》認爲第二句「兮」字多餘。案：首章四句有「兮」，一是楚調，二是此處「兮」表示詩人頗有微詞的語氣詞，怎麼能不分多夏巫風巫舞盛行呢，「無多無夏」當是貶義詞，幹什麼得有度！案：本字作詢，《毛》洵，《魯》《爾雅》《釋文》詢，《韓》恂，洵恂避漢宣帝諱，字異音義同。《毛》無望，《詩論》簡 22、《漢·地理志》亡，無亡古通。下同。P2529 無望。

〔2〕《毛》坎，《說文》竷。本字作植，《毛》《齊》《漢·地理志》《釋文》值，《毛》《御覽》26、朱熹《傳》訓作植，案：值 zhí，植 zhí，澄、禪準鄰紐，之職通轉，值通植。

〔3〕《單疏》引《傳》作盎，訓爲缶。《單疏》引《詩》作缶。《毛》缶，《說文》《釋文》罃，《魯》《爾雅》盎，《史》《玉篇》瓬，缶瓬同，罃盎同，《魯》《爾雅》盎謂之缶。如從韻分析當作缶、瓬。《毛》翿，《魯》《釋言》纛，《單疏》引《釋言》翿，翳《說文》作翢，或作翳，本字作纛，纛翿翳翢翳或體字，字異音義同。

〔4〕郭晉稀《蠡測》：應作「無夏無多」，多部字與幽部字爲陰陽對轉，可以叶韻。

【詮釋】

〔1〕郭璞注：宛丘，中央隆起。宛丘，在今河南省淮陽縣南三里。子，巫女，舞女。《毛詩音》湯，讀如蕩 tāng，《傳》《箋》訓爲放蕩。《魯說》《離騷注》：「蕩，猶蕩蕩，無思慮貌也。」因陳國第一夫人倡行巫風民俗化之。蕩，蕩蕩，舞姿翩翩貌。詢有情，誠鍾情於巫女。而無望，卻無指望，李學勤院士：《詩論與詩》：「亡望」，應讀爲「無妄」，無詐僞虛妄。《臆評》：有情無望，可作四字箴。（《存目》經 61-257）

韻部：湯（蕩）上望，陽部。

〔2〕坎其，坎坎，擬音詞。下，古在魚部。亡，讀如無，無論，無多無夏，一年四季，都有這巫舞。此句賦中寓諷，不論多夏，無論忙閑，以至無度，失控。值通植、執，樹起潔白的長長的鷺羽而舞。

韻部：鼓下夏羽，魚部。

〔3〕似當從缶瓲 fǒu，與道、翿叶韻，《魯》《說文》《釋文》《音義》作盎亦可，寫詩也不必強求句句協韻。《魯說》《爾雅》《風俗通義・聲音》：盎（口斂腹大的盆）謂之缶，所以盛漿，鼓之以節歌。翿翿（翿）dào，鷺羽，翳，舞者持羽而舞的扇形或傘狀道具。蘇轍《詩集傳》：「幽公遊蕩無度，信有情矣，然而無威儀以為民望。」（《四庫》，經部，70/384）

韻部：缶道翿，幽部。

【評論】

《詩論》簡 21「《宛丘》，吾善之。」這是因為如簡一所云文學藝術主情志，「詩亡（無）隱志，樂亡隱情，文亡隱言。」宋・輔廣：每章後二句，其諷切之者深矣。戴溪：幽公好遊若此，國人化其君，相與聚會於宛丘之下，奔走於道路之間，擊鼓擊缶，執羽而舞，舉國若狂，無有休息。如此而國不亂者，未之有也。《臆評》：「『有情』『無望』，可作四字箴。」「一之聲曼，二、三之響切，真是流商變徵。」（《存目》經 61/258）《詩通》2「此詩首章四『兮』字用變調入手，使遊蕩輕薄之人神情態度脫口如生，真傳神妙手也！自宛丘之上、之下、之道，無地不熱鬧，而『無冬無夏』，無時不熱鬧，直寫出一國若狂景象，恰與《株林》詩情境相照，上行下效，言之凜然。」

東門之枌

東門之枌，	〔男〕都城東門的榆樹，
宛丘之栩。	宛丘的櫟樹，
子仲之子，	子仲姓的小夥子，
婆〔皤〕娑其下。〔1〕	在東門婆婆娑娑跳舞。
穀〔穀〕且〔且〕于差〔嗟〕，	〔女〕吉日良辰且一同往！
南方之原。	原姓的女子正曼舞歌唱，
「不績其麻，	「婦女們也不紡織麻布了，
市〔女〕也婆〔皤〕娑。〔2〕」	婦女們酣舞一場。」
穀〔穀〕且〔且〕于逝，	良辰吉日一同往，
越以鬷〔夋儁總〕邁，	每每男女趕集場，
「視爾如荍，	〔男女相悅〕「我看你美如錦葵花，
貽我握〔楃屋〕椒。〔3〕」	君送我一把花椒香。」

【詩旨】

案：陳國民風尚巫尚舞，子仲氏女在陳都東門酣舞，引得不少男女也來歌舞，形成民間集會式聚會，催生了愛情，只是不該不績其麻。

《毛序》「《東門之枌》，疾亂也。幽公淫荒，風化之所行，男女棄其舊業，亟會於道路，歌舞於市井爾。」朱熹《詩集傳》7：「此男女聚會歌舞，而賦其事以相樂也。」日本・家井眞《原始研究》：「是歌詠少女們優美舞姿的詩作。」

【校勘】

〔1〕《魯》《釋訓》《神女賦》《洞簫賦》《齊》《漢・敘傳》《九懷注》《單疏》婆娑，《說文》媻娑 pán suō，媻婆字異而音義同。

〔2〕《傳》訓善則當爲穀，《單疏》《唐石經》穀，穀讀若穀。檢《毛詩》穀且只訓穀而未訓且，似當作語詞而未釋，此種例子《毛傳》甚多。《箋》：且，明也。三國魏太常王肅著《毛詩注》，其時四家詩俱在。《釋文》：「且，本亦作且，王：七也反，苟且也。」《正字》本字作且，不作且，音讀又從王肅作七也反，則本字必爲且而不爲旦，《箋》《唐石經》《正義》旦。《毛》差，《韓》嗟，似當作於吁嗟差，即吁嗟。《說文》籲詧，後周・沈重《毛詩沈氏義疏》則認爲是穀且于差，鄭玄：差初佳反，宜從鄭玄讀（《續修》1201 冊）則當訓差爲擇，可備一說。高本漢《注釋》：「他們去選擇。」于氏訓差爲徂。《毛》《齊》《漢・王符傳》市，《魯》《潛夫論・浮侈》「女」，清・馮登府《十三經詁答問》2「市固通沛，舞者所執之旆也。然不如《潛夫論》作『女也婆娑』之確也。」案：由《箋》「以南方原氏之女以爲上處」，「不績其麻」，故當從《魯》《潛夫論・浮侈》作「女也婆娑」。

〔3〕《廣雅》變《毛》《唐石經》，繇，《箋》捴，《玉篇》《韓》傱，變繇捴繜總古今字，傱別體。《毛》《箋》《疏》握，明監本誤作捾，《正字》：握，誤從木，《御覽》958 屋，屋是握的形省。

【詮釋】

一章寫了仲氏之子婆娑旋舞。

〔1〕枌 fén，白榆。栩，柞櫟 lì，麻櫟（Quercus aculissima），山毛櫸科，嫩葉可飼柞蠶，堅果脫澀可作飼料，殼斗、樹皮可提取栲膠，木質堅重，可作枕木、器具、機械、新炭用。榆、櫟是作爲神社象徵的社樹。子仲，複姓，子仲氏；子，男子。婆 pó、媻 pán，雙聲通借，媻娑，婆娑，便姍，便旋，蹁躚，輕盈的迴旋起舞貌。

韻部：栩下，魚部。

〔2〕二章寫原姓的女兒婆娑旋舞。《魯說》《釋詁》榖 gǔ，善也，榖讀如穀。榖旦，吉日良辰；于，將；差 chāi，《魯》《釋詁》差，擇，《新證》差、逝，徂。《新證》差讀爲徂。彙集於城南平地。宋·黃震《讀詩一得》：「『榖旦於差』『榖旦於逝』，約以良辰而往遊觀也。」原，原氏，詳《通志·氏族略三》。倒文以協韻。朱熹《詩集傳》7、《新證》：南方高平之地。績，將麻析細縷撚接成絲，以便織成麻布。不績，詩人所刺處。女也婆娑，巫女們，婦女們輕歌曼舞，婆娑，迴旋舞貌。《後漢·王符傳》：「婆娑，舞也，謂婦人於市中歌舞以祀神也。」《臆補》「『子仲之子』，見貴族猶然亂自上先也，是爲著眼處。」（《續修》58-216）

韻部：差（嗟）麻娑，歌部；原，元部。元、歌通韻。

〔3〕于，將。逝，往。越，發語詞。觀、總古今字，總，屢次。邁，往；觀，總（总），匯合。蓿 qiáo，錦葵（Malva sinensis），錦葵科，二年生草本，花紫紅，觀賞花。《藥海》〔花〕苗、子、根都有藥用價值，苗能清熱止痢、利尿通淋，子能治熱淋，解毒、潤腸，根能清熱涼血、解毒疗瘡。荊葵花有深紅，淺紅等，甚艷。比女子容。末二句男女相悅之詞，椒諧交。

韻部：逝邁，月部；蓿，宵部；椒，沃部。月、宵、沃通韻。

【評論】

《魯說》《潛夫論·浮侈》：「《詩》刺『不績其麻，女也婆娑。』今多不修中饋，休其蠶織，而起學巫祝，鼓舞事神，以欺誣細民，熒惑百姓。」戴君恩：「自宛丘之上，而上，而道，無地不熱鬧。無冬無夏，無時不熱鬧。直揭出一國若狂景象。」《原始》「亦不過巫覡盛行，男女聚觀，舉國若狂耳。東門、宛丘，其地也。粉栩相蔭，可以遊息其下也。『子仲之子』，男覡也。『不績其麻』，女巫也。婆娑鼓舞，神弦響而鬼降也。『榖旦于差』，諏吉期會也。『越以觀邁』，男婦畢集以邁觀也。視如蓿而貽之椒，則又觀者互相愛悅也。」

衡　門

衡〔橫〕門之下〔委蛇衡門〕，可以棲栖〔西　橫一木頭權當門，陋居也棲身，栖〕遲〔遲棲迡徲棲〕，

泌〔祕秘泌〕之洋洋，　　　　　　　　泌泉之水水洋洋，

可以樂〔療藥〕飢。〔1〕　　　　　　　泉水充饑淡定人。

豈其食魚，必河之魴？　　　　　難道吃魚，必定黃河大鯿魚？
豈其取〔娶〕妻，必齊之姜？〔2〕　　難道娶妻，必定齊國姜氏女？

豈其食魚，必河之鯉？　　　　　難道吃魚，必定黃河金鯉魚？
豈其取〔娶〕妻，必〔其〕宋之子？〔3〕　難道娶妻，必定宋國子姓女？

【詩旨】

案：據《詩譜》《左傳·昭17》《疏》，陳，太皞伏犧氏墟，則是道家發源地。中國道家開山祖老子李聃生在楚苦縣厲鄉曲仁里（陳國苦縣賴鄉曲仁縣，今河南鹿邑縣）《衡門》賢士隱居之歌，主人公安愉恬淡而曠逸徜徉在青山綠水之間，抒發方外之士的曠逸澹定，擁抱大自然的得天人合一、天趣盎然的方外，且正是詩人抒發性靈之時，又每多臨觀之美之樂。作為中國道家學派的發祥地，陳，《陳風·衡門》頗有西方「養心神詩」的成分，此詩成為廣泛流傳的隱逸詩宗之祖，開自然文學之先河。

《魯說》《列女傳·老萊妻傳》「『……今先生食人酒肉，授（受）人官祿，為人所制也，能免於患乎？妾不能為人制！』投其畚萊而去。老萊子曰：『子還，吾為子更慮。遂行不顧，至江南而止，曰：『鳥獸之解毛，可績而衣之；據（捃）其遺粒，足以食也。』老萊子乃隨其妻而居之。民從而家者，一年成落，三年成聚。君子謂老萊妻果於從善。」

《齊說》、《易林·復之觀》：「東行破車，步入危家。衡門穿射，無以為主；賣袍續食，糟糠不絕。」

《韓說》「……子夏對曰：『……雖居蓬戶之中，彈琴以詠先王之風，有人亦樂之，無人亦樂之，亦可以發憤忘食矣。』《詩》曰：『衡門之下，可以棲遲，泌之洋洋，可以療饑。』夫子造然變容曰：『嘻！吾子始可以言詩矣！』……」

《毛序》：「《衡門》，誘僖公也。願而無立志，故作是詩以誘掖其君也。」《詩集傳》「此隱居自樂，而無求者之詞。」

郭晉稀《蠡測》認為此與下篇是組詩。

【校勘】

〔1〕《毛》衡門之下；《漢侯成碑》「委蛇衡門」，異本。《魯》蔡邕《焦君贊》棲遲，《郭泰碑》《毛》棲遲，《嚴發碑》「西遲」，《李翊夫人碑》「棲迡」，《婁壽碑》「徲徲」，疊韻詞，字異義同。本字作泌。《毛》《魯》漢·蔡邕《郭

泰碑》《釋文》泌，《韓》祕，《廣雅》柲，又作柲，祕柲柲異體字，通泌。本字作瘵，《魯》《漢石經》《說文》《箋》《唐石經》《五經文字》瘵，瘵療古今字，作療或體，《單疏》後周·沈重《義疏》《定本》《單疏》樂，《四皓歌》《張衡傳》《列女傳·賢明》《韓詩外傳》《郭有道碑》注引《毛》《詩考》《釋文》引《韓》庾信《小園賦》與《策秀才文》李注引《毛》作療。《魯》《釋文》：「樂，本又作瘵。」《五經文字》瘵音療。《毛》、宋本小字本、相臺本作樂，《詩考》療。樂讀如瘵療 liáo。

〔2〕《唐石經》取，《類聚》40 娶，《釋文》音娶，取古字，《唐抄文選集注匯存》2427 必作其。

【詮釋】

〔1〕詩人抒發性靈。案：前 664 年山戎侵燕，前 660 年赤狄滅衛，前 658 年晉取虢都下陽，前 656 年齊率諸侯之師伐陳，前 644 年狄侵晉，前 641 年秦滅梁，前 611 年楚、秦、巴滅庸，前 566 年楚圍陳，而陳君信讒言，荒淫又棄城逃走，詩人於是遁隱至泌邱。漢·劉楨《毛詩義問》橫一木作門而上屋。衡橫古今字。橫門之下，極言其簡陋。棲遲，遊息。泌 bì，今河南省唐河縣泌陽河。洋洋 yángyáng，盛廣貌。《郭林宗碑》《周巨勝碑》「洋洋泌邱」。《三家》《說文》瘵，liáo，治也。樂 yào 療〔瘵〕，同為宵部，喉音疑母、舌頭音來母準鄰紐，樂通療（瘵），療（瘵），治也。饑，渴，代指饑渴。水邊林下，長養聖胎。天人合一，擁抱自然，淨慮修行，妙不可言。《魯》、《郭林宗碑》《毛》泌，又作柲，祕、柲讀如泌。《單疏》：「喻人君不可以國小則不興治致政，君何以不興治致政乎？觀泌水之流洋洋廣大，君可以樂道忘饑，何則泌者泉水，涓流不已，乃至廣大，況人君寧不進德，積小成大，樂道忘饑乎？此是誘掖之辭。」

韻部：遲饑，微部。

〔2〕豈，難道。案：此章運用《文心雕龍·諧讔》中所說諧隱語即象徵廋語（Symbolism）、諧聲廋語（puns），《晉語》食魚，娶妻。《管·小問》：「《詩》有之：『浩浩者水，育育者魚。未有室家，而安召我居？』寧子其欲室乎？」食魚，娶妻。河，黃河。魴，鯿。必，必定。案：齊，齊國。姜，姜姓女。古代人重大姓旺族。真心相愛，同志終生，她即是詩人心中的女神，何必論貴論賤，分富論貧，是否巨姓旺族？

韻部：魴姜，陽部。

〔3〕鯉，傳說黃河金鯉魚是名牌。宋，宋國。子，宋國子姓，子姓女。這是舊社會所說的大姓望族。

韻部：鯉子，之部。

【評論】

　　案：詩人在隱逸中悟到人生的眞諦，領受大自然的奧妙，繆斯也給予詩人更多的眷顧與啓迪，退隱夫婦寫出了逸境賢良的高逸情懷。從此「衡門」作爲隱居守道的代名詞。《山陽太守祝睦後碑》：「退身衡門」（《兩漢文》頁1013）《老子》第十六章「致虛極，守靜篤」（荊門楚墓簡本作「致虛，恒也；守中，篤也」），孔子《論語·述而》：「飯疏（粗）食飲水，曲肱而枕之，樂而在其中矣，不義而富且貴，於我如浮雲。」案：《衡門》是詩人的自然範型，天人合一，一任天性，曠逸澹泊，愉悅於大自然中與夫婦恩愛中，善於抓住特徵性敘寫，善於用象徵廋語、諧聲廋語如食魚與娶妻、魚又諧女諧愉悅之愉，善於前後句聯如「豈其」與「可以」，吟成隱士之歌，成隱逸詩之祖。嚴羽《滄浪詩話》歸入飄逸派。此詩比晚了一千年的英國詩人蒲柏的《隱居頌》場面更開闊，含蘊更深沉。《毛詩王氏注》：「洋洋泌水，可以樂道忘饑。」《臆評》：尾評：「通篇只如一句，不須下一轉語。」「『可以』字與『豈其』字緊相呼應。」「關河放溜，瞬息無聲。」（《存目》經 61/258）《詩志》「詩境蕭曠，居然高士胸中。」《新詮》：「對象在所必找，何須大家閨秀。詩人的旨趣是十分高潔的，而其求偶的心情是十分迫切的。」劉熙載《藝概·詩概》：「《詩》，自樂是一種，『衡門之下』是也。」案：此詩遙承《帝王世紀》所載《擊壤歌》：「日出而作，日入而息，鑿井而飲，耕田而食。帝力於我何有哉！」抒情主人公，無意於奢華的生活，不對絕色佳人與貴族女子害單相思病，善自寬解，淡泊曠逸，所以《顏氏家訓》說得好：「文章之體，標舉興會，引發性靈。」詩人在遠離欲壑難填、物欲橫流、物欲擾人、喧鬧紛雜的濁世後，擁抱大自然、天人合一，別有樂趣，寫出充滿曠逸澹泊的情懷，別有一番虛靜、清空之美、浩然正氣之美的妙品，啓發人澡雪精神，得其空靈，下啓宋尹學派、莊子、荀子、孫叔敖《慷慨歌》、楚·接輿《接輿歌》、屈原《漁父歌》、以及陶淵明田園詩派與謝靈運山水詩派。如宋·歐陽修《書梅聖俞稿後》：「蓋詩者，樂之苗裔與？……唐之時，子昂、李、杜、沈、宋、王維之徒，或得其淳古淡泊之聲……」宋·趙令時《侯鯖詩話》頓銳《侯鯖錄序》：「天下有有味之味，有無味之味；能味乎一時，而不能味於時時，與天下後世。無味之味，細咀

而始知，愈嚼而愈美，達可以調商家之鼎，窮可以樂顏巷之瓢，其天下之至味乎！」《詩誦》2，「詩文中有分配互見之法，如《衡門》首章兩意之上皆有豈（豈）必一層次，三章兩意之下皆有可以一層，詩人各以一層配成章法，使人互觀而得其全耳。」案：《小雅·鶴鳴》、漢·四皓《採芝歌》、張衡《思玄賦》、顯赫一時的任乎自然的魏晉風度源此。

東門之池

東門之池，可以漚麻。	東門清粼粼的護城河，可把苧麻漚柔，
彼美淑〔叔〕姬〔姬〕，	愛煞人，那清純賢淑的三姑娘，
可與〔以〕晤〔寤〕歌。〔1〕	宜與她傾心兒對歌！
東門之池，可以漚紵〔苧苧〕。	東門清粼粼的護城河，可把苧麻漚柔，
彼美淑〔叔〕姬〔姬〕，	愛煞人，那清純賢淑的三姑娘，
可與〔以〕晤〔寤〕語。〔2〕	宜與她當面兒掏心窩！
東門之池，以〔與〕漚菅。	東門清粼粼的護城河，可把菅茅漚柔，
彼美淑〔叔〕姬〔姬〕，	愛煞人，那清純賢淑的三姑娘，
可與〔以〕晤〔寤〕言。〔3〕	宜與她把知心的話兒傾說！

【詩旨】

案：這大約是詩人吟唱給漚苧麻紡績麻布的女子的陶暢醅適的情歌，大約是僮（壯）族對歌定情的先秦祖本。

《毛序》：「《東門之池》，刺時也。疾其君之淫昏，而思賢女以配君子也。」朱熹《詩集傳》7「此亦男女會遇之詞。」

【校勘】

〔1〕《傳疏》考證：淑叔。《毛》《魯》《韓》《正義》《唐石經》淑，《說文》《集韻》俶，《釋文》叔，姬音淑，本亦作淑，善也。通作淑。《毛》姬，《說文》《漢石經》《魏石經》姬，古字。《毛》與，《御覽》以。以通與。《單疏》《韓詩外傳》9作晤，《魯》《列女傳·魯黔婁妻傳》《晉文齊姜傳》寤，寤晤通迕，迕，遇，對歌。

〔2〕《毛》紵，《釋文》紵亦作苧，《魯》《上林賦》苧，別作苧，《白帖》同。本字作苧，紵同苧，苧為異體字。

〔3〕《毛》以，《唐石經》初刻作與，改刻以，當作以。《毛》晤，《魯》《列女傳·晉文齊姜傳》《韓詩外傳》9作寤，寤通晤。

【詮釋】

〔1〕東門，陳都東門，《水經注》：陳城東門內有池水，至清潔而不耗竭，即此池矣。漚 où，漚泡。姬，對女子、婦女的美稱，淑姬，賢淑女子。又叔，伯仲叔季，行三。輔廣：男悅女之詞。可，宜。寤 wù、晤與迕 wu 音義同，對。以讀如與（與）。民歌中多有對歌發展爲情歌。詩人贏得其芳心，可以對言，對歌。相對傾心而語，相對唱情歌。

韻部：池麻歌，歌部。

〔2〕紵苧 zhù，苧麻，麻子可食，又可榨油，皮纖維可織布，中國苧麻是國際公認的優質品種漢麻，麻布質地輕，拉力好，韌性強，潔白清爽，清涼吸濕離汗，頗媲美於絲綢。漚則脫膠。高級的苧麻衣，是貴族服飾，曾作爲國家禮品。晤語，面對面談心。

韻部：紵（苧）、語，魚部。

〔3〕菅 jiān，菅茅，漚後可做繩索，根可治傷勞虛羸，除瘀血，下五淋，月經不通，止吐衄諸血傷寒，黃疸，解酒毒。晤言，當面說知心話。

韻部：菅、言，元部。

【評論】

案：蘇軾《評韓柳集》：「所貴乎枯淡者，謂其外枯而中膏，似淡而實美，〔陶〕淵明、〔柳〕子厚之流是也。」《通論》7「玩『可以』、『可與』字法。疑即上篇之意。」《詩志》2「平調深情」。《偶識》4，「細玩此詩，絕無狎褻之語，而有隨遇而安之意，恐亦賢人安貧自得者所作。」日本·龜井昭陽《毛詩考》「是詩之妙全在三漚三晤，音韻用字奇絕，至此眞神造鬼構也。邪說以爲『淫詩』，噫！碌碌凡物，何足以列於周樂乎？夫唯古《序》，仰之彌高，篤雅君子其崇戴之。」《會歸》頁918「意婉韻長，格高語妙，變風中超逸之體也。」案：詩人走出陳都，在東門外得遇這一位賢淑、清純、美麗的漚麻漚菅的女子，相互吟唱情歌，晤語，當面言知心話；一本眞情，風流自然，再三諷誦，尤覺枯淡而實膏腴情摯。由此詩聯想到現代詩人李季陝北采風時，聽一婦女邊勞動邊放歌，「村東有個漚麻坑，漚得爛麻來，漚不爛妹妹的心。」李季聽此天籟之音爲之驚奇而敬佩。《東門之池》誠古之天籟。如果套用唐代張爲《詩人主客圖》，則此詩的作者是第一批「清奇雅正主。」

東門之楊

東門之楊，其葉〔萋〕牂牂〔將〕　　東門白楊林，楊葉將將早成蔭，
昏〔昬昏〕以爲期，　　　　　　　　君我相約黃昏後，
明星煌煌。〔1〕　　　　　　　　　　金星明明不見君。

東門之楊，其葉〔萋〕肺肺〔朱朱〕，　東門楊林楊蔭深，楊葉朱朱密林林，
昏〔昬昏〕以爲期，　　　　　　　　君我相約黃昏後，
明星晢晢〔晰懇〕〔2〕　　　　　　　只見明星不見君。

【詩旨】

仲春會男女，一方失約，一方焦灼，詩人用借喻抒發焦慮。朱熹《詩集傳》7「此亦男女期會，而有負約不至者，故因其所見以起興也。」

《毛序》：「《東門之楊》，刺時也。昏（本字作昏，《單疏》昬。《唐石經》昏。）姻失時，男女多違，親迎女猶有不至者也。」《原始》似古迎神曲。

【校勘】

〔1〕《毛》牂牂，《毛詩音》牂牂讀如臧臧，《齊》《易林・革之大有》將將，牂讀將，擬聲詞。本字作昏，《單疏》作昬，《唐石經》唐寫本作昏。

〔2〕《毛》肺肺，《說文》朱朱，肺通朱。《毛》《唐石經》《詩集傳》晢，《廣雅》晰，晢晰同。《阜》s126作懇，異本。

【詮釋】

〔1〕《集解》引陸氏云：「楊之發坼首於眾木，婚姻失時，財木之不如。」牂 zāng，牂牂、藏藏、將將、蒼蒼、臧臧，重言形況字，茂盛貌，楊樹成蔭。昏以爲期，宋・歐陽修《生查子》：「去年元夜時，花市燈如晝。月上柳梢頭，人約黃昏後。今年元夜時，月與燈依舊，不見去年人，淚濕春衫袖。」明星，太白金星，又名長庚星。

韻部：楊牂〔將〕煌，陽部。

〔2〕肺通朱，朱朱、市市、沛沛、霈霈、肺肺、筏筏 pèipèi，重言形況字，茂盛貌。懇、晢疊韻通借。晢（晰）zhé，光明貌。

韻部：肺（朱）晢，月部。

【評論】

案：「昏以爲期」是核心句，此詩善於狀景寓情於意境中，寫苦戀癡想之情。此詩實癡情者的情歌及盤旋頓挫，而不可已。每章一二句用借喻，三四

句釋義，下啓《子夜四時歌》《白頭吟》《讀曲歌》與張華《輕薄篇》。《詩志》2「『牂』字寫楊葉有神，『肺肺』二字尤奇」「取意高遠，不必作負約怨恨語。」《注析》「此詩以寫景為主，前二句寫所約之地，後二句寫所約之時，藉景物烘託感情，表現出一種焦急不安的心理。啓明星閃爍著，長夜將盡，可是約好黃昏來的情人卻連影兒都不見，『明星煌煌』、『明星晢晢』二句，正是很自然地映襯出這種感情。」臺灣・糜文開、裴普賢《詩經欣賞與研究》：「《陳風》中最精彩的抒情詩是星、月兩篇。男女相會在東門的楊林，日入為期，對方失約未到，所以但聞風吹樹葉之聲，但見『明星煌煌』，明月晢晢，此詩寫來很是含蓄，但情景活觀，十分深刻，十分生動，耐人尋味。唐人李商隱詩〔《無題二首》〕『昨夜星辰昨夜風，畫樓西畔桂堂東，生無彩鳳雙飛翼，心有靈犀一點通。』當淵源於此篇。」

墓　門

「墓門有棘〔棘〕，斧以斯之。」	〔流氓男〕：「墓門有棵酸棗樹，用斧可以劈除它！」
「夫〔父傅〕也不良，	〔堅貞女〕「我所刺的那男人，本不是好人，他師傅也不是好人，
國人知之！	國人無不知道他。
知而不已〔改〕，	他的本心沒停止，
誰昔然矣！」〔1〕	好久就是這樣啦！」
	「〔女對神鳥鴟鴞〕：
「墓門有梅〔呆槑楳〕，有鴞萃〔崒椊〕止〔之〕。	「墓門大楠樹，貓頭鷹歇在楠樹上。
夫〔父傅〕也不良，	我所刺的那男人本心就不良！
歌以訊〔辝諫許計〕之〔止〕。	吟此詩歌諫規他，
訊〔辝許計〕予不顧，	他竟不顧念我忠諫他，
顛倒思予！〔2〕」	他倒霉時才想到咱！」

【詩旨】

《毛序》「《墓門》，刺陳佗也。陳佗無良師傅，以至於不義，惡加於萬（《定本》無「萬」字）民焉。」一說棄婦詩。當是忠貞正直的陳國女子當面斥責流氓男性的民歌。

案：《左傳·桓5》，繫於前703年正月，陳國發生兩次「訃告」事件後。

【校勘】

〔1〕本字作棘，《漢石經》《單疏》《唐石經》《毛》棘，棘。《毛》夫，《程氏經說》3父當作傅，父通傅，即《毛序》「陳佗無良師傅」，古代太子或皇儲的師傅至關重要。如聯繫全詩，夫似當指陳佗。竊以為此詩「夫」即是陳靈公，訊（當作誶，即諫）者即《左傳》中的直接向陳靈公諫阻的泄冶，然而千古奇冤，陳靈公卻殺了泄冶，靈公死於夏徵舒的謀殺。《毛》已，《唐石經》巳，《詩集傳》改，《序》不改其度，巳 yǐ，（古）餘之；改 gǎi，（古）見之，同在之部，餘、見准鄰紐，巳、改均從巳，巳通改。

〔2〕《毛》梅，訓為枏，《魯》《列女傳·陳辯女傳》作楳，小字本、十行本所附作冉（枏），疑梅為枏（楠）。《毛》萃止，《阜》S128 誶止，當作誶止，萃通誶，《博雅》作誶止，《開母廟孔闕銘》「誶於其庭」。《唐石經》作訃《單疏》《毛》訊之。本字作誶止，理由有九：一、《魯》《列女傳》《思玄賦》注引《釋詁上》《離騷經注》《張衡傳》《九歎注》《齊》《賈誼傳》《釋詁》4、《韓》《玉篇》《廣雅·釋詁》4、《毛詩音》《龍龕手鑒》《廣韻》6、《集韻》6作誶，訊之當作誶止，《列女傳》《楚辭補注》《續列女傳》之作止，韻在萃、誶。二、《箋》《廣雅》作誶。三、日本靜嘉堂本、《足利》乙本作誶，俗字。當作誶。何以作訊，（一）：訊誶同為心母，《列女傳·陳辯女傳》引作訊，訊通誶；（二）．日藏《考文》足利乙本、靜嘉堂本作誶，六朝人卒多寫作卆、卆，S134 號卒寫作卆，《初刻》8/230 瘁作痒，《初刻》11/581，俄藏Φ-/101、473 碎作砕。四、魏《雜字解詁》訊音誶。《釋文》本又作誶。五、《說文》諫 cì，數諫也；誶，suì，（古）心微，清、心鄰紐，支微通轉，**诔**通諫。六、《阜》S128 作誶；七、日藏唐寫本《玉篇》《集韻》作誶；八、《廣韻·六至》作誶止；九、《毛鄭詩考正》《毛詩聲韻考》、《詩經小學》、阮元《校》作誶止。訊誶雙聲通借。

【詮釋】

〔1〕鴞，《文物史前史》頁163 仰紹文化遺址出土陶塑貓頭鷹頭。《單疏》：墓門，墓道之門。案：一二句是一流氓男子挑逗語。墓門，地名。《魯傳》《天問注》陳之城門。斯 sī，劈開。斧以斯之，性行為的廋語。朱熹：夫，指所刺之人。《義門讀書記》：夫，陳佗。陳佗或陳佗的師傅，或陳靈公。第三句至末句，女子斥責之詞。也，語助詞。知，明白。良，善。而通爾，汝，你。已，改。《魯》、《釋訓》郭注：誰，發語詞。《魯》《釋訓》疇，誰也。案：誰、

疇，句首助詞。用「藏字」廋詞，將詩義顯示於言外，啓唐・蘇鶚《杜陽雜編》引普滿詩。

韻部：斯知，支部。已矣，之部。

〔2〕《魯》《釋木》：梅，枏（楠）。鴞 xiao，貓頭鷹。上古、中古、現代的訓釋，經過肯定—否定—肯定，其實在周朝以前，鴞，貓頭鷹並非後世所說的不祥之鳥，而是神鳥。王玉哲《中華遠古史》、中國國家博物館《文物史前中古史》、《中國通史》一、《中國民俗史一》等所附圖片，表明鴞確實是史前與夏、商周的神鳥，如《史前史》頁 161 仰紹文化，陝西華縣泉護村出土陶塑貓頭鷹鷹頭，《中國通史》一頁 132《中國民俗史一》所附紅山文化玉鴞，胡厚宣、胡振甯《殷商史》所附商代大理石梟，1976 年殷墟婦女子墓出土象牙鴞尊，《遠古史》頁 21 所附周初的鴟鴞卣，這一切說明周以前視之爲神鳥。現代動物學鳥綱則以爲益鳥。《魯傳》《天問章句》：「言解居父聘吳，過陳之墓門，見婦人負（背）其子，欲與之行淫泆，肆其情慾，婦人則引《詩》刺之曰：『墓門有棘，有鴞萃止』。故曰『繁鳥萃棘』也。言墓門有棘，雖無人，棘上猶有鴞，汝獨不愧也？」（黃靈庚《楚辭章句疏證》，中華書局，2007，1164）《魯傳》是敬貓頭鷹爲神靈。一說梅，梅的古字作楳。棘 jí 諧隱亟，危急。萃、崒cuì，（古）從物，止。萃止，崒之，止之，集止；之，棘。訊、誶同爲心母，訊通誶，《魯》《韓》訓爲：誶 sui，〈古〉心微，諍，諫。諫止。誶予即予誶，此處爲協韻故倒文爲「誶予」。不顧，我義無反顧地諫止，予，我。顛倒，跌躓，失敗，倒霉時；思予，才後悔地想到我。歌，吟成此詩歌。《左傳・隱 6》陳桓公鮑不聽五父的諫阻，「君子曰：『善不可失！惡不可長！其陳桓公之謂乎？長惡不悛，從自及也。雖欲救之，其將能乎？』」前 707 年，陳桓公死，陳國臣民紛紛離散，竟發兩次訃告，陳佗殺太子免。前 700 年陳佗被殺。前 699 年利公躍、莊公林先後上臺，政局動盪。誰，發語詞，誰昔，昔。然矣，是如此也。

韻部：萃誶，物部。顧予，魚部。

【評論】

蘇轍《詩集傳》：「陳佗，陳文公之子而桓公之弟也。桓公疾病，佗殺其太子免而代之。桓公之世，陳人知佗之不臣矣，而桓公不去，以至於亂。是以國人追咎桓公，以爲智不及其後，故以《墓門》刺焉。夫，指陳佗也。佗之不良，國人莫不知之；知之而不去，昔者誰爲此乎？」《原始》「刺桓公不能早去佗也。……此詩史也。」《會通》：「一句一轉，沉鬱頓挫。」

防有鵲巢

防有鵲巢？邛〔邙玒〕有旨〔言〕苕？	堤防怎築鵲巢？山邱怎長美味苕饒？
「誰侜〔譸偠輈〕予美〔娓媄〕？	「誰在欺詐我所愛的人？
心焉忉忉！〔1〕」	我的心兒憂懼懊惱！」
中唐有甓？	堤塘哪會有瓴甋？
邛〔邙玒〕有旨鷊〔虉虉虉〕？	山邱上哪會長美麗的綬草？
「誰侜〔譸偠輈〕予美〔娓媄〕？	「誰在欺詐我所愛的人？
心焉惕惕〔慦惕惕〕！〔2〕」	我的心兒戒懼懊惱！」

【詩旨】

　　案：有感於政治上被離間，或友情、愛情被離間，詩人憤怒吟成此詩。《詩集傳》頁108「此男女之有私，而憂或間之之詞。」《續詩詩記》「詩人憂賢者被讒也。

　　《魯說》、《陳杞世家》：「〔宣公〕二十一年宣公後有嬖姬，生子款，欲立之，乃殺其太子禦寇。禦寇素愛厲公子完，完懼禍及己，乃奔齊，齊桓公欲使陳完為卿，完曰：『羈旅之臣，幸得免負檐，君之惠也，不敢當高位。』桓公使為工正。」

　　《毛序》：「《防有鵲巢》，憂讒賊也。宣公多信讒，君子憂懼焉。」《詩集傳》：此男女之有私而憂，或間之之詞。

【校勘】

　　〔1〕《毛》邛，《正義》《後漢志》《詩緝》玒，《義門讀書記》卭。通作玒，《毛》旨，《唐石經》言，同。案：正字作譸，侜輈通譸，譸張雙聲詞，欺詐。《說文》作譸，《箋》《單疏》《釋文》引《韓》《說文》《毛》侜，《魯》《釋訓》「侜」，《釋文》本或作偠，《尚書》馬融本《正義》輈，《書傳》輈，《三家》《無逸》《說文》《別雅》《玉篇》譸，侜通譸，偠輈是侜的異體。《說文》媄，《毛》美，《說文》、《玉篇》《韓》娓，案：娓亦美，嫐古字。

　　〔2〕正字作虉 yì，陸《疏》《毛》鷊，《韻會》《詩考補遺》引《魯》《釋草》《玉篇》虉，《齊》《說文》《石經》虉同。《魯》《悲回風注》《齊》《漢·王商傳》《說文》慦，古惕字。《考文》惕，《考文·校訛》：惕，皆誤作惕。

【詮釋】

〔1〕防，大堤，在陳縣北。詩中舉四件無根之談。卭卭 qiong，邱，《後漢志》注引《博物記》：「卭地在陳國陳縣北，防亭在焉。」旨，美味。苕 tiao，紫雲英，嫩葉，可生食，可作家畜飼料。誰，行讒言者，第三者《周書・無逸》《說文》譸 zhōu 張，《釋訓》：「侜張。」侜又作輈，或作倜，欺誑；《釋文》引《韓》：娓 wěi，美。媺 měi、媄 měi，古美字。予美，我的愛人。焉，助詞。《魯》《釋訓》「忉忉 daodao，憂也」。

韻部：巢苕忉，宵部。

〔2〕案：唐 táng，堤岸。《傳》唐，堂塗（庭院中的路），兼顧首章「防有鵲巢」與本章下句卭有旨鷊，《淮南・人間》高注：「唐，隄也。」甓 pì，（古）並錫；甋 dì，（古）端錫，甓通甋，《魯》《釋宮》「瓴甋謂之甓」，磚。卭卭，邛邱，在陳縣北。鷊鵖通虉，虉 yì（Phalaris arundinacea-），綬草，又名盤龍參，五色。多年生矮小草本，紫紅色可供觀賞。可作牧草，杆可紡織造紙，根莖可入藥，滋陰益氣，涼血解毒。主治燥濕止帶。惖惕古今字，惖惖、惕惕 tìtì，《眾經音義》13 惕惕，警惕；戒懼疾也，懼（戒懼）。（《魯說》《釋訓》「惕惕，愛也。」《爾雅》郭注引《韓說》：「『心焉惕惕』，以為悅人」，則從愛賢愛愛人立訓，可資參考）。

韻部：甓（甋）虉（鷊）惕（惖），錫部。

【評論】

《詩本義》5「詩人刺陳宣公好信讒言，而國之君子皆憂懼及己。」《詩總聞》7「此適野而懷賢，覩境而生情者也。」《詩志》2「騷怨幽切，一片為國愛賢之心淒然可感。」《會通》引舊評：「非必眞有侜之者，寫柔腸曲盡。」《會歸》頁 933「每章前二句寫宣公蔽於讒之狀，用婉興；後二句述作者憂讒誑賊之旨。用直賦；體物寫志，各極其致。」

月　出

月出皎〔皦皎〕兮，	月亮出來明皎皎啊！
佼〔姣〕人僚〔嫽憭〕兮；	姣麗的您多嫽好啊！
舒窈糾兮，	您步履柔美多窈窕啊，
勞心悄兮！〔1〕	我鍾情於您內心焦啊！

月出皓〔晧〕兮，　　　　　月亮出來明晧晧啊！
佼〔姣〕人懰〔劉瀏嬼懰〕兮；　姣麗的您多妖嬼啊！
舒懮〔憂懸〕受兮，　　　　您神態嫻雅多優遊啊！
勞心悄兮！〔2〕　　　　　惹得我情思騷動情悠悠啊！

月出照兮，　　　　　　　月亮出來明昭昭啊！
佼〔姣〕人燎〔嫽〕兮；　　姣麗的您多妖嬈啊！
舒夭紹〔要紹〕兮，　　　您雍容優裕多妖嬌啊！
勞心慘〔懆〕兮！〔3〕　　逗得我的心兒多懆勞啊！

【詩旨】

　　案：詩人在明月下目睹一位姣麗嫻雅的美人，從養眼到心儀，在這特殊幽遠的意境中，吟出千古幽峭之章，是寄給月下美人纏綿俳惻的小夜曲（Nocturne）。

　　《毛序》「《月出》，刺好色也。在位不好德而說（悅）美色焉。」《詩集傳》7「此亦男女相悅而相念之辭。」

【校勘】

　　〔1〕本字作皎。《單疏》皎，《釋文》皦，本又作皎，《魯》《說文》《遠遊注》《方言》《廣雅》《類篇》晈，《說文》《正義》《古詩十九首》注引作皎，異體，皎皦並通晈。本字作姣、燎《毛》佼，《魯》《司馬相如傳》《索隱》《後漢・傅毅傳》《舞賦》注引《眾經音義》10《毛》作「姣人嫽兮」。佼通姣，《月賦》作姣。燎通嫽，《釋文》燎，本亦作嫽。

　　〔2〕正字作晧，《毛》皓，《唐石經》晧，《魯》《遠遊注》《說文》《玉篇》《字林》晧。《廣韻》《唐石經》懰，《釋文》劉，本又作懰，《埤蒼》《玉篇》《廣韻》嬼，《說文》有劉無懰，《群經音辨》劉，《釋文匯校》瀏，《校勘記》：原本作嫻，嫻妖連文，妖冶嫻都。劉瀏懰通嬼。《魯》《抽思注》《玉篇》《毛》《唐石經》《廣韻》懮，《說文》慐，《說文》有憂無懮。

　　〔3〕案：本字作嫽。《方言》嫽，《考文》、《舞賦》李注引《毛傳》作嫽。《月賦》李善注引作憭，憭、燎讀如嫽。《正字》作嫽，《毛》夭紹，《魯》《南都賦》注、《西京賦》注引作要紹，夭紹、要紹通妖嬈、妖嬌。本字為懆，《唐石經》慘，為避魏武帝諱易懆為慘，《慧琳音義》注引《毛》懆，漢・蔡邕《述行賦》《毛詩音》《五經文字》、陳第、顧炎武、《毛鄭詩考正》《定本》朱熹考證：作懆。懆 sāo，宵部方與照、燎（嫽）、紹協韻，慘 cǎn 侵部，則不協韻，

慘讀如懆。與照、燎、紹相協韻。

【詮釋】

〔1〕皎皦通皎，明。《方言》姣，好。佼通姣。僚通嫽，嫽，美好。舒，大方，舒遲。《通釋》13「窈糾猶窈窕，皆疊韻，與下『懮受』、『夭紹』同爲形容美好之詞。」宋蘇轍《詩集傳》：「窈糾、懮受、夭紹皆舒之姿也。」窈窕、夭紹、妖嬈、綽約、猗靡、阿那、婀娜，柔美清麗貌。案：舒而，舒舒然，舒遲貌，嫻雅美。窈 yǎo（古）影幽；糾 jiǎo，（古）見幽。窈 yǎo，（古）影幽，窕 tiǎo，（古）定宵，比較寬泛的疊韻詞，形容身體曲線美，行步柔美。《會通》引舊評：「首二句想見香霧雲鬟，清輝玉臂之態」。悄，悄悄 qiāoqiāo，憂愁貌。案：此詩描摹月光美，月下美人的姣好美，窈窕美，嫻雅美。

韻部：皎僚悄，宵部；糾，幽部。幽宵合韻。

〔2〕皓，晧 hào，光明貌。案：劉瀏懰通嬼 liǔ，《玉篇》《埤蒼》：嬼，妖嬼也。嬼，即姣人嬼嬼的好啊，清純美好貌。陳國方言懮 yōu 受 shòu，疊韻詞，美好貌，步伐輕盈。懆 懆懆 cǎocǎo，憂愁不安貌，即輾轉反側，神醉魂迷。

韻部：晧，宵部；劉（懰）受懆，幽部。幽宵合韻。

〔3〕照 zhào，照照昭昭，光明貌。燎燎讀如嫽 liǎo，《說文》僚，好貌，嫽，光彩照人，美好貌。夭紹，《西京賦》要紹，《南都賦》要紹便娟，《七辯》夭紹，夭矯，妖嬌，妖韶，麼嬈，嬋娟，美好貌。懆、慘同爲心母，慘通懆，懆懆 cǎocǎo，懆與照、燎（嫽）、紹協韻，（慘，侵部，慘讀如懆）、刻骨相思，騷動，攪擾，懆勞不止。

韻部：照燎紹懆，宵部。

【評論】

明·焦竑《筆乘》：「《月出》見月懷人，能道意中事。〔李〕太白《送祝八〔之江東賦得浣紗石〕》：『若到天涯思故人，浣溪石上窺明月』。〔杜〕子美《夢李白》『落月滿屋樑，猶疑見顏色』。常建《宿王昌齡隱處》『松際露微月，清光猶爲君』。王昌齡《送馮六元二》『山月出華陰，開此河渚霧，清光比故人，豁然展心悟』，此類甚多，大抵出自《陳風》也。」《臆評》「《靜夜思》、《玉階怨》，殊不如也。」（《存目》，經 61-258）《詩志》2「從月出落想，奇。宋玉《神女賦》『其少進也，皎若明月舒其光』，似本於此。……極要渺流麗之體，妙在以拙峭出之，調促而流，句贅而圓，字生而豔，後人騷賦之祖。」

《原始》7「此詩雖男女詞，而一種幽思牢愁之意，固結莫解。情念雖深，心非淫蕩。且從男意虛想，活現出一月下美人。並非實有所遇，蓋《巫山》、《洛水》之濫觴也。……至於其用字贅牙，句句用韻，已開晉、唐幽峭一派。」鄭振鐸《插圖本中國文學史》：「《陳風》裡，情詩雖不多，卻都是很好的。像《月出》與《東門之楊》，其情調的幽雋可愛，大似在朦朧的黃昏光中，聽凡俄令的獨奏，又如在月色皎白的夏夜，聽長笛的曼奏。」

案：清純無價，清麗脫俗最美，詩亦盡隱秀美，月亮清朗的意象美，月下美人的嫻雅妖嬈的意象美，月下美人，裝飾了月下景色，也倩盼了詩情，此詩巧妙地傳達了詩人純正的相思之情，如《蘇長公外記》所云：「天姿自然，不施鉛華」，詩人則粲乎其文。詩人善於在一刹那間捕捉興會、美的意象，又融會於心，昇華的詩情、興象，不僅敷寫意象的豔麗之美，又描寫出嫻雅之美——這是尤為泱泱東方大國——中國，歷來宣導的端莊都雅之美，乃至 1988 年北京選美青春活力尚且宣導此美，詩人將美的意象與詩人的激情以宛轉雅麗的詞藻探喉而出，為月下美人寫照，化為詩歌藝術，將美的意象有形地傳之永遠，使千載以下的接受美的人尤能想像。意象美、情景美、抒情美、音韻美，四美兼具，如同西方所說的純詩（Rure Poetry）。如果說《鄭風》、《齊風》的愛情詩是通俗歌曲，則此詩是典麗柔曼的美聲情歌。是中國唯美主義詩歌的濫觴。下啟宋玉的《高唐賦》、《神女賦》，曹植的《美女篇》、杜甫的《夢太白》《月夜·今夜鄜州月》與沈從文的密友、名詩人卞之琳 1935 年為一代佳人張充和所寫的《斷章》胚胎於此。「你站在橋上看風景/看風景人在樓上看你。/明月裝飾了你的窗子，/你裝飾了別人的夢。」《禮記·表記》「情慾信，辭欲巧，」旨哉斯言！

株　林

胡為乎株林？從夏南〔兮〕。	為什麼去株林？去找夏南〔他母親〕！
「匪適株林，	「他去株林，
從夏南〔兮姬〕。〔1〕」	去找夏南〔夏姬〕！」
駕我乘馬，	策動四匹大馬，
說于株野。	他歇駕於株林的郊野，
乘我乘駒〔驕〕，	乘著高頭大馬，
朝食于株。〔2〕	性交於株林夏家。

【詩旨】

《魯說》《左傳・宣公 9、10》、《陳杞世家》：「十四年（前 600 年）靈公與其大夫孔甯、儀行父皆通於夏姬，衷其衣以戲於朝（把夏姬汗衣貼身穿而在朝廷上開玩笑）。泄冶諫曰：『君臣淫亂，民何效焉？』靈公以告二子，二子請殺泄冶，公弗禁，遂殺泄冶。十五年，靈公與二子飲於夏氏，公戲二子曰：『徵舒似汝。』二子曰：『亦似公。』徵舒（《世本》「陳宣公生子夏，夏生禦叔，叔生徵舒。」）怒，靈公罷酒出，徵舒伏弩廄門射殺靈公。」第二年，楚乘亂滅陳。案：此詩作於前 599 年，詩人善於賦寫，尤以諧隱、譎譬寫此政治諷刺詩，以刺陳靈公。

《齊說》《孔子家語》引子貢云：「陳靈公君臣宣淫於朝，泄冶諫而煞（殺）之，是與比干同也。」《易林・睽之萃》：「繼體守藩，縱慾廢賢。君臣淫佚，夏氏失身。」《巽之蠱》「平國（陳靈公名）不均，夏氏作亂，烏號竊發，靈公殞命。」

《毛序》：「《株林》，刺靈公也。淫乎夏姬，驅馳而往，朝夕不休息焉。」

【校勘】

〔1〕《正義》、小字本、相臺本作「從夏南」，《唐石經》「南」下有旁添「姬」字，當是提示語，而非經文，當是把詩人用隱詞說明白。《疏》「南」下有「兮」字是《疏》文有「兮」字，《定本》無「兮」字。全詩文例亦無「兮」字，「兮」字衍。

〔2〕《毛》說，《魯》《釋詁下》《說文》稅，說讀如稅。《漢石經》《單疏》《唐石經》、小字本、相臺本作「駒」，考周制，陳靈公是諸侯，當乘驕，不當如士乘駒，《箋》《說文》《釋文》驕，後周・沈重指出作「駒」是後人所改，詳《說文》《箋》《經典釋文》《毛詩沈氏義疏》《續修》1201 冊、《段注》、馬宗霍《說文解字引經考》頁 490。

【詮釋】

〔1〕胡，何。爲，去。株林，株邑，夏禦叔封邑，在今河南省西華縣西南，西夏亭鎮北。匪，彼，陳靈公；適，往。從，因。夏南，夏徵舒字。《唐石經》在「南」下，旁增「姬」字，明白提示詩人所刺，此處用諱飾手法，暗指陳靈公與夏姬淫亂。《齊傳》《漢書・古今人表》：夏姬，鄭穆公女，美好無匹，嫁陳大夫禦叔，禦叔死，與陳靈公及臣儀行父孔甯通，後爲楚俘，從

尹襄老，襄老死，從申公巫奔晉。《單疏》引王肅云：「言非欲適株林，從夏南之母，反覆言之，疾（恨）之也。」

韻部：林南林南，侵部。

〔2〕我，結構助詞。說通稅 shuì，歇駕，息。案：駒 jū 驕 jiāo 同爲見母，駒讀爲驕。馬高六尺爲驕，諸侯乘驕。朝食，隱辭，性交。

韻部：馬野，魚部；駒，侯部；（驕，宵部），株，侯部。魚宵合韻。

【評論】

前 544 年，吳公子季札觀樂，「爲之歌《陳》，曰：『國無君，其（難道）能久乎？』」前 479 年陳亡國。〔齊傳〕《易林·隨之復》：「同傾心惑，夏姬在側；申公（陳公）顛倒，巫臣亂國。」《正義》引王肅云：「言非欲適株林，從夏南之母，反覆言之，疾之也。」元·劉玉汝《詩纘緒》：「此詩既得婉曲諷刺之體，尤得作詩省文之法。」《詩廣傳》2「《月出》之汨灂而促即也，《株林》之迫迮而子竭也，箕子立其側，比干死其旁，無能已其奔心，況泄冶乎？」《臆評》：「以複弄奇，以疊呈妙，龍文蠆氣，豈復容人著擬。」（《存目》經 61/258）《通論》7「首章詞急迫，次章承以平緩，章法絕妙。曰『株林』，曰『株野』，曰『株』，三處亦不雷同。『說于株林』，『朝食于野』兩句。句法亦參差。短章無多，能曲盡其妙。」《詩誦》2「兩章才三十一字耳，四說其地，兩說其人，而靈公之淫惑迷擾，歷歷如繪。起二語自爲問答，下兩語又各爲問答，陳民之眾目交屬，眾口沸騰，如聞其聲。」由此詩生發出：恥感文化不可一日或缺。《臆補》12 引姜白岩云：「揚六人（齊襄公、文姜、陳靈公……）之獸行，殺萬世之人心，其警世也深矣。」余師云：「《株林》詩有一顯明的特點，就是多隱辭。……所以衹言夏南而不言夏南之母夏姬，是含蓄之筆。」（《古代文學雜論》，中華書局，1987.45）

澤 陂

彼澤之陂，	那大澤堤岸，
有蒲與荷〔茄〕。	長滿了香蒲、綠荷，
有美一人，	有一個我戀著的美麗的情妹妹，
傷〔陽〕如〔若〕之何？	直勾魂，我該怎麼做？
寤寐無爲，	思念她睡不著，
涕泗〔洟〕滂沱。〔1〕	不由得我淚水滂沱！

彼澤之陂，　　　　　　　　那大澤邊，
有蒲與蕑〔蘭蕳蓮蕑〕。　　長滿了香蒲、澤蘭，
有美一人，　　　　　　　　有一個美麗的情妹妹，
碩大且卷〔婘孉攐睠〕，　　高高大大，英武精幹，
寤寐無爲，　　　　　　　　我朝思暮想，
中〔勞〕心悁悁〔悁悁〕。〔2〕　我內心眷眷不已只把他戀！

彼澤之陂，　　　　　　　　那大澤堤防，
有蒲、菡萏〔菡蘭萏歐菼〕。　長滿香蒲，荷花欲放，
有美一人，　　　　　　　　有一個美麗的情妹妹，
碩大且儼〔嬐曤儼〕。　　　高高大大，有美艷又端莊！
寤寐無爲，　　　　　　　　我寢食不安，
輾〔展〕轉伏枕。〔3〕　　　翻來覆去，只是把他念想！

【詩旨】

案：這大約是濕地文化的碩果，浪漫愛情的詩化，在香蒲、荷花、澤蘭的天然燦爛背景中，一位具有魁偉美、英俊美的美女出現了，贏得詩人的心，詩人美呆了，詩人鍾情於他，以致輾轉反側，吟成此章。唱給他的眞愛。《關雎》寫王子之戀，《澤陂》寫民間情戀。

《毛序》：「《澤陂》，刺時也。言靈公君臣淫於其國，（《小序》不免政治化了，與詩不合，）男女相說（悅），憂思感傷焉。」詩的背景清純而豔，所喜之人碩大而美，兩情相悅本乎自然。《續〈讀詩記〉》：「男女相悅，憂思感傷也。」《詩集傳》「此詩大旨與《月出》相類。」《名物鈔》5、《虞東學詩》5：女思男。聞一多：「荷塘有遇，悅之無因，作詩自傷。」

【校勘】

〔1〕《毛》荷，《三家》《釋草》樊光注、《離騷》《箋》茄，清·臧琳《雜記》：作茄允協。聲近通假。《毛》《箋》《別賦》《單疏》傷，《魯》《釋詁》郭注《玉篇》引《韓》作「陽若之何」，傷通陽。如，《玉篇》《韓》若，若通如。《毛》泗，《檀弓》《說文》作洟，洟泗古今字。

〔2〕《毛》《唐石經》蕑，《箋》：蕑，當爲蓮。蕳蓮疊韻通借。作蕳亦可，檢《全三國文》頁 1126，曹植《籍田賦》「好香者植乎蕳」，曹植習《韓》，《韓詩》當爲蕳。理由有四：一、《箋》改作蓮；二、《單疏》：蘭是陸草，非澤中之物，故知蘭當做蓮。《魯》、《釋草》邢《疏》作蓮；三、《御覽》975 引

《韓》作蓮；四、從上下文例則作蓮，地址是在澤，蘭是陸草，（然而《毛詩》
藺、蘭，《毛詩音》蘲，《字書》《聲類》蘲，蘭也，不爲無據，《魯》《韓》《詩
傳》蓮，《毛》蘇轍《傳》作蘭當是異本，。師受不同，並存。）本字作婘，
《毛》卷，《魯》《爾雅》《廣雅》婘，《集韻》《廣韻》孈，同婘。《釋文》本
亦作婘，卷古字。《說文》《魯》《上林賦》嬛，古字，又作婘、孈、攌，攌勇。
案：本作勞心悁悁，一作中心悁悁 yuanyuan，《毛》中心，《魯》《九歎》《思
玄賦》李注引：「《毛詩》曰：勞心悁悁」，則隋、唐間《毛詩》「中心悁悁」
作「勞心悁悁」，作「勞心悁悁」，抒情意味更長。

〔3〕《毛》菡萏，《慧琳音義》23 菡萏花，《說文》菡藺，隸變爲菡萏，
《釋文》：「菡本又作萏，又作歁，戶感反。萏，本又作蔳，大感反。」《毛》
儼，《御覽》368 引《韓》《說文》《廣雅》嬌，《釋文》：儼本又作曤，儼通嬌、
豔，《疏證》孌、儼、嬌字異義同，美也。本字作展，《毛》輾，《魯》《淮南·
說山》高注、《韓》《釋文》本又作展，《字林》後人增益爲輾。

【詮釋】

〔1〕《箋》：男子思美人。許謙、錢天錫：女思男。黃焯：美人，貞臣
正人，《魯說》泄治，殊爲近理。澤，大澤，古時如雲夢澤等大澤多，沼澤也
多，濕地——大地的腎多。陂 bēi，岸涯。蒲，香蒲。茄荷疊韻通借。《古今字
詁》：茄亦荷字。茄 jiā 荷 hé 荷莖，代指荷，《魯》《爾雅》郭注：《魯》云：
陽如之何，今巴、濮自呼爲阿陽。《玉篇》引《韓》也作陽，如作若。傷通陽，
若通如，陽如之何，我如之何，我奈之何。涕泗，疊韻詞，淚水。泗 sì 讀如
洟，淚，淚水，言刻骨相思。又傷通惕，《箋》訓思，而《傳》訓無禮，誤。
《釋詁》：傷，思。《單疏》：「男女相悅者，章首上兩句是也；感傷者，次兩
句是也；憂思者，下兩句是也。」

韻部：陂荷（茄）何爲沱，歌部。

〔2〕藺蓮聲近通借；澤蘭，生澤旁，菊科，莖葉含芳香油，可做調香原
料。中藥材，無毒，性微溫，味苦、辛，主治金瘡癰腫、瘡膿、產後腹痛、
血瀝腰疼、產前產後百病，通九竅、利關節，治鼻血頭風目痛，婦人勞瘦，
丈夫面黃。案：藺通蓮，蓮憐，蓮、戀諧音，雙關語。卷婘古今字，婘孈，
美，攌捲攌捲，勇，英俊貌。碩大，魁梧美；拳勇，英武美。勞，憂勞，相思
之苦。悁悁 yuān yuān，怏怏不樂貌。輔廣：「男女相說（悅），至於憂思感傷。」

韻部：藺卷悁，元部。

〔3〕菡萏 hàn dàn，疊韻詞，蓮花。曤儼 yǎn，矜莊貌。《說文》嫡 luǎn，
順也。嫡 luǎn，美艷，婉順美，莊重美，矜莊之美。一說重頤（雙下巴）。碩
大美，端莊美。

韻部：萏儼曤，談部，嫡，元部；枕，侵部。談、元合韻。

【評論】

《詩補傳》：「既思其人而感傷，又思其人髮之卷，又思其人貌之儼，窹
寐之間不復他有所為。或涕泗俱下，或悁悁憂戚，或展轉廢寢，此皆合男女
之情而言之。詩人言其情而不及於亂，亦欲其止於禮儀也。」案：抒情主人
公是一位用情專一的摯情男子，只是用詩抒發了深婉的戀情。這在戰爭頻仍、
上流社會一派昏亂之時，誠不多見。從藻繪、手法看，如是女抒情主人公，
當非農家女，而是知識女性。《虞東學詩》5「錢天錫亦謂是女思男之辭，觀
『碩大且卷』、『碩大且儼』，可見。如『涕泗滂沱』、『輾轉伏枕』，宛是婦人
光景。」《原始》7「詩人所言，或實有所指，或虛以寄興。興之所到，觸緒
即來。後世《江南曲》《子夜歌》此類甚多，豈篇篇俱有所為而言耶？」《直
解》：「『陽如之何？』為是，此古人所謂詩眼，畫龍點睛也。」日本·貝加田
誠《詩經譯注》：「沒有比執著傾心的戀愛更能令人的心靈聖潔和謙遜的了，
古人也思維難得之心而苦其心，將一途之戀寄託於詩歌，以慰自我身心吧。
這些詩歌中《陳風》《月出》和《澤陂》甚佳甚美。」此詩多儁語。江淹《別
賦》本此。案：詩人以荷蓮起興，襯托所讚美的女主人公的清純美，運用誇
飾，比興、描繪與心理描寫，又多側面地描繪她的高大豐碩美，端莊閒雅美，
比之於蓮花，文質彬彬詞藻紛盼，極盡婉曲，觸處皆是深情，比古希臘女詩
人薩福《給所愛》更藻麗而情切淵深，比蘇格蘭詩人彭斯《一朵紅紅的玫瑰》
更具有意象美，下啓《江南曲》《子夜歌》古詩《涉江采芙蓉》。中國現代著
名詩人徐志摩 1928 年的名作《再別康橋》取法乎此。

卷十三　國風十三

檜〔會〕風

　　檜，本作鄶 kuài，金文《魯》《世本》《潛夫論・志氏姓》《漢石經》《齊》《漢・地理志》會，《周語》《左傳》《史・楚世家》《說文》鄶，因潧水得名，周武王封祝融之後於鄶墟，妘姓。鄶城，在今河南新密市東北。檜國在今鄭州南、新密市一帶。《檜譜》：「周夷王、厲王之時〔前 885～前 842 年〕，檜公不務政事，而好潔衣服，大夫去之，於是檜之變風始作。」前 544 年，吳公子季札早已有鄶下無譏（微不足道）的定論與預言。《詩考》《左傳》：季札觀樂《豳》在《齊》下，《秦》在《魏》、《唐》上，《鄶》、《曹》終焉。《羔裘》用借代，用抒情，表白對國王恃險、驕侈、貪冒的不滿，對國家命運深以爲憂；《素冠》哀憫終孝者；《隰有萇楚》唱出暗戀；《匪風》抒故國之戀，懷鄉懷親深情。

羔　裘

羔〔狐〕裘〔求〕逍遙〔消搖〕，	君臣穿羔裘多徜徉
狐〔狐〕裘以朝。	鄶君著狐裘驕侈於朝堂，
豈不爾思？	怎能不想你們哪？
勞心忉忉。〔1〕	每念國運多憂傷啊多憂傷！

羔裘翱翔，	臣子們逍遙如百鳥翱翔，
狐裘在堂。	鄶君著狐裘驕侈於明堂，
豈不爾思？	怎能不想你呦，
我心憂傷！〔2〕	想起鄶將滅亡怎不悲傷？
羔裘如膏，	羔裘鮮鮮潔潔如脂膏，
日出有曜〔耀〕。	日照羔裘光光耀耀，
豈不爾思，	怎能不顧念你啊，
中心是悼！〔3〕	想起鄶將覆亡恐懼傷悼！

【詩旨】

案：當是國之賢良憂慮國家危亡而賦此政治諷刺詩。

《魯說》《潛夫論・志氏姓》「……會在河、伊之間，其君驕貪嗇儉，減爵損祿，群臣卑讓，上下不臨。詩人憂之，故作《羔裘》，閔其痛悼也。」雖說《潛夫論》此說本《逸周書・史記解》，但對於鄶君的評說與《鄭語》合，《鄭語》記載周太史史伯對周宣王弟司徒鄭桓公講：「其濟、洛、河、潁之間乎！是其子男之國，虢、鄶為大。虢叔恃勢，鄶仲恃險，是皆有驕侈怠慢之心，而加之以貪冒。」所以古有「鄶下無議」，前 544 年觀《檜風》，吳季札斷言「國無主（國家沒有英明之主），其能久乎！」

《毛序》：「《羔裘》，大夫以道去其君也。國小而迫，君不用道，好絜其衣服，逍遙遊燕（宴），而不能自強於政治，故作是詩也。」《解頤正釋》13大夫憂國之作。《類抄》：「女欲奔男之辭」。《注析》以為「懷人之詩」。恐與詩不甚切。《全注》認為「這是一位關心國事的士大夫為諷喻其君而作的一首政治怨刺詩。」孔子云：「政者，正也。」政不正，治則止。鄶國於前767年被鄭武公兼併。

【校勘】

〔1〕《毛》羔裘逍遙，陳喬樅《詩四家異文考》羔裘作狐裘，《九歌注》作狐裘，似是涉下句而誤。《毛》狐，《唐石經》狐。《毛》裘，《魯詩世學》作求，求、裘古今字。而逍遙，古本作消搖。《單疏》刌。

〔2〕《毛》曜，《說文》燿，燿古文，曜，後作耀。《史・封禪書》作耀。陳奐：當是倒句，應為「日出有曜，羔裘如膏。」

【詮釋】

〔1〕案：首句用借代格，代指君臣，如周太史史伯所云鄶國國王恃險，

驕佟怠慢，貪冒，《單疏》：「首章、二章上兩句，言君變易衣服以翱翔逍遙。」「三章下二句皆言思君失道，爲之憂悼，是以道去君之事也。」羔裘，朝服，借指臣子。逍遙，有心於遊樂、無心於公務。《魯傳》《雲中君注》：逍遙，遊戲也。狐裘，借指鄶君，貪冒而愛好鮮潔衣服的鄶君雖「狐裘以朝」而無心於政治國強，君臣奢靡不振。豈，難道。爾思，思爾等君臣，忉忉dāodāo，憂傷。勞，憂。詩人心憂愁不已。《傳》：「國無政令，使我心勞。」

韻部：遙（搖）朝，蕭部；忉，宵部。蕭宵合韻。

〔2〕翱翔，徜徉，自恣地遊樂；堂，明堂，諸侯理政處。呂氏引范氏：「急於遊燕而怠於政治，此賢人之所以去（離去）也。」

韻部：翔堂傷，陽部。

〔3〕《單疏》：「卒章上二句，言其裘色之美，是其好絜遊宴，不強政治也。」日出光照耀到羔裘如脂膏潤澤有光彩。有曜，曜曜然，曜yào，光亮貌。《義門讀書記》7：「三章，此章不復言朝，則檜君久而唯荒於遊燕可知也。」悼dào，《單疏》：哀悼，心神震動。

韻部：膏曜（耀）悼，宵部。

【評論】

《通釋》14「此詩羔裘承上逍遙、翱翔言，則日出視朝之時，已服羔裘遊宴，詩但言羔裘之鮮美，而君之不能自強於政治，正可於言外得之。」《臆評》：「檜君好潔其衣服，逍遙遊晏，而不能自強於政治，故詩人憂之。」（《存目》經61/259）《臆補》13，「此必賢臣去國詩也。」「『日出』句，形潔入微，此詩家著色描寫法」。（《續修》經58/218）《讀詩識小錄》：「『逍遙』字奇矣！『翱翔』字更奇，寫其神即寫其心，非但寫形也。」

素　冠

庶見素冠兮，	尚見君披麻戴孝冠啊，
棘〔棘棘痍脺瘠痍腴㦮〕人〔之〕欒欒兮〔欒㰀〕，	哀毀得瘦瘠團團啊！
勞心慱慱〔搏團〕兮。〔1〕	不由得我哀憫慱慱啊！
庶見素衣兮，	尚見君一身孝衣啊，
我心傷悲兮，	我哀慟傷傷悲悲啊，
聊與子同歸兮！〔2〕	願與君百年同歸啊！

庶見素韠兮，　　　　　　　　　　尚見君著白色蔽膝啊，
我心蘊〔薀〕結兮，　　　　　　　我哀思綿綿悲慟鬱結啊，
聊與子如一兮！〔3〕　　　　　　　願與君始終如一啊。

【詩旨】

案：古制，孝子要爲父母守孝三年，哀毀，此詩大約是孝子之妻或知心朋友不忍心於孝子哀毀以至瘦骨伶仃而賦此慰藉哀憫之什。《詩說解頤正釋》13「賢者思見終喪之人而不可得，幸得見之而作此詩也。」

《魯說》《列女傳・齊杞梁妻傳》：「齊莊公襲莒，杞梁戰死。其妻枕夫之尸於城下而哭，內誠動人，道路過者莫不爲之揮涕，十日而城爲之崩，既葬，遂赴淄水而死。《詩》云：『我心傷悲，聊與之同歸。』此之謂也。」《中論・佚篇》：「惡《素冠》之所刺。」

《毛序》：「《素冠》，刺不能三年（譏刺時人不能行三年之喪）也。」

聶石樵師主編《新注》「《素冠》是悼亡詩。作者是一位女子。」

【校勘】

〔1〕《集韻》：「臍，《說文》瘦也。古作瘠」《慧琳音義》羸，瘠。《說文》臍瘠，瘦也。《毛》棘，《字書》瘠，《汗簡》腓，《義之章》瘠，瘠腓俗字。案：《漢石經》《唐石經》棘，通作棘，《說文》《集注》惙，《魯》《毛》《單疏》欒欒，《魯》《釋言》《釋詁》棘、惙，《呂覽・任地》高誘注：棘通臍瘠，惙通瘠jí。案：正字作欒，《三家》《魯》《釋詁》《說文》棘、欒，欒通欒，《說文》棘又作臍，又作齊。《魯詩》有「之」，《毛》脫「之」。《魯》《太玄經》《毛》《單疏》博，《魯》《考文》《思玄賦》李注引《毛》團團，案：《說文》有摶無慱，摶慱團音義同。

〔2〕本字作薀，《正義》《釋文》《毛》蘊，《唐石經》初刻作薀，後改爲蘊。《單疏》作薀。《魯》《惜誦》鬱結，《後漢・梁鴻傳》委結，《曹植傳》蘊結，《都人士》莞結，《史・劉安傳》作怨結，《梁鴻傳》委結，《逸民傳》序作蘊藉，聲近義通，通作鬱結。《韓》鬱，《說文》煴，《漢・匡張孔馬傳》醖藉，《後漢・桓榮》薀藉，本字作鬱。《毛》《正義》《釋文》蘊，《說文》薀，薀是薀的俗字，讀如鬱。

【詮釋】

〔1〕古代祥祭，居父母、親人之喪，守孝三年。庶，庶幾，幸，尚。素冠，孝帽，白絹祭服，白帽。臍瘠古今字，ji，棘讀如臍瘠jí。棘通惙jiè，戒，

守孝三年的人。《魯》《呂覽・任地》高注：棘，羸瘠。欒通孿，哀毀得瘦瘠嶙峋。癴 luán，病體佝曲，心憂病。《說文》：孿 luán，臞（瘦瘠）。《魯說》《釋訓》慱 tuán，慱慱 tuántuán，憂勞也。

　　韻部：冠欒慱，元部。

　　〔2〕素衣，孝衣。同歸，白頭偕老，始終如一，或朋友始終。聊 liáo，暫且，此處訓願。

　　韻部：衣悲歸，微部。

　　〔3〕素，白；韠 bì，古代用熟皮製成上仄下寬如圍裙，朝覲或祭祀時遮蔽於衣裳前的服飾。薀蘊鬱，同屬影母，薀結即鬱結，如一，始終如一。

　　韻部：韠結一，質部。

【評論】

　　《詩誦》2「三章寥寥三句，而首章先棘人後我，後二章先我後子，首章分寫，次三合寫，極庶見之神。」《臆補》13「玩味三『庶』字、九『兮』字，一段目擊澆風、望古悲涕之意，曲曲傳出。三句成章，連句用韻，後人《大風歌》以下皆出於此。五古如《華山畿》『不能久長離，中夜憶歡時。抱被空中啼。』七言如岑之敬《當爐曲》『明月二八照花新，當爐十五晚留賓，回眸百萬橫自陳。』謝臯羽送鄧牧心，三句詩體皆是。……遙思睇想，如隔世事。」(《續修》58/218)《讀詩識小錄》:「蓋『庶見』語意，原不從『不見』轉出，二句承『不見』意，三句又承『庶無』意，遂使言中、言外，迷離隱現，全以神行。」聶師主編《新注》:「詩三章，寫其撫尸哀慟，見其夫容顏憔悴，不禁更增其悲，肝腸俱裂，文字如火山噴發，江河之下，故短促而激烈，層層深入，痛入骨髓。」《甘棠》、《著》《十畝之間》、《素冠》都是三句成章。

隰有萇楚

隰〔陸隰〕有萇〔長〕楚，	濕地有羊桃，
猗儺〔旖旎婀娜阿難〕其枝。	枝兒婀娜多優美，
夭〔杴〕之沃沃〔茮茮〕，	真個少壯多俊俏，
樂子之無知。〔1〕	我暗喜你對象沒找好。
隰有萇〔長〕楚，	濕地有羊桃，
猗儺〔旖旎婀娜阿難〕其華。	花兒旖旎多嬌嬈，

夭〔枖〕之沃沃〔茨茨〕，　　　　　眞個年少多壯佼，
樂子之無家。〔2〕　　　　　　　　　我暗喜你尙未配年少！

隰有萇〔長〕楚，　　　　　　　　　濕地有羊桃，
猗儺〔旖旎婀娜阿難〕其實。　　　　桃果肥篤篤的好，
夭〔枖〕之沃沃〔茨茨〕，　　　　　眞個年少又豐矯啊！
樂子之無室。〔3〕　　　　　　　　　我暗喜你尙未討家小啊！

【詩旨】

案：前 770～前 768 年，詩人處於春秋多戰亂之世，婚配尤難，用賦兼比、直抒其衷情的藝術手法，大膽地把暗戀唱給對方，故風韻可愛。

《詩論》簡 26「《隰有萇楚》，一身而愍（得而悔）之。」《詩說》：鄶人困於賦役而作。

《毛序》：「《隰有萇楚》，疾恣也。國人疾其君之淫恣而思無情慾者也。」

《詩集傳》：「政煩賦重，人不堪其苦，歎其不如草木之無知而無憂也。」

余師《詩經選》：「這是亂離之世的憂苦之音。詩人因爲不能從優患解脫出來，便覺得草木的無知無覺，無家無室是値得羨慕的了。」

【校勘】

〔1〕《正義》題《隰有萇楚》，《魯》《釋草注》《事類賦》《詩考補遺》引《三家》長，《唐石經》無「隰有」。《毛》隰，《漢石經》隰。《毛》《史·刺客列傳》《論語》萇，長，又作萇，長是萇的省借。《毛》猗儺，《魯》《司馬相如傳》《離騷注》《九辯注》旖旎，《石鼓文》亞筶，《事類賦》阿難，猗儺阿儺阿難婀娜、阿那字異音義同。《毛》夭，《說文》枖，古字。《毛》沃，《說文》茨，古字。

【詮釋】

隰 xí，濕地，大地的肺。萇楚，羊桃。其花甚赤。《本草綱目》18 其莖根治燥熱，除小兒熱，惡瘡，利便，煮汁洗風癢及諸瘡腫。詩人以賦兼比的技法以萇楚紅花比擬女子臉色紅潤，充滿青春朝氣。猗儺、婀娜、阿難、阿儺 ē nuo，疊韻詞，旖 yǐ，旎 nǐ，輕盈、柔美貌，美盛貌。夭 yāo，妖冶；茨茨 wòwò，沃沃，豐腴有光澤。之，代指萇楚，暗寓意中人。《魯》《釋詁》：知，匹（配偶）。知，知己，終生伴侶，家、室同。

韻部：枝知，支部。華（古音乎）家（古音孤），魚部。實室，質部。

【評論】

　　《詩集傳》頁111「政煩賦重，人不堪其苦，歎其不如草木之無知而無憂也。」《原始》、郭沫若《中國古代社會研究》與余師《詩經選》以爲「憂苦之作」，郭氏說是「破落貴族的大作」。《今注》「這是女子對男子表示愛情的短詩。」案：以猗儺（旖旎）一般比之於柔婉、柔順之美，似當爲男士向女子示愛之作，故蘊涵良深。明・鍾惺《批點詩經》：「此詩更不必說自家苦，只羨萇楚之樂，而意自深矣。凡苦之可言者，非其至也。」孫月峰：「無知，意絕妙。無家無室，便微有跡。」《升菴詩話》：「梁簡文和蕭侍中子顯春別祖其意。」《臆評》：「鏡花水月，有玩不可著。」《臆補》13「全以三『樂』字說出苦來，己之不如卻在言外。亡國之音讀不得。」《詩志》2：「三『樂』字慘極，眞可讀」。「自恨不如草木，極不近情理。然悲困無聊，不得不有此苦懷。」《讀詩識小錄》：「全詩只言『萇楚』，而我情見焉，而國勢見焉。風人筆墨，所謂『一毫端現出大千世界者』。」

匪　風

匪風發兮，	那風一刮起發發不循常道啊，
匪車偈〔揭揭〕兮，	那車一開動揭揭如發飆啊，
顧瞻周道，	回頭眺望那通衢大道
中心怛〔懘〕兮！〔1〕	我的憂愁怛怛懆懆啊！
匪風飄兮，	那風一刮起如同旋風飄啊，
匪車嘌〔票〕兮，	那車一開動如同發飆啊，
顧瞻周道，	回頭眺望那通衢大道，
中心弔兮！〔2〕	我的內心不免暗自傷悼啊！
誰〔孰〕能亨〔烹〕魚？溉〔摡〕之釜鬵；	誰能烹煮鮮魚？不把大釜小鍋洗淨； 有誰能回到西京，
誰〔孰〕能西歸？	請他捎來家鄉好音訊！
懷之好音！〔3〕	

【詩旨】

　　余師《詩經選》：「這是旅客懷鄉的詩。詩人離國東去，僕僕道路，看見官道上車馬疾馳，風起揚塵，想到自己有家歸不得，甚至有家日趨遠，不免傷感起來。這時，他希望遇著一個西歸的故人，好託他捎帶個平安家報。」

《魯說》《潛夫論・志氏姓》：「《匪風》，翼君先教也。會仲不悟，重氏伐之，上下不能相使，禁罰不行，遂以見亡。」

《齊說》《易林・渙之乾》：「焱（飆）風忽起，車馳揭揭；棄古追思，失其和節，憂心惙惙。」

《韓詩內傳》《漢・王吉傳》《疏》：「《詩》云：『匪風發兮，匪車揭兮。顧瞻周道，中心愬兮。』說曰：是非古之風也；發發者是非古之車者；揭揭者蓋傷之也。」

《毛序》：「《匪風》，思周道也。國小政亂，憂及禍難，而思周道焉。」朱熹《詩集傳》，「周室衰微，賢人憂嘆而作此詩。」約作於前 770 年，鄭滅檜前。

【校勘】

〔1〕本字作偈。《毛》偈，《齊》《易林・需之小過》《韓詩內傳》《韓詩外傳》《說文》《王吉傳》《上書諫昌邑王》揭，《說文》無偈，《九辯》注《白帖》11 作揭，《高唐賦》作偈，揭揭通偈。《單疏》《毛》《韓詩外傳》2 愬，《詩考》《韓詩內傳》《王吉傳》愬，古字。

〔2〕《毛》飆，《魯》《雲中君注》焱，案：飄嘌讀若飆，飄通焱。《說文》《毛》嘌，《釋文》嘌，本又作票，《說文》嘌。

〔3〕《單疏》誰、亨，《魯》《說苑・善說》孰、烹，亨古字。案：本字作溉，《魯》《說苑・善說》《單疏》溉，《長笛賦》注引《毛》溉，本或為概，音義同。《釋文》溉，本又作溉。《三家》《哀時命注》《七發》《考證》《說文》《正字》《周禮・世婦》《五經文字》《廣韻》溉，溉通溉。《毛》釜，《說文》䰠、釜同。《毛》誰，《魯》《說苑》孰，義同。

【詮釋】

〔1〕匪通彼，發，發發 bōbō，迴風疾發貌。《高唐賦》注引《韓詩》：揭揭 jiéjié，疾驅貌。高本漢訓離去。顧（顾）瞻，回首。愬（怛），怛怛 dádá，憂傷、驚悚貌。其時戰亂頻仍，檜又夾在大國之間，時有被吞併的危險，後被鄭國吞併而鄶君昏而貪冒，尤險，詩人不免驚懼。

韻部：發揭（偈揭）愬（怛），月部。

〔2〕飆，當從《魯》作焱（焱，飆）讀如飆 biāo，迴風，疾風。嘌（票）piāo，票票然，「發飆」，車行太快而無節制。弔吊 diào 通悼，悲傷，憐憫。

韻部：焱（飆）票（嘌）弔（吊），宵部。

〔3〕誰、孰同，亨通烹。魚，廋詞，書信，「呼兒烹鯉魚，中有尺素書」。溉同摡 gài，揩拭洗滌。鬴 fu 鬴釜同，鍋，釜鬵，連語，炊具，鬵 qín，大釜。當時周都在西，鄶國在今河南省新密市東南，在東。將，能。懷 huái，餽（饋）kuì，同在微部，喉音匣、群鄰紐，懷通餽，致送，捎來。好音，佳音。

韻部：鬵音，侵部。

【評論】

宋·黃震東《讀詩一得》引王雪山：「風中車上最不安，西北人畏之。此言非風之飄忽，非車未疾馳，而使我心不安，但顧趨周之路而傷心爾。」（《存目》，經 65/85）《詩補傳》：「檜無《世家》，先儒謂詩在周夷、厲之際，觀《匪風》之思周，辭意迫切，亦將亡之詩也。」（《四庫》經 72/12）《通論》：「末章風致絕勝。」《臆補》13「寫得自家情緒出，有瞠目不語之恨。」「一腔熱血」。（《續修》58/219）《識小錄》：「意在筆先，神愴言外。」

卷十四　國風十四

曹　風

　　《齊》《漢・古今人表》：周武王封其弟振鐸於曹，都陶丘（今山東省定陶縣西南，地域曹縣、定陶、菏澤。前 487 年宋併曹。）曹昭公好奢而任用小人，弱小亡國又不能用賢，以至小小曹城有「三百赤芾」，驕侈成風，曹變風作。《蜉蝣》刺奢，《候人》刺「三百赤芾」「不稱其服；」《鳲鳩》提出「正是國人」；《下泉》則渴盼回覆到周京的強盛。《公羊傳・僖 28》「曹伯之罪何？甚惡也。其甚惡奈何？不可以罪言也。」曹歌歷數其罪：（一）《蜉蝣》揭示曹共公之流僅是一心豪奢而不顧江山百姓的蜉蝣；（二）《候人》刺蕞爾曹邑竟有「三百赤芾」；（三）《鳲鳩》：「正是國人」，不幸而言中，前 632 年曹共公被拘捕；（四）《下泉》寫下層民眾「愾我寤歎。」《序》：「曹人疾共公侵刻下民。」誠然，曹國雖小，詩歌肯定非止四首，當是編輯選此四首，詩人筆鋒銳利，風格獨具，編輯亦獨具隻眼。

蜉　蝣

蜉蝣〔浮游蜡〕之羽	像那蜉蝣的翅羽，
衣裳楚楚〔齹齹〕，	衣服那麼華麗！
心之憂矣，	我憂慮曹國的存亡啊，
於我〔何〕歸處！〔1〕	何處方可歸息？

蜉蝣之翼，　　　　　　像那蜉蝣的兩翼，
采采衣服。　　　　　　衣服那麼豔麗！
心之憂矣，　　　　　　我憂慮曹國的存亡啊，
於我〔何〕歸息！〔2〕　何處方可歸止？

蜉蝣掘〔堀〕閱，　　　蜉蝣突穴飛飛，
麻衣如雪。　　　　　　蟬脫那雪白的原衣。
心之憂矣，　　　　　　我憂慮曹國的存亡啊，
於我〔何〕歸說〔稅〕！〔3〕　我何處方可歇息？

【詩旨】

《繹史》98 引《詩說》：「《蜉蝣》，君怠國危，曹大夫閔之而作。」據《齊說》《古今人表》「曹昭公，釐公子，作詩。」其意是說曹昭公班〔前 661～前 653 年在位〕，是曹釐公夷之子，好奢又任用小人，因此曹人作詩以刺之。案：作於前 661～前 653 年曹昭公班時。

《毛序》：「《蜉蝣》，刺奢也。昭公國小而迫，無法以自守，好奢而任小人，將無所依焉。」

【校勘】

〔1〕《毛》蜉蝣，《夏小正》浮游，《說文繫傳》蜉蝤。通作蜉蝣，音義同。本字作軆軆，《毛》楚楚，《三家》《說文》《玉篇》《釋文》《廣韻》軆軆chǔchǔ，楚通軆虛，《毛》我，《韓》《箋》作何，我通何。

〔2〕《正義》《釋文》《定本》掘，《荀》《三家》《說苑·敬慎》《潛夫論·貴忠》《說文》堀，《考文》《定本》《唐石經》《類聚》2、《御覽》頁 58《單疏》掘，掘通堀。

【詮釋】

〔1〕蜉蝣 fúyóu，朝生暮死的生命週期極短的蟲類。楚楚通軆軆chǔ chǔ，五采鮮豔貌。高本漢譯為：「蜉蝣的翅膀——它們是有顏色的衣服。」「衣冠楚楚」成語。高本漢：於通與。我 wǒ，（古）疑歌；何 hé，（古）匣歌，同屬歌部，疑、匣准鄰紐，我通何。

韻部：羽軆（楚）處，魚部。

〔2〕《鸚鵡賦》注引《韓詩章句》：采采，盛貌。朱熹：采采，華飾。

韻部：翼服息，職部。

〔3〕掘堀 jué，《說文》堀，突（突破）。《管子‧山權數》掘闕，此蟲土裡化生，掘閱，掘地而出。閱閱穴通，穿穴飛出。麻衣，精細而潔白的苧麻布夏衣，清爽離汗媲美於絲綢。精細的麻衣如雪潔白，朝服。我，wǒ（古）疑歌；何 hé，（古）匣歌，同在歌部，疑匣鄰紐，當從《韓》《箋》作「何」，「我」讀如「何」。案：歸說，說讀如稅 shuì，連語，舍止，歇息。《齊》《表記》《疏》：「詩言曹君好絜其衣服，不修政事，國將滅亡，故賢臣之心憂矣。說稅，舍也。國將滅亡，於我之身何所歸舍？」

韻部：閱雪稅（說），月部。

【評論】

《詩集傳》7「此詩蓋以時人有玩細娛而忘遠慮者，故以蜉蝣為比而刺之。」《詩志》2「狀物奇妙。深心厚道。『於我』二字欲淚。『掘閱』二字，寫出細物奇情。『麻衣如雪』，小賦中工麗語。」《識小錄》：「取喻警切。」《會通》引舊評：「喻意危悚」。

案：這是曹國清醒鄭重的政治家針對曹昭公一味追求衣服華麗而忽視國家政務所作的政治諷刺詩。顯示了詩人特有的敏感、老婆婆心與藝術解剖力，善於用比，情深文摯。

候　人

彼候〔候〕人兮，	那送來迎往的候人啊，
何〔荷〕戈與祋〔綴毀殳〕。	荷著長戈與長棍，
彼其〔己記〕之子，	那些異姓貴族之子，
三百赤芾〔茀韠紱黻〕。〔1〕	〔小小曹城〕穿大紅蔽膝竟三百人。
維鵜在梁，不濡其翼。	淘河鳥守魚梁，濺濕過翅膀。
彼其〔己記〕之子，	那些異姓貴族之子，
不稱其服！〔2〕	不配他們上朝的衣裳。
維鵜在梁，不濡其咮〔噣〕。	淘河鳥守魚梁，打濕淘河嘴巴上，
彼其〔己記〕之子，	那些異姓貴族之子，
不遂其媾！〔3〕	並不配享受厚祿把朝官當。
薈〔嬒〕兮蔚兮，南山朝隮。	雨雲薈薈蔚蔚啊，南山虹霓升起，
婉兮孌〔嬌〕兮，季女斯飢〔饑〕。〔4〕	婉孌美麗的少女啊，不免一陣陣朝饑。

【詩旨】

《詩論》簡 21，「《尸鳩（尸鳩）》，（吾）信之。」

〔韓說〕223 年魏文帝《鷦鵬集靈芝池詔》：「《曹詩》刺共公遠君子而近小人。」

《毛序》「《候（《唐石經》候）人》，刺近小人也。共公遠君子而好近小人焉。」

余師《詩經選》：「這首詩寫的是對於一位清寒勞苦的候人的同情和對於一些『不稱其服』的朝貴的諷刺。」《續讀詩記》：「小人無功而多寵也。」聞氏《高唐神女傳說之分析》認為《候人》與《高唐賦》同為「季女」；朝隮、朝雲同；一在南山，一在巫山；「季女斯饑」、「願薦枕席」同，「朝為行雲，暮為行雨」亦與詩同，「一個少女派人去迎接她私戀的人，沒有迎著」，案：作比較分析則可，然而兩者似無內在聯繫，從時空跨度看，相隔 300 多年，一在山東，一在楚鄀都。約作於前 632 年。詳《左傳·僖 28》。

【校勘】

〔1〕《毛》候，《單疏》《唐石經》候。《毛》何，《齊》《樂記》注荷，其實「何」本有「荷」義，荷是俗字，何古字。《說文》《單疏》《毛》祋，《魯》《齊》《漢石經》《樂記》注引作、《集注》綴，《韓》杸，《說文》殳，《急就章》毀，本字作殳，祋杸毀同殳，綴殳聲近通借。《毛》其，《齊》《表記》記，《韓》《左傳·襄 24》己，古曩國又作紀、己。《毛》芾，芾 fú，案：古字作市，《說文》市 fú，《魯》《白虎通·紱冕》紱，《祭服》芾，《後漢·東平憲王傳》注引《韓》紱，漢·韋孟《諷諫詩》黻，《釋文》韠，字異義同。

〔2〕《毛》咮，《韓》《玉篇》噣，本作噣，作咮，或作喙。

〔3〕《毛》薈、變，《三家》《集注》《說文》嬒、嫡，嬒薈通黮。嫡古字。

【詮釋】

〔1〕案：善用對比，候人，看守賓館、道路、負責迎賓送賓的小吏。何通荷，杸、殳、綴通殳，一丈二尺長無刃木杖或竹杖，用於前驅的兵器。紀己曩同，紀國名。三百，小國卻有那麼多朝官。韠市芾紱韍 fú，蔽膝，朝覲或祭祀時的一種服飾，赤紱 fú，禮服之一。炫富擺貴。據《左傳·僖 28》，前 632 年，晉軍責備曹國不任用儓負羈，而做官坐車的竟有三百人之多。

韻部：殳（杸祋），侯部；芾（紱韍韠紱），月部；侯月通韻。

〔2〕維，惟，語詞。《六帖》98、陸《疏》鵜，《劉子新論・去情》、唐寫本、抄本、《白帖》鵜胡，鵜鶘，淘河鳥，其性於河中淘魚蝦吃。梁，魚梁，水堰，以笱承其空以捕魚。不，助詞，下同；濡，漬濕。不稱，不配，不相稱。《單疏》：「以興小人之在朝可謂不亂其政乎？言爲亂其政。」又從中國生殖文化論分析鵜鶘銜魚隱喻性交。1978 年考古發現，河南汝州市閻村古文化遺址出土甕腹白、黑二色繪鸛魚圖。

韻部：翼服，職部。

〔3〕咮（味喙）zhòu，鳥嘴。遂，成全。媾 gòu，婚姻。《後箋》：「小人竊祿高位，可謂後寵。」梁，魚梁，魚壩，魚笱承其空。一說以鵜鶘比喻候人應下河淘魚（比喻情愛），遂其會媾之心。表白季女的情思。媾，厚愛。《傳》：媾，厚也。

韻部：咮（味喙）媾（遘），侯部。

〔4〕案：薈蔚黯 wèi，青黑色，雨雲貌，薈蔚，雙聲詞，雨雲滃滃浡浡。南山，曹國南山，在濟陰縣東二十里。隮 jī，虹霓。《集注》《定本》：隮，升雲。朝虹有雨，晚虹則晴。斯，則；朝饑，朝食，諧隱語婚戀性愛。隱喻季女與候人之戀。《詩集傳》：饑困。孌 luǎn，婉孌婉，疊韻詞，少好貌。季，第三。案：此處暗寫少女心中只戀那位普通的迎候賓客的小官員、普通員警，無意於赤芾公子哥兒，可他如這一隻淘河鳥只在梁不下河，唉！

韻部：蔚，微部；隮饑，脂部。脂微合韻。婉孌（孌），元部。

【評論】

《魯傳》《管蔡世家》：「太史公曰：余尋（尋繹，探求）曹共公之不用喜負羈，乃乘軒者三百人，知唯德之不建。及振鐸之夢，豈不欲引曹之祀者哉？如公孫強不修厥政，叔鋒之祀忽（快斷絕）諸？」《詩本音》4「詩有一句之中而兼用二韻，如『其虛其邪』是也。此章則薈蔚自爲一韻，婉孌自爲一韻，而隮、饑又自爲一韻。自古屬辭之工，比音之密如此，所謂天籟之鳴，自然應律而合節者也。」《詩集傳》7「此刺其君遠君子而近小人之詞。」「末乃以季女結出君子之遠，然寄託語恰極醞藉。」（《續修》58-220）這首詩與《山有扶蘇》《狡童》《褰裳》《溱洧》同屬幽默詩。《讀詩識小錄》：「三章逐漸說來，如造七級之塔，下一章則千絲鐵網，八寶流蘇。」

鳲鳩〔尸鳩〕

鳲〔尸巨〕鳩在桑，其子七兮。　　　布穀鳥在桑樹，餵養七鳥都一樣，
淑〔叔咠〕人君子，　　　　　　善人君子，
其〔亓〕儀〔義〕一〔罷〕兮〔也〕。　　言行如一，執義相同不走樣。
——其儀〔義〕一〔壹罷〕兮，　　　所執道義相同不走樣，
　　心如〔女〕結兮。〔1〕　　　　善心如一美名揚啊！

鳲〔尸〕鳩在桑，其子在梅〔槑某楳〕。　布穀鳥在桑樹，小鳥們在梅樹巔，
淑〔叔咠〕人君子，　　　　　　咱們心目中的君子，
其帶伊絲。　　　　　　　　　青絲束腰不一般，
——其帶伊絲，　　　　　　　青絲束腰不一般，
　　其弁伊騏〔騏綦纂璂綼弁〕。〔2〕　皮弁花紋青青鮮。

鳲〔尸〕鳩在桑，其子在棘〔棘〕。　　布穀鳥在桑樹，小鳥們在酸棗樹。
淑〔叟咠〕人君子，　　　　　　咱們心目中的君子，
其儀〔義〕不忒〔貳貳弋〕。　　　言行如一，執義沒差忒，
——其儀〔義〕不忒〔忒貳貳〕，　　所執道義沒差忒，正人正己，
　　正是四國。〔3〕　　　　　　可以匡正全國。

鳲〔尸〕鳩在桑，其子在榛。　　　布穀鳥在桑樹，小鳥們在榛樹，
淑〔叟咠〕人君子，　　　　　　善人君子，
正是國人。　　　　　　　　　是全國人的榜樣。
——正是國人，　　　　　　　——是全國人的榜樣，
　　胡不萬年？〔4〕　　　　　　怎能不享壽萬年吉祥？

【詩旨】

《齊說》《易林・乾之蒙》：「鴶鵴鳲鳩，專一無尤；君子是則，長受嘉福。」
《隨之小過》：「慈鳥鳲鳩，執一無尤。寢門內治，君子悅喜。」

《毛序》：「《鳲鳩》，刺不壹也。在位無君子，用心之不壹也。」《詩集傳》
頁114「詩人美君子之用心均平專一。」

《詩誦》：陳古刺今。

此為賢人之歌。

【校勘】

〔1〕本字作尸，《毛》鳲，《漢石經》《荀・勸學》《列女傳》《說苑・反
質》《法言》《齊》《漢・鮑宣傳》《後漢・袁紹傳》注引作尸《詩論》簡21作

尸鳻，馬王堆帛書《老子》後附古《五行》引作尸咎，《魯》《釋鳥》作鳲，尸、鳲古今字，鳻，鳩，字異音義同。兮，《淮南·詮言》作也。《單疏》郭店楚簡《五行》一作罷，《毛》如，《詩論》簡 21 作女，女讀作如。本字作義，《魯》《風俗通義·過譽》《齊》《淮南·詮言》《緇衣》《毛》其儀，當依《詩論》簡 21 亓義，《箋》《集注》《單疏》義。《單疏》儀轉義。《正義》一作壹，一通壹。罷通一，《毛》淑人，滬博楚竹書《緇衣》作「吾人孝孝」，郭店楚簡《五行》作要，吾、要與淑古今字。郭店楚簡《緇衣》簡 39「吾（淑）人君子，其義弌（一）兮」。弌、一音義同。《毛》兮，《魯》《淮南·詮言》《齊》《淄衣》也。

〔2〕《毛》梅，《魯》《韓》楳，古字，《說文》槑、某，槑某古今字，通作梅，薔薇科，花有清香，果未熟，青草，成熟黃色，酸。《毛》騏，《漢石經》騏，〈阜〉S129畁，當是「畁」字誤寫，《說文》畁同畀，畁是綼字省借。《說文》綼，據《齊》《正義》綦，《箋》䋣璂，《周禮》鄭注《單疏》璂，騏綦通璂。《箋》：騏當作璂。《正義》《箋》義爲長。

〔3〕《漢石經》《毛》忒，滬博《緇衣》簡 2-3 作亓義不弋，金文貣，貣忒古今字。弋是忒之省。《毛》棘，《唐石經》棘。

〔4〕《毛》榛，《說文》《字書》亲，古字。

【詮釋】

〔1〕淑，善。儀讀如義，《單疏》：「故轉儀爲義，言善人君子執公義之心，均平如壺。」罷 一、通壹。《郭店楚簡》《緇衣》《禮記·緇衣》作義，引孔子：「下之事上也，身不正，言不信，則義不壹，行無類也。」儀讀若義。結 jie，專一。善人賢士君子執義始終如一。結，《荀·勸學》：「故君子結於一也。」一讀若壹。

韻部：七一一結，質部。

〔2〕尸古字，鳲鳩 shī jiū，班鳩，布穀鳥，其鳴聲如「布穀、布穀」，又鳴於播種季節，相傳爲勸耕鳥。體淡紅褐色，頭藍灰色，尾尖白色。槑某楳，通作梅。伊，助詞。《玉藻》：「大夫大帶四寸。」騏、綦通璂 qí，璂，結，青黑色，鹿皮皮弁縫中貫結彩玉的玉飾，分等級，周王五彩，諸侯三彩，用絲貫玉。

韻部：梅絲絲璂（綦），之部。

〔3〕棘，叢生酸棗樹。忒 tè，差忒，差錯，或訓疑惑，《漢石經》：不忒，正。《釋詁》：正，長。長，領導，統御。《齊傳》《大學》「《詩》云：『其儀不忒，正是四周』。其爲父子兄弟足法，而後民法之也。」

韻部：棘忒忒國，之部。

〔4〕榛 zhēn，子似栗而小，叢生木。淑，善。正，正身正國，作爲全國的範式，榜樣：是，此，這；《魯》《呂覽・先己》引此四句，云：「言正諸身也。」《魯》《釋詁》：正，長（領導，統治）一說。正，匡正。胡、何，何不萬年？祝壽之詞。

韻部：榛人人年，眞部。

【評論】

《詩論》簡 22：「丌（其）義一氏（兮），心女（如）結也。虔（吾）信之。」《魯說》《荀・勸學》「故君子結於一也。」《逸周書》1「極以正民，正中外以成命，正上下以順政。」《晏子春秋・內篇》：「一心可以事君，百心不可事一君。」《文心雕龍・比興》：「《尸鳩》貞一，故夫人象義。」《詩集傳》7「詩人美君子之用心均平專一。」《臆補》14：「層層相遞，節節相生，不可得其斷續。」（《續修》58/220）《後箋》：「《鳲鳩》刺不一也。在位無君子，用心之不一也。」《原始》：全詩皆美，唯末句含諷刺意。案：此詩善於描繪周代風俗中的物態細節「其帶伊絲，其弁伊騏」（君子用絲製成大帶，在鹿皮皮弁的縫中鑲嵌一些璀璨的美玉，周王以五彩玉，每串 2 枚，裝飾以玉并、象骨，曹國國王等級差不太多，太美觀了），描寫情態細節「其義一兮，心如結兮」，「其儀不忒，正是四國」。

下　泉

冽〔冽〕彼下泉，浸〔寖〕彼苞粮〔粱郎〕。	寒冽冽那泉下，把那叢生狼尾草泡爛。
愾〔氣慨嘅〕我寤歎〔難〕， 念彼周京。〔1〕	憤懣，我日夜長歎， 每念那繁榮的周京而傷感。
冽〔冽〕彼下泉，浸〔寖〕彼苞蕭。 愾〔氣慨嘅〕我寤歎〔難〕， 念彼京周。〔2〕	寒冽冽那泉水，把那叢生香蒿泡爛， 我日夜長歎， 念繁榮的周京傷感。

洌〔冽〕彼下泉，浸〔寖〕彼苞蓍。　寒洌洌那泉，浸泡那叢生蓍草，
愾〔氣慨嘅〕我寤歎〔難〕，　　　一聲聲歎息王朝衰微，
念彼京師。〔3〕　　　　　　　　懷念那繁榮的周京而傷悼。

芃芃〔梵〕黍苗，陰〔陰〕雨膏之。　蓬蓬勃勃的黍苗，好雨水滋潤養膏，
四國有王，　　　　　　　　　　國家統一，各諸侯國有匡，
郇〔荀栒〕伯勞之。〔4〕　　　　荀伯有勤王之勞。

【詩旨】

　　《齊說》《易林・蠱之歸妹》：「下泉苞稂，十年無王；荀伯遇時，憂念周京。」

　　《孔叢子・記義》引孔子云：「於《下泉》，見亂世之思明君也。」

　　《毛序》「《下泉》，思治也。曹人疾共公侵刻，下民不得其所，憂而思明王賢伯也。」《單疏》《通論》均主「思治」說。

　　《注析》「這是曹人讚美晉國荀躒納周敬王於成周的詩。……詩當作於周敬王入成周以後，即在公元前五一六年後。這是《詩經》中時間最晚的一首詩。」《詩古微》中編四已批駁。案：《左傳・昭22》前520年10月13日晉國籍談、荀躒武裝護送周悼王，此與《左傳・襄29》即前544年吳公子觀周樂，其時《詩經》早已成書相矛盾。《注析》誤。當爲前828年作。

【校勘】

　　〔1〕《詩集傳》《詩經小學》洌，《三家》《說文》《東京賦》注引《唐石經》《義門讀書記》冽，作冽，冽有清潔、寒二義項，洌通冽。《毛》浸，《漢石經》《說文》《廣雅》《玉篇》《釋文》寖，本作寖，古字。《單疏》《毛》稂，《魯》《六經正誤》、宋本誤作梁，《釋名》稂，《阜》s131郎，讀若稂。《爾雅》童蓈作童梁作狼茅，《箋》涼，誤。案：本字作慨，《毛》《說文》愾，又作嘅，《魯》《遠逝注》《慧琳音義》《文選注》23、26引《毛》愾，《贈蔡子篤》《赴洛》注引、《說文》《玉篇》引《韓》嘅，愾嘅讀若慨。《毛》《說文》愾歎，《阜》S131氣難，氣讀若愾，難讀若歎。

　　〔2〕《單疏》《左傳》杜注郇，《逸周・王會解》《左傳・僖24》《晉語》《魯》《潛夫論・志氏姓》荀，《北征賦》李注引作栒，古本作荀，郇栒後人所增益字。

　　〔3〕《毛》芃芃，《征衛彌碑》梵梵，重言摹狀詞，音義同。

　　〔4〕《毛》陰《唐石經》陰，同。

附：宋・王柏《詩疑》1 認爲錯簡，「四章，其末章全與上二章不類，乃與《小雅》中《黍苗》相似，疑錯簡也。」案：如從《春秋》三《傳》《曹風》論之，歸之於《曹風》，不爲錯簡。

【詮釋】

〔1〕《毛序》繫於曹共公（前 652～前 618）前 651 年有荀息爲晉國盡忠。與詩不符。《正義》思上世明主賢伯治平之時。當時處於共和時朝。據《竹書紀年》《說文》，荀，郇 xún，周武王所封國，姬姓，在晉西南，在今山西省臨猗縣西南，周昭王六年（前 990），賜郇伯命，故郇伯早已有，不會至前 516 年才有。冽，冽冽然，清寒。寖 jìn，浸，浸泡。苞，叢生。稂莨 làng，《單疏》：「此稂是禾之秀而不實者（禾粟中的瘍子）」童莨，狼尾草，有米可以渡饑荒。慨（愾嘅）kǎi，《文字典說》：慨，憤懣。一訓愾 xì，歎息。《韓說》《廣雅》：「嘅，滿（懣）也。」寤嘆，寤寐而嗟歎，睡不著而日夜嗟歎國家的命運。案：寤嘆，連語，寤，覺，悟。《詩地理考》2 周京，京周，京師，洛邑。詩人用借代格，周京代明君。

韻部：稂京，陽部。

〔2〕蕭，牛尾蒿。京周，周京，爲協韻而倒文。

〔3〕蓍 shī（Achillea alpina），菊科，也是觀賞花，產於中國北部，古時卜筮用其莖作策，代稱占卦；莖葉含芳香油可製調香原料；全草入藥，治風濕疼痛，毒蛇咬傷，痞疾。京師，國都。

韻部：蓍師，脂部。

〔4〕芃芃 péngpéng，茂盛貌。膏 gāo，滋潤。荀伯，有勤王之功。其時有戰亂的歷史背景，民不聊生，期望統一。京師，國都。勞 láo，勤，勤王。《後箋》：王 wàng，勤王。《稗疏》1：王，觀王，四國有來觀者，荀伯迎勞之。文義正協。

韻部：苗膏勞，宵部。

【評論】

案：國風抒民之心懷，前三章暗寫奴隸、農夫之苦，這是生活與藝術的寫眞。人民心念統一以求安生，詩人用賦兼比的手法寫周已衰、又內亂，民遭饑荒，不免依靠狼尾草、白蒿渡過荒年，荀伯之心、勤王之功，詩人又用對比手法，『芃芃黍苗，陰雨膏之』，又歸結、禮贊荀伯之功。《魯傳》漢・王粲《七哀》：「悟彼《下泉》人，喟然傷心肝。」朱熹《詩集傳》頁115「王室

陵夷而小國困弊，故以寒泉下流而苞稂見傷爲比，遂興其愾然以念周京也。」
《臆補》15：「上三章虛涵，末章實點。《風》中每多此體。」「《召棠》《郇黍》，
千古輝映。(《續修》58/221)《詩志》2「『愾我』、『念彼』，語極激昂，精神勃
勃。此以下泉之浸苞稂，興周京王澤之不究也。『下泉』盡其詞，『周京』不
盡其詞，正有吞吐含蓄之妙。末章忽說到京周盛時，正有無限愾想，氣平意
渾，較《匪風》另一格。」《會歸》頁 991「思明王而知不可得，故退而思大
伯之賢者以救時，詩人憂民傷世之用心，深且苦矣。」

卷十五　國風十五

豳　風

豳（725 年，唐玄宗改豳爲邠，《單疏》豳），后稷曾孫公劉由邰居豳，豳故址在今陝西省旬邑縣西南，在岐山山北，原隰之野（今陝西旬邑縣）開闢，豳國含今陝西長武、彬縣、旬邑、甘肅慶陽、平涼、寧縣、靈臺。據《周禮‧籥章》《正義》：豳籥，豳人掌士皷，吹葦籥所奏的樂章。據《左傳‧襄 29》《豳風》排在《齊風》後，《秦風》前，古本今本編輯有異。前 544 年，吳季札評論豳詩「美哉！蕩乎！樂而不淫，其周公之東乎？」《七月》是豳國農業史詩，寫農桑爲本；《鴟鴞》用寓言詩抒發周公顧大局，爲周室；《東山》寫周公東征，《破斧》寫東征何等慘烈而悲壯，《九罭》《狼跋》歌頌周公的人格美，受到國民的擁戴。（1936 年徐中舒文以爲豳風春秋、魯國之歌）《文中子‧周公篇》：「變而克正，危而克扶，始終不失乎本，其惟周公乎？繫之豳，遠矣哉！」由《豳風》七首，可見是《詩》中農業史詩、東征史詩以及何以姬旦被尊的根本基因。《詩譜》認爲太師大述周公之志。《左傳‧襄 29》：《齊風》、《豳風》、《秦風》、《魏風》、《唐風》、《陳風》、《鄶風》。

七　月

七月流火，　　　　　　　　　　七月大火星流向西，

九月授衣，
一之日觱發〔澤波畢波〕
二之日栗烈〔栗冽颾颾凓冽〕，
無衣無褐，
何以卒〔杢〕歲？
三之日于耜〔梠〕，
四之日舉趾〔止〕，
同我婦子，
饁〔饁〕彼南畝〔畝〕，
田畯〔畍〕至喜〔饎〕。〔1〕

七月流火，
九月授衣。
春日載陽。
有鳴倉庚〔鶬鶊〕，
女執懿〔蔂〕筐〔亡筐筐〕
遵彼微行，
爰求柔桑〔桒〕。
春日遲遲〔遅〕，
采蘩祁祁。
女心傷悲，
殆〔迨〕公子同歸！〔2〕

七月流火，
八月萑〔萑萑蓲〕葦。
蠶〔蜑〕月條〔挑〕桑，
取〔耴〕彼斧斨〔斨〕，
以伐遠揚〔楊〕
猗〔掎〕彼女桑。
七〔五〕月鳴鵙〔鶪鵙〕，
八月載績。
載玄載黃，
我朱孔陽〔揚明〕，
爲公子裳。〔3〕

四月秀〔莠〕葽，
五月鳴蜩。

九月女工忙製衣，
十一月澤波寒風冷，
十二月栗冽透骨寒，
農奴無衣無粗布衣，
憑什麼渡過嚴寒天？
一月修理耒耜備春耕，
二月舉足春種哪可閑？
攜我妻子與兒女，
送飯送到向陽田，
田大夫酒食吃得歡。

七月大火星向西方，
九月女工忙製衣裳。
春日開始暖洋洋，
黃鶯飛來處處唱，
農家女兒持深筐，
沿著田間小路走，
採摘柔柔嫩嫩的新桑。
春日白天日頭長，
採來白蒿多祁祁，
〔常人也有尊嚴〕農家女太傷悲，
只怕被公子掠去爲奴爲妾太可悲！

七月大火星流向西，
八月蘆葦茂萋萋。
三月挑揀桑枝條，
斧子砍伐亂桑枝，
砍伐伸出太遠的枝兒，
牽引柔嫩的桑枝採桑莫遲疑。
五月伯勞鳥兒鳴，
八月紡績急上機，
有赤黑色有黃色花色多，
染成大紅很鮮亮，
爲豳公子製衣裳。

四月遠志結子了，
五月小蟬鳴唱了，

八月其穫，　　　　　　　　八月收割大忙了，
十月隕〔隕殞損〕蘀〔籜擇〕　十月樹葉兒飄零了。
一之日于貉〔狢貊〕。　　　　十一月獵取善睡的貉，
取彼狐〔狐〕貍〔狸〕　　　　又捉狐狸、山貓取毛皮，
爲公子裘。　　　　　　　　替豳公子製輕裘。
二之日其同，　　　　　　　十二月裡忙集合，
載纘〔纘〕武功，　　　　　　繼續狩獵練武防狄戎
言私其豵〔豵〕，　　　　　　抓到一歲小野豬歸私有，
獻豜〔肩豜犴〕于公。〔4〕　　三歲大野豬獻給豳公。

五月斯螽〔螽斯〕動股，　　　五月螞蚱擦股作響，
六月莎〔沙〕雞振羽。　　　　六月紡織娘振動翅膀把歌唱。
七月在野，　　　　　　　　七月在野外，
八月在宇，　　　　　　　　八月到屋簷下
九月在戶，　　　　　　　　九月進門戶
十月蟋蟀〔悉螰〕入我牀下。　十月的蟋蟀在我床下。
穹窒熏〔薰〕鼠，　　　　　　堵塞洞子，薰死老鼠，
塞向〔嚮〕墐戶。　　　　　　用泥塗好向北的窗戶。
「嗟我婦子，　　　　　　　「可歎啊！我的妻子老小，
曰〔聿〕爲改歲〔歲〕，　　　這叫作是過大年，
入此室處！」〔5〕　　　　　進去住吧才安處！」

六月食鬱〔欝〕及薁〔奧薁〕，六月吃鬱李和野葡萄，
七月亨〔烹〕葵及菽。　　　　七月烹煮葵菜、豆葉，
八月剝〔支撲〕棗，　　　　　八月撲擊棗兒，
十月穫稻，　　　　　　　　十月收割水稻，
爲此春酒，　　　　　　　　釀成春酒，
以介〔介匄祈〕眉壽。　　　　祈求長壽。
七月食瓜〔苽〕，　　　　　　七月吃瓜，
八月斷壺〔瓠〕，　　　　　　八月採摘甜葫蘆，
九月叔〔掓〕苴，　　　　　　九月採拾麻子，
采荼薪樗，　　　　　　　　採苦菜，砍臭椿，
食我農夫。〔6〕　　　　　　給咱們農民農奴吃。

九月築場圃，　　　　　　　九月平整大場忙打場，
十月納禾稼，　　　　　　　十月曬穀囤穀忙接忙，

黍稷重〔種穜〕穋〔稑〕，	黃米粟子先種後熟，後種先熟，
禾麻菽麥，	穀子、麻類、豆類、麥子，
嗟我農夫，	可歎咱們農民與農奴，
我稼既同，	農忙完又爲公，
上入執〔于〕宮功〔公〕〔執于宮公〕。	尚要爲豳公修建宮廟，修葺房屋。
晝爾于茅，	白天則取茅草，
宵爾索綯〔綯〕。	晚上則搓繩索，
亟其乘屋，	急上屋頂修葺好，
其始播百穀。〔7〕	又要忙春播種百穀了。
二之日鑿冰沖沖〔沖沖〕，	十二月鑿冰打孔沖沖沖，
三之日納于凌陰〔〕〔窨〕，	正月藏到冰窖中
四之日其蚤〔早〕，	二月春來早，
獻羔祭韭。	春祭獻韭又獻羔。
九月肅霜，	九月天高氣爽，
十月滌場。	十月滌蕩肅殺，又清爽，
朋酒斯饗〔享〕，	豳公與咱相對飲酒情酣暢，
曰「殺羔羊，	命令「殺了羔羊辦筵席，
躋彼公堂！」	一齊來到豳公大堂！」
稱彼兕觥〔兕觵觵〕：	高舉起兕角觥，
「萬壽〔受福〕無疆〔畺〕！」〔8〕	「祝禱豳公萬壽無疆！」

【詩旨】

案：《孔叢子‧記義》：「孔子云：於《七月》，見豳公之所造周也。」初唐詩人富嘉謨《明冰篇》云：「《豳歌‧七月》王風始」，農業立國，王業奠基，此詩當是公劉至周太公時期豳國關於農業的民歌累積，大約如同古代巴比倫史詩《吉爾伽美什》、古希臘荷馬史詩《伊利亞特》、《奧德賽》，幾經修潤而成的史詩，詩人以廣闊的豳國社會生活畫面，按月令、天文、物候、人事、農事織編撰巧妙，兼以抒情，一二章悲，三四章言勞，五六七章言心酸，八章言勞與爲豳公祈福。四季方方面面的巨幅畫卷，凡 88 句、386 字，農民農奴們傳唱，而傳唱中又修潤而成的四季歌，寫出了周部落發祥史，農業史詩，不僅爲國風之最，而且繪寫極其深刻的揭示社會矛盾、衣食所本、農民之勞、人情風俗，剖析各階層心態的不可多得的歷史畫卷，也具有極其巨大的文獻價值、文學價值。顧炎武指出《七月》是農夫之辭。案：《七月》是《國風》

第一長篇，第一史詩傑作，最爲著名的農業史詩，大約是公劉遷豳以來農夫們歷來傳唱的農業史詩，傳唱中有修飾。如《齊說》《禮記・月令》注云：「是頌大飲之詩」（詳《十三經注疏附校勘記》頁 1382）。

《編年史》繫於前 1041 年。

《孔叢子・記義》引孔子云：「於《七月》，見豳公之所造周也。」

《魯說》《潛夫論・浮侈篇》：「明王之養民也，憂之勞之，教之誨之，愼微防萌，以斷其邪。故《易》美『節以制度，不傷財，不害民』；《七月》詩大小教之，終而復始。由此觀之，民固不可恣也。」

《齊說》《漢・地理志下》：「昔后稷封釐，公劉處豳，大王徙邠，文王作酆，武王治鎬。其民有先王遺風，好稼穡，務本業，故《豳詩》言農桑衣食之本甚備。」

《毛序》「《七月》，陳王業也。周公遭變，故陳后稷先公風化之所由，致王業之艱難也。」（《箋》：周公遭變者，管、蔡流言，辟居東都。），《詩總聞》8「此野田農民酬酢往復之辭。）」明・季本、清・王雪山左家森《說經囈語》「《七月》之詩，爲豳民之作也，頌王業之成也，非周公作以陳稼穡之艱難者。」《今注》：「這首詩是西周時代豳地農奴們的集體創作，敘寫他們在一年中的勞動過程與生活狀況。」

【校勘】

〔1〕本字作滭冹 bì，《單疏》觱發，《魯》《齊》《說文》滭冹，《玉燭寶典》冬引《韓》畢發，畢是滭之形省，觱發、畢發，讀如滭冹。《魯》蔡邕《九惟文》「冬日栗栗」，《單疏》栗烈，《說文》《玉篇》《正義》《五經文字》凓冽，《說文》《集注》颲颲，《風賦》注引《毛》慄冽，《詩經小學全書考》栗通凓。《毛》耜，《魯》《說文》《御覽》822 梠，耜是俗字，梠古字。案：本字作止，《魯》《漢石經》《齊》《漢・食貨志》止，《毛》《台》1/682《詩集傳》趾，《說文》有止無趾，止古字。案：本字作饁，《單疏》饁，《魯》《釋詁下》《說文》饁，古字。《毛》畯，金文、甲骨文作畍，同。《毛》王肅注《單疏》喜，《箋》喜讀作饎，《魯》《釋訓》饎，《周禮》饎，糦饎或體。《爾雅》舍人注：「本作喜」，「喜如字」，本字作卒，S134 號作㝗、褐、峗、畍、耜，喜，喜讀如饎。

〔2〕《毛》授鬵、桑、取、懿、筐，S134.S2049 梭、蜜、㭗、耴、穀、𧆛、筐，俗字。《單疏》遅，遅同遲。《唐石經》筐，《魯詩世學》凡筐都作匚，

《單疏》筐，避趙匡胤諱。《考文》《毛》殆，《釋文》《類聚》引《毛》迨，詳《注》。迨通殆。《漢石經》《毛》倉庚，《魯》漢·王逸《遭厄》鶬鶊，同。

〔3〕案：本字當依《穆天子傳》《毛詩音》《玉篇》作萑，隋《玉燭寶典》萑，《五經文字》《毛》萑，《英藏》敦煌文獻作萑，《唐石經》初刻作萑，後改作萑，《初刻》8/901 作萑，傳寫之誤。段玉裁說，詳《續修》64/108。萑萑應讀如萑 huán。《毛》斨，S134 作㪿，異體。本字作挑，《單疏》《毛》條，《玉篇》引《韓》挑，條通挑。《毛》904 年抄《玉篇》引作陽，又作明，《漢石經》作揚，《白帖》83 作楊，《唐石經》陽，S2049 陽，揚、楊通陽。《唐石經》、S134、《毛》蘇轍《傳》猗，《三家》《說文》《七發注》《正義》《疏證》掎，猗讀如掎。正字作鵙，《說文》《五經文字》《白文》鵙，《毛》s134 七月鳴鵙，案：鵙同鶪 jú，案：「七」當爲「五」，理由有五：一、據《逸周書·時訓解》：「芒種之日，螳螂生；又五日，鵙始鳴。」芒種後五日鵙始鳴，芒種在公曆六月六日前後，當爲五月；二、《魯》《淮南·時則》小暑至；三、《王肅注》作五；四、《集注》作五。五、隋《玉燭寶典》引《韓詩章句》：七月鳴鵙，夏之五月。本字作鵙《魯傳》王逸《遭厄》、《集注》：「五月鳴鵙」。

〔4〕《三家》《說文》隕蘀，隋《玉燭寶典》作隕蘀，同。《唐石經》初刻作殞，後改爲隕。當作隕。《阜》S133 損擇，S134 隕蘀，S2049 隕蘀，讀若隕蘀。《釋草》《毛》秀葽，《穆天子傳注》秀要，《夏小正》莠幽，字異義同。《毛》貉，《阜》S133、S1442/1 狢，俗體。《毛》狐，《唐石經》狐，《毛》貉，本字貓，金文䝋，《魯》《爾雅》《汗簡》《稽古編》貓，貉通貓。案：本字作纘，《說文》《毛》纘，《張遷碑》《唐石經》《單疏》纉，纉同纘。本字作豣，《說文》豣 jiān，《毛》豵，S1442/1 作豵。《毛》豜，S1442/1 豣，《石鼓文》豣，豣俗體，《齊》、《大司馬》注引作肩，肩是豣的省借，同。

〔5〕《毛》斯螽莎，S1442/1 作螽斯沙，當爲螽斯。《毛》莎，《釋文》莎，沉重云：今改作沙。《唐石經》向，《齊》《士虞禮疏》鄉，《單疏》嚮，古字。《毛》日，《齊》《漢·食貨志》聿。案：日聿同，通欥。《毛》蟋蟀，《說文》悉蟀，音義同。

〔6〕《漢石經》《毛》鬱及薁。《阜》S134、《毛》漢·劉楨《義問》、《本草綱目》33、《單疏》薁，S2049.S134 作欝，奥，俗字，《韓》《說文》《爾雅疏》《考文》萑，異本。《毛》亨，《儀禮疏》、《類聚》82、《御覽》841、979英倫藏本作烹，亨烹古今字。本字作葵、尗，《阜》S135 作癸及叔，《毛》葵、

尗，《說文》尗，豆也。後作叔，後人又增益爲菽，《釋文》菽，音叔，本又作叔。S134 叔。《廣韻》《考文》尗，俗字。《毛》剝，《說文》攴，攴隸變爲撲、僕、撲。剝通攴。案：本字作匃 gài，《師遽方彝》「用匃萬年亡疆」，《說文》匃，《王子午鼎》「用諆賚（眉）壽」。《漢石經》介，《毛》介，讀如匃。《毛》棗（枣）S134.S2049 棗，俗字。《毛》壺，《單疏》瓠，壺讀若瓠。

〔7〕《唐石經》重、穋，穋，或體，本字當依《說文》《睡虎地簡》一二・三八、《天官・內宰》鄭注、《釋文》，作穜 tòng，《三家》《呂覽・任地》高注、《白帖》81、《初學記》3 作種稑。《毛》綯，《荀》《廣雅》《方言》綯，音近字異義同。《正義》「經當云『執於宮功』。」《漢石經》上下執宮公，《毛》功，段玉裁依《定本》《正義》公，小字本相臺本作「上下執宮功」《唐石經》「上入執於（「於」字旁添）宮功，」《毛》脫「於」字，詳《續修》經 64/109。阮《校》：當以《定本》爲長，《正義》「於」字是自爲文傍添者誤取之。S2049 築作築，黍作禾，稷作穉，穋作稑，尗麥作叔麥，爾作尔，宵作霄，索綯乘作索綯乘，播播、榮，俗字。《毛》穀，《唐石經》穀，讀如穀。

〔8〕《唐石經》《毛》冲冲，冲，冲爲俗字。《毛》凌，S2049 作陵，俗字，《唐石經》凌，《三家》《說文》凍冰作仌，凌作淩，凌或體，淩凌古今字。《毛》陰，陰通窨。《唐石經》《毛》蚤，《魯》《齊》《禮記》《月令注》《韓說》《單疏》早，蚤早古今字。《毛》饗，《白帖》15 享，通饗。《毛》稱，《說文》偁，同。《單疏》《毛》觥觥，《考文》觥，古文本作觥觥，觥是觥字之訛；S1442 作觥，古字。《毛》疆，《三家》《漢石經》《周禮》《漢・王子侯表》《說文》魏《三體石經》《汗簡》畺，古字。S2049 作彊，俗字。《毛》萬壽，《禮記・孟冬》鄭注引《魯》《齊》作受福，案：師受不同，「受福無疆」本周部落習語，如《曾伯陭壺》「用受大福無疆」。

【詮譯】

〔1〕詩中數字後不帶「之」的月，是用民間一直沿用的夏曆，帶「之」的月則是詩人當時處於周朝得用統一的新曆周曆。相差兩個月。一之日、二之日、三之日、四之日分別是夏曆的十一月、十二月、正月、二月。朱公遷《疏義》：詩人詠歌變換成文。案：一首詩又用夏曆，又用周曆，大約是此詩由夏、商、周三代累積並不斷修飾潤色的證據之一。又如《七月》「曰爲改歲」，《釋天》「夏曰歲，商曰祀，周曰年」；「載玄載黃」，《禮記大傳》《疏》：夏尚黑，殷尚白，周尚赤。又如《信南山》等篇反映周、夏關係密切，大約與后

稷在禹任農業大臣有關。七月，夏曆七月；流，運行；大火，Antares，又稱商星，火，主要亮星之一，黃道十二星座之一。二十八宿之一天蠍座（Scorpius）σ ∝ τ 星，在赤經 16 時 26.3 分，赤緯−26°19'。如戴震《詩補傳》所說：「〔大辰〕星隨天左旋至正南爲最高，故未中以前漸升而上，既中以後漸流而下。周時季夏昏火中，故孟秋之月初昏已過中，但見其西流耳。」「七月流火」成語出此。授材料給女工製寒衣爲授衣。觱發 bìbō，畢發讀如滭冹 bìfū，擬聲詞，寒風呼嘯聲。褐 hè，獸毛粗麻作的粗製短衣，「何以卒歲？」卒，終，用什麼防寒過年？於讀若爲，《詩》中多有此例，如《定之方中》《大明》《嵩高》。修理。脩（修）耒耜。耜耜 sì，掘土器。二月舉足下田翻地，止通趾，足，舉足而耕。（一說止，鎡基，即鋤頭。）同，攜同。饁 yè，餉 xiǎng 田，送飯到田頭。南畝，向陽的田。田畯，主管農業的田大夫。喜讀若饎 chì，用酒食。首二句是領句。《七月》又是先周物候學的詩化，多用物候格，如五月鳴鶪，如蟋蟀。

韻部：火衣，微部。發（冹）烈（冽）褐歲，月部。耜止子畝喜，之部。

〔2〕載，則；陽，暖和。倉庚，黃鶯鳴叫，諧好宛轉，十分悅耳。九月，夏曆九月；授衣，交付令製備寒衣。《臆補》15「『倉庚』句，是詩家點景法。」懿，深。遵，沿著。微行，田間小路。柔，柔嫩。蘩，白蒿，以助蠶孵化；祁祁，眾多貌。黃帝元妃嫘祖養蠶織絲，詳《五帝紀》《索隱》《集韻》。考古發掘可證，陝西省岐山縣賀家村周代墓葬有著色絲綢，鳳雛村出土玉雕蠶蛾：72 顆白玻璃扁珠，綠色玻璃管，珠串連的項鍊，兩個形似西非的蚌雕人像，顯示出周部落聯盟是當時世界上最早飼養蠶、織造絲綢的，古絲綢之路的開拓者。遲遲，春天白天長。「女心傷悲，殆及公子同歸」，對此句古來詮釋不一，《傳》：「傷悲，感事苦也。春，女悲；秋，士悲，感其物化也。」這是曲爲之說。案：常人也都有人格，有尊嚴。無用諱言，這是在奴隸社會屢見不鮮的霸女之事。據《禹貢》夏朝已有養蠶繅絲。蠶月（農曆三月）採桑女，怕遭貴族搶走。《唐石經》《考文》殆，本文依余師所訓釋：「『公子』，指國君之子。『殆及公子同歸』，是說怕被公子強迫帶回家去，一說指怕被女公子帶去陪嫁。」至於如《韓奕》「諸娣從之」，是同姓貴族女，當非採桑農奴女。《考文》《唐石經》《毛》作殆，《釋文》迨，迨殆訓始，亦有古訓；迨通殆 dài，恐殆，危殆，《魯》《釋詁下》《說文》殆，危也。《逸周·命訓》：「政之殆矣」。《正月》「民今方殆」，《雨無正》「孔棘且殆」。「女心傷悲」的基本原因是「殆

及公子同歸」，這大約是豳公或其部屬的公子或女公子看到中意的採桑女掠去為妾為奴為玩物為媵妾，即使隨同出嫁的媵妾地位極其卑微，如晉國魏武子死前命將其妾「必以為殉」，只是因為其子開明一點才免於人殉，(《左傳・宣15》) 遑論人格論，人文關懷，人本主義！這種罪惡應當揭發。《傳》迴護，誤。「心傷悲」，全詩點睛之筆。

韻部：火衣，微部；旭庚筐行桑，陽部；遲祁，脂部；悲歸，微部。脂、微合韻。

〔3〕案：萑讀如藿 yù，菜名，山韭。萑 huán，萑葦，蘆葦，可製席。蠶月，三月。條通挑，挑揀桑枝採嫩桑，斨同斫，方孔的斧，斧斨，疊義連語。伐，砍伐遠揚，伐雜枝。猗通掎 yǐ，牽引，束而採之；女桑，柔嫩的桑。浙江河姆渡古文化 (He Mu Du Culture) 遺址關於絲織工具的圖像。七月鳴鵙，鵙鴃 jú，伯勞科 (lanius)，農林益鳥，夏棲山野，冬居平原，主食昆蟲與蛇蜴等，鳴聲喧亮暴戾，夏鳴冬止，歷史上曾以為凶鳥。此是好事傅會之說。載績，開始績織麻布織絲。考古發現，前 5000 年西安半坡文化有布紋印的陶體。新石器遺址如半坡，有原始腰機，江蘇吳縣的葛布，山西夏縣的蠶絲，浙江吳興的絹片。載，又，又，有，玄，赤黑色，夏人尚黑色，周人尚赤色。陽揚楊共易，易，古陽字。我，發聲詞，《我將》「我將我享」；朱，染成大紅色，孔陽，很鮮豔。為，替。

韻部：火葦，微部。桑，斨 (斨) 揚桑黃陽〔揚〕裳，陽部。

〔4〕《魯傳》《釋草》郭注：秀葽，葽繞 yǎo rào，遠志 (Polygalae tenuifolia)，多年生草本花綠白色，三月開花，四月結子，根含遠志皂素入藥，安神化痰，主治失眠、驚悸、咳嗽多痰。《藥海》入心腎脾三經，主治：交通心腎、不寐、健忘多夢耳聾、安神養心、水腫解毒、祛痰止咳、解鬱利膈。漢・劉向：苦葽，苦菜。《齊風・甫田》莠 Yǒu，狼尾草。蜩，小青蟬。其穫，乃收割。隕蘀 yǔntuō，樹葉飄零。于通取，獵取；豻貉 hé，似狐的善睡獸。狐 hú，狐狸；狸 lí，虎屬豹貓。剝取狐狸皮，製成狐裘；為公子裘，替公子用貉、狐皮製成輕便溫暖的裘裝。臘月，同，大家會齊；載，語詞；纘續，繼承，接著操練武功，隨時防備戎狄來犯，又隨時準備外出打獵。言，語詞，豵 zōng，一歲野豬，則歸打獵者私有。于，給；豜豜 (肩豜豜) jiān，大野豬，則奉獻豳公等貴族。

韻部：葽宵部，蜩幽部；宵、幽合韻；穫蘀貉 (貉)，鐸部；狸裘，之部；同功豵公 (功)，東部。

〔5〕前三至七句用倒文法，末句顯出主角。螽斯，體長寸許，綠褐色，雄性前翅振動發出聲，紡織娘抖動翅膀出聲。而蟋蟀七至十月由野而屋簷下而戶中而床下。野 yě，上古音餘母魚部。下 xià，上古音匣母魚部。穹 qióng，完全堵塞向北的窗戶。嗟，憂歎聲，婦子，妻子兒女。案：曰，聿通欥，詮詞，堵塞向北的窗子，縫糊門縫，這就是咱們農奴的叫作過大年啊！進去住吧！

韻部：股羽野宇戶下鼠戶處，魚部。子，之部；歲月部。之、月合韻。

〔6〕鬱 yù，鬱李，五月結實，實大如李，色赤，甘。《韓詩》萑 yù，山韭。薁 yù，《說文》嬰薁，《本草綱目》33 蘡薁 yīng yù，野葡萄，可釀酒，其實甘酸，根葉可入藥，止渴益氣，其藤止噦逆，止渴，利小便。《藥海》頁 1720 ～1721. Vitis wilsonae Veitch ，其根強筋壯骨，活血消腫，補益肝腎。亨通烹；葵，葵菜；古作尗，漢作豆菽（尗叔）Shū，大豆（glycine max）富含蛋白質、脂肪等，此處為大豆豆葉。剝 pū 通攴 pū，撲擊。為，釀製；春酒，冬至春釀成的酒。介 jiè，匄 gài，介通匄，匄，祈求。眉壽，有豪眉，是長壽之征，眉壽，《方言》：眉，老，東齊曰眉。壺通瓠 hù，葫蘆， 瓠瓜（Lagenavia siceria clavata），嫩果為蔬菜。叔，拾；苴 jū，大麻（Cannabis sativa）雌株子食用，可提油食用，潤腸，可治大便燥結，但不可用製致幻品，纖維編織用。采薪，動詞，採集苦荼，砍伐樗（chū，臭椿）。食 sì，飤 sì，供給飯食給農夫吃。

韻部：薁，屋部；萑，藥部；菽，沃部；棗稻酒壽，幽部；瓜瓠苴樗夫，魚部。幽、魚合韻。

〔7〕築場圃，平日長蔬菜，農忙收割則平整為打穀場。納，收納，曬，囤積糧食。禾 hé 粟，小米。稼 jià，禾穗。黍，黃米。稷，粟，比黍小，不粘。關於稷，程瑤田《九穀考》認為稷是高梁，詳齊思和（1949）《毛詩穀名考》。稷，穀子，小米，商、周主食。半坡、大汶口、三里河遺址已證明。重讀如種（穜種）chóng，先種後熟的穀物。穋稑 lù，後種先熟的穀物。麻，麻類。菽，大豆。麥，大麥、小麥。考古發現，前 7000 年河南新鄭種粟，前 5000 年，陝、晉等種粟，據于省吾《商代的穀類作物》：「禾是穀類從發苗以後到出穗的一切成長過程的總名。」嗟我農夫，哀憫我農民們農奴們！我稼既同，農事忙完。上通尚。執 zhì，從事；宮，宮室，房屋；公通功，去為豳公做公務，修建、修繕宮室等。爾，則；白天取茅草；晚上為修繕房屋；索，搓、絞繩索；亟，急忙；乘，登，蓋房或修繕，又要開始春播；百，許多種。

—441—

韻部：圃稼夫，魚部；穋（稑），屋部；麥，職部。屋、職通韻；同公（功），東部；茅綯（縚），幽部；屋穀，屋部。案：這是陝北信天遊兩句一押韻的雛形。

〔8〕沖沖 chōng chōng，鑿冰打孔聲。凌冰，𠘶冰古今字；陰通窨 yìn，地窨。早於《周禮・凌人》《左傳・昭4》，這是世界最早的關於用冰窖冷藏食物的文字記錄。蚤通早，羔羊、韭荣作爲祭品。肅霜，肅爽；滌 dì 場，滌蕩，蕭瑟，九月天氣清爽而凉，十月小陽春有時又回暖而明朗。饗饗，鄉人宴飲。馬宗霍《說文解字引經考序》：「古但作鑄，實即田器之鑄。鐘鑄本樂器，而叚用田器之字者，蓋古者樸略蕡桴土鼓，田家作苦勞者，思宣『我稼既同』之餘，『朋酒斯饗』之會述田事而作歌，即擊田器以爲樂，理勢之適然者也。」慶節建圗，慶節至古公亶父爲歷代圗公，年前酋長們代表們齊聚在圗公大堂，朋，兩樽酒；朋酒，賓主對飲，圗公表示慰勞。斯通以，《良耜》「其鎛斯趙」；曰，發語詞。殺羔羊，辦酒食。躋，登。稱倄，舉。兕觥，兕角酒器。末二句爲祝嘏詞。萬壽無疆，疆，境，這是中國傳統的祈福心理，《師𡣕父鼎》「用旬𧴪（眉）壽」。《齊》《月令》鄭注引作「受福無疆」，異本。

韻部：沖，東部，窨（陰），侵部。東侵合韻。早韭，幽部；霜場饗羊堂觵（兕）疆，陽部。

【評論】

《詩總聞》8「此野田農民酬酢往復之辭，故參錯無次序。大率七月至九月，一歲之事已畢，一多之衣又辦，相與各道其生業，指時指物不一而足，卒之躋堂稱壽，以答上也。民或言曰：自七月有寒之漸，九月寒事當辦，無以禦多，何以卒歲？歲既卒，陰已深，則與耜舉趾饁田，以次而至也。」鍾惺《詩經》：「各章紀月分有複有倒有錯，文法出沒藏露，莫可端倪！非聖手不能。」《詩誦》2「前後三章三換韻，中間四章四換韻，獨第五章一韻到底，通篇無句不韻，唯五章『嗟我婦子，曰爲改歲』二句無韻」（案：歲 suì，（古）心月；子 zǐ，（古）精之，當是月、之合韻）。於繁音促節中忽用三句，得韻一調，以舒其氣，節奏最妙。又第七章『嗟我農夫』一句亦無韻，參差錯落，伸縮變化，眞奇格也。《七月》爲詩八十八句，一句一事，如化工之範物，如列星之麗天，讀者但覺其醇古淵永，而不見煩重瑣碎之跡。中間有誥誡，有問答，有民情，有閨思，波瀾頓挫，如風行水面，純任自然，非製作官禮大手筆，誰其能之？噫，觀止矣。案：《七月》是圗國社會的眞實寫照。是

周部落聯盟的農業史詩，大約是周部落尤其是邠郇一帶的民間吟唱累積、經不斷修改潤色的，經過邠國太史、樂師整理而成的史詩，抒情主人公是邠國公社或奴隸、庶人，反映了他們全年的生產與生活，辛酸與快樂。又是農學詩什，實學範本。此詩古質樸茂而井然有序，上古詩歌的傑作。《會通》云：「此詩天時、人事、百物、禁令、教養之道，無所不賅，而用意之處尤為神行無跡，神妙奇偉，殆有非言語形容所能曲盡者，洵六籍中之至文也。」據《周本紀》「公劉卒，子慶節立國於豳。」則《七月》是姬姓慶節豳國的史詩。

鴟 鴞

鴟〔鴇〕鴞！鴟〔鴇〕鴞！　　　啊！神鳥！貓頭鷹！貓頭鷹！
「既取〔耴〕我子，無毀我室！　　「已抓住了我兒子，莫毀了我的鳥巢！
恩〔殷〕斯勤〔懃〕斯！　　　　　我殷殷勤勤，百般恩愛，
鬻〔毓〕子之閔斯！」〔1〕　　　　憐憫這一位稚子！」

「迨〔隸殆〕天之未陰〔霠〕雨，徹　「趁在陰雨，剝取那桑樹皮，
〔勶〕彼桑〔棗〕土〔杜土〕，
綢繆牖〔牗〕戶。　　　　　　　　捆紮好門戶，
今女下民〔㠯〕，　　　　　　　　而今你的下人，
或敢侮予？」〔2〕　　　　　　　　還有誰敢欺侮？」

「予手拮据〔拮枂摤搰戟搰〕，　　「我口手勞累，
予所捋荼，　　　　　　　　　　　我尚且拾取蘆葦，
予所蓄〔畜〕租〔祖〕，　　　　　我多少年積纍，
予口卒〔頜瘁卆〕瘏〔屠〕，　　　我已經心力交瘁，
曰予未有室家。」〔3〕　　　　　　這是我還沒巢穴可依。」

「予羽譙譙〔燋燋惟誚誚蕉〕，予尾翛　「我的羽毛凋敝，我的尾巴瘦削，
翛〔脩脩修消翛〕，
予室翹翹，　　　　　　　　　　　我的巢穴危危翹翹，
風雨所〔之〕漂〔飄〕搖〔搖飂飆〕，　在風雨中飄搖，
予維音〔之〕嘵嘵〔憢〕！」〔4〕　　我預見到危險，發出警告！」
〔唯予音之嘵嘵〕

【詩旨】

據《逸周·作雒解》《箋》《後箋》，這是前 1041 年周公寫的深婉之章，禽言詩。當時武庚、管叔、蔡叔等率淮夷等而反，流言廣爲流傳，周公見疑，周室危險，在這政治背景下，周公東征，歸報周成王時寫此詩，向神鳥貓頭鷹祈禱，表白，他是如何顧全大局、哀閔並警醒年幼的周成王姬誦。明爲禽言詩，實爲政治詩、教育詩。《編年史》繫於前 1041 年。

《魯說》《周·金縢》「武王既喪，管叔及其群弟乃流言於國，曰：『公將不利於孺子。』周公乃告二公（《魯周公世家》『周公乃告太公望、召公奭』）曰：『我之弗辟（攝政），我無以告我先王。』周公居東二年，則罪人斯得。於後，公乃爲詩以貽王，名之曰《鴟鴞》。王亦未敢誚（qiào，《說文》引作譙，責備。《魯世家》作訓，訓，當爲訷，訷、誚、譙同。）公。」

《齊說》《易林·坤之遯》：「《鴟鴞》、《破斧》，沖人危殆，賴旦忠德，轉禍爲福，傾危復立。」《大畜之蹇》：「鸇鳩鴟鴞，治成遇災；綏德安家，周公勤勞。」

《毛序》：「《鴟鴞》，周公救亂也，成王未知周公之志，公乃爲詩以遺（《釋文》貽。遺貽通誚。）王，名之曰《鴟鴞》焉。」《詩古微》：周公戒成王。《原始》8「周公悔過以儆成王」說周公何過？誤。

【校勘】

〔1〕《毛》鴟取，《玉篇》《初學記》S1442/1 鴟耴，同。《毛》恩勤，S2049 懃，《魯》《胡公夫人哀讚》殷，恩通殷。《疏》：恩之言殷。

〔2〕《魯》迨，《孔子家語》殆，《說文》隸，迨殆通隸。《說文》勞，古字，《毛》徹。本字作杜，《漢石經》、S2049 作土，《毛》土，《魯》《韓》《廣雅》《方言注》杜，《釋文》土音杜，《字林》敔，土通杜，杜，敔也。《毛》民，《唐石經》𡰪。S2049 陰作陰，桑作桒，牖作牗，或作𢧵，俗字。

〔3〕案：本作撤捐，《說文》《考文》《單疏》撤捐，《毛》拮据，S1442/1 作桔楎，是拮捐之訛，通作拮据。《唐石經》《單疏》蓄租，S2049、小字本、相臺本、《釋文》作祖，祖租通苴。《韓詩外傳》《釋文》蓄本亦作畜，租本又作祖。如字，爲也。《毛》卒瘏，《魯》《韓》劉向《九歎》：「瘏悴」，《爾雅》頯，《釋文》：屠，本亦做瘏，《考文》屠。案：卒瘏疑作疊義連語，瘏瘏，頯瘏悴瘏，卒通瘁。

〔4〕《漢石經》蕉，蕉 qiáo 通憔，《單疏》、S1442 號譙譙，《釋文》本或作燋，《魯》、《淮南·氾論》高注：「燋（憔），悴也。」《說文》顟，頻也。《毛詩音》譙嚾同，則本字似作憔憔，亦如憔悴。《毛》脩脩，《九經三傳沿革例》引監本、蜀本、越本作修修，《定本》《唐石經》《讀詩記》、南宋石經作脩脩，興國本、建寧本作脩，《單疏》消，S1441/2 祽。案：《說文》有脩無脩，《金石文字記》「予尾脩脩，脩誤作脩」，S1441/2 作祽脩字之訛，聲近義通。《毛》風雨所漂搖，《單疏》、S1442/2「風雨之所飄榣」，《字林》飆，《三家》「風雨之飄飆。」案：當作「風雨之飄搖」，或風雨之飄飆。榣搖字之訛。《單疏》S1441/1、《毛》予維音嘵嘵，《玉海補遺》又作憢憢，《說文》《玉篇》唯予音之嘵嘵，又當依《玉篇》《廣韻》所引爲「予維音之嘵嘵」，顧野王撰《玉篇》時四家詩俱在。

【詮釋】

詮釋此詩，有兩個關鍵，一是歷史背景；二是詮釋應切合文義。《魯》《齊》《書·金縢》《史》《毛》以周公作詩，應無疑義。周公能順應歷史大潮，政治主張「天惟時求民主」（《多方》），「明德慎罰」（《康誥》），「當以民監」（《酒誥》）。周公奉命東征，一年救亂，二年克敵，三年踐奄。周公，西周傑出的政治家。而作寓言詩，緣於周成王年幼，武庚等反叛，二叔流言，《史記》：「成王少，在強葆（襁褓）之中，周公恐天下聞武王崩而畔，周公乃踐阼，代成王攝行政當國。管叔及其群弟流言於國，曰『周公將不利於成王。』周公乃告太公望、召公奭曰：『我之所以弗辟而攝行政者，恐天下畔周，無以告我先王。太王、王季、文王三王之憂勞天下久矣，於今而後成，武王蚤（早）終，成王少，將以成周，我所以爲之若此。」《書大傳》「奄君薄姑謂祿父曰：「武王既死矣，今王尚幼，周公見疑矣，此百世一時也，請舉事。」群叔流言，薄姑煽動，成王年幼，周公見疑，於是處於東征前線的周公給周成王的禽言詩便應運而生。《魯傳》《論衡·累害》：「故三監讒聖人，周公奔楚。當時周公孰有不惑乎？後《鴟鴞》作，而《黍離》興，諷詠之者，乃悲傷之。」武王病故，武王臨終命周公旦輔弼周成王。前 1044～前 1040 年，武庚、三監之亂。周公經三年東征平叛，殺武庚、管叔，流蔡叔，派弟康叔建衛國，成王封弟叔虞於唐，蔡叔子仲到蔡國爲侯。這首禽言詩當寫於周公東征時，這首寓言詩大約更適合教育年幼的周成王。「既取我子」，這是周初宮廷鬥爭中內部勢力與外部勢力勾結管叔、蔡叔、武庚之亂；子，比喻管叔、蔡叔。

〔1〕鴟鴞 chīxiāo，詳《墓門》注。朱熹訓爲惡鳥，誤。據《青銅器通論》頁 49「傳世遺器中以鴟鴞爲多。」一說假託大鳥以哀怨口吻，訴說它雛兒被抓去後，仍辛勤修巢。室，比喻鳥巢，隱語江山社稷。無，勿，禁止之辭，不得毀我周室，室，巢，代喻國，江山。下二句主詞爲我，周公，恩通殷，殷殷勤勤於此，恩愛於此。朱熹：恩，情愛也。斯，語氣詞。創業艱辛，立國艱辛，鬻 yù，稚，稚子比喻周成王，此句爲倒句，即我憐閔這一位稚子。《單疏》：鬻子，成王。于省吾先生訓閔爲勉。（《文獻》1986.3-4 號），清·劉光第《詩擬議》：「情眞語苦，幾於聲淚俱下。」

韻部：子，之部；室，質部。之、質合韻。殷，諄部，恩勤閔，文部。諄、文合韻。

〔2〕隸迨逮 dài，及。案：徹撤 chè，〈古〉徹月；剝 bō，〈古〉幫屋，徹幫準鄰紐，徹通剝，剝取。土通杜（皽），皽 dù，桑樹皮。綢繆 chóumóu，疊韻詞，捆紮好，密合好門戶，「未雨綢繆」出此。女，汝。民，人。或，誰也。《孟·公孫丑上》引二章後，引孔子曰：「爲此詩者，其知道乎？能治其國家，誰敢侮予？」《讀〈風〉臆補》下，「文格極妙！本是愛室，只說愛子，動之以情，鐵人下淚矣！此下有天馬騰空之勢。連用十『予』字，而身任其責，獨嘗其苦之意可想。」

韻部：雨土戶予，魚部。

〔3〕緬懷創業立國的萬千艱辛，予，周公等前人，《釋魚》子孑，《易林》詰詘，《莊子》呴痀，《新臺》籧篨，《風賦》枳句，聯綿詞。案：子孑 jiéjué、拮据、撠挶 jǐjū，剞劂 jījué 雙聲疊韻詞，同爲見母月部，《韓說》：口足爲事曰拮据（其實都是說彎曲，太累，手足不能伸直。）所，尙且，猶。捋，捋取荼、蘆葦等築巢室的材料。案：蓄租，蓄苴，《韓詩》：租，積也。苴，有包裹義，苴、租共且 jū，且有多義，連語，積聚。卒通瘁，瘁痡、悴痡、頜痡，連語，疲憊勞病。曰通欥，這就是因爲我尙未巢室，營巢、建室、立國何等艱辛！宋·蘇轍：「余聽以勤勞病悴而不辭者，曰余未有室家故也。」《談經》：「苴，麻子。蓄租對上句捋荼言之，捋荼以藉體，蓄苴以防饑，此營巢之急務也。文極諧適」。

韻部：據荼租痡家，魚部。

〔4〕《箋》譙或作燋。案：燋譙 qiáo，通憔，《玄應音義》6 引《廣雅》燋卒，憂也。憔憔、憔悴，心力交瘁貌。羽毛殺羽，羽毛少。案：脩脩，因

心力憔悴、枯瘦而顯得瘦長，修，脩 xiū，翛 xiāo，或作翛，上古音同爲心母幽部，羽尾凋敝貌。翹翹 qiáoqiáo，《魯》《釋訓》：翹翹，危也。「風雨之飄搖，」巢在風雨中飄搖不已，危乎殆哉。「風雨飄搖」成語出此。「唯予音之曉曉（憢憢）xiāoxiāo」維，因，因恐懼而發出的驚叫聲。

　　韻部：修脩，幽部；譙翹曉搖，宵部。幽、宵通韻。

【評論】

　　《魯傳》《荀・勸學》「玉在山而草木潤」。《論衡・累害》「故三監讒聖人，伯奇放流，後母毀孝子。當時周世孰有不惑乎？後《鴟鴞》作，而《黍苗》興」。《中論・藝紀》「孔子曰：『君子恥有其服而無其容，恥有其容而無其辭，恥有其辭而無其行。』故寶玉之山土木必潤，盛德之士文藝必眾。若在周公，嘗猶豫於斯（游心於文藝）矣。」輔廣：「成王之疑不釋，則周王爲周未可知也。故此詩辭意哀切，至爲禽鳥之語以感切之，不啻如慈母之誥教子弟而蘄（qí，祈求）其悔悟，仁之至，義之盡也。」《豳風・鴟鴞》、《小雅・鶴鳴》通篇比，爲《古詩》《唐詩》《宋詞》《元曲》所取法。明・鍾惺《詩經》：「本是愛室，末語只說愛子。蓋動之以情也，石人下淚矣。」《詩誦》2「以家事言，則子爲親；以國事言，則室爲重。故痛管、蔡，只「恩斯、勤斯」兩句，而後三章皆專說毀室一邊，躬親創造，歷盡艱難，曾無幾時而漂搖，即由內禍，其情危，其辭迫，連下十『予』字，槌心泣血，告成王，即以曉管、蔡，使知鬩牆禦侮，以兄弟之情動之。」《讀風臆補》下，「有起收，有賓主，有呼應，有逗接，有錯綜，有操縱，有頓挫，章法句法字法，各極其妙。」《會歸》頁 1017，「全篇以今昔分合，各居其半，要歸周室締造之勤苦艱難，當前靖難之鞠躬盡瘁，所以見創業之非易，定危之當先，以明己盡心謀國者在此，用以輔君在此，幸君之一寤者亦在此也。以四章之興體，反覆披瀝，娓娓不已，感人至深，足見聖人處權言辭之氣象矣。」案：此詩比喻暗喻爲多，當流言四起時，詩人不免蒼涼，然而必須抗爭，故興寄深微，開中國禽言詩之先。下啟《莊子・秋水》、《齊策》中海大魚的隱語與《荀・賦篇》、漢・朱穆《與劉伯宗絕交詩》、宋・梅堯臣《禽言》、蘇軾《吳禽言》。

東　山

〔我從豳國的岐山〕

我徂東山，　　　　　　　　　　去那魯國的東蒙山，

恦恦〔滔滔悠悠〕不歸。
我來自東，
零〔蘦霝〕雨其濛〔蒙霿〕。
我東曰歸，
我心西悲。
制彼裳〔常〕衣，
勿士行〔銜〕枚〔微〕，
蜎蜎者蠋〔蜀罤罵〕，烝〔蒸〕在桑野，
敦彼獨宿，
亦在車下。〔1〕

我徂東山，
恦恦〔滔滔悠悠〕不歸。
我來自東，
零〔蘦霝〕雨其濛〔蒙霿〕。
「果臝〔蠃〕之實，
亦施于宇。
伊威〔蚖蚚蚖蛾〕在室〔堂堂〕，
蠨〔蟰〕蛸在戶，
町畽〔疃〕鹿場，
熠燿〔熠〕宵〔霄〕行。
不可畏也，
伊可懷也！」〔2〕

我徂東山，
恦恦〔滔滔悠悠〕不歸。
我來自東，
零〔蘦霝〕雨其濛〔蒙霿〕。
鸛〔雚〕鳴于垤，
婦歎于室；
「灑掃〔埽滫〕穹窒，
我征聿至，
有敦〔專〕瓜〔瓜苽〕苦，
烝〔蒸〕在栗〔析裂蓼蓼〕薪。

一別三年久不還。
如今東山奏凱旋，
細雨濛濛路漫漫。
東征今日可西還，
我的心兒飛家園。
家常衣裳縫一件，
不用銜徽苦征戰，
葵蠶蠕動蜎蜎然，久在桑野眠，
每每團團獨自宿，
幾番車下枕肱眠。

〔我從豳國的岐山〕
去那魯國的東蒙山，
一別三年久不還。
如今東山奏凱旋，
細雨濛濛路漫漫。
「栝樓結實實累累，
栝樓藤蔓延屋簷，
地鱉蟲兒滿屋爬，
喜蛛懸門有喜事，
野鹿優遊頗悠閒，
螢火蟲兒照我還，
三年艱險不足懼，
頗有戰功值得銘心間！」

〔我從豳國的岐山〕
去那魯國的東蒙山，
一別三年久不還。
如今東山奏凱旋，
細雨濛濛路漫漫。
鸛鳥報雨鳴土堆，
妻子歡歡於庭院；
「灑掃堂室心喜歡。
征夫返家已不遠，
團團葫蘆繫紅帶，

自我不見，
于今三年。」〔3〕

久在眾薪記心間，
夫婦離別三春秋，
相思之苦情綿綿。」

〔我從豳國的岐山〕
去那魯國的東蒙山，
一別三年久不還。
如今東山奏凱旋，
細雨濛濛路漫漫。
黃鶯飛鳴歌宛囀，文羽鮮明光閃閃。
這一個女子嫁給我，
驪駁馬兒迎娶還。
丈母娘親自繫帨巾，
丁寧儀禮說不完。
新婚恩愛很美好，
久別歸來勝新歡！

我徂東山，
慆慆〔滔滔悠〕不歸。
我來自東，
零〔霝靁〕雨其濛〔蒙雺〕。
倉〔蒼〕庚于飛，熠燿其羽。
之子于歸〔劃〕，
皇〔騜〕駁〔駮〕其馬。
親結其縭〔褵綏離〕，
九十其儀。
其新孔嘉，
其舊如之何？〔4〕

【詩旨】

案：據 1924 年鳳翔出土的《𣪘方鼎》銘文「隹（惟）周公征伐東夷專古（薄姑）咸𢦔」（白川靜，1965A：117）以及趠𣪘、霉雪鼎、明公𣪘 guǐ。當是隨周公東征，凱旋中的一位已婚的軍旅詩人西歸述懷之什。

《孔叢子‧記義》引孔子云：「於《東山》，見周公之先公而後私也。」

《齊說》《易林‧屯之升》：「東山拯亂，處婦思夫。勞我君子，役無休止。」

《毛序》「《東山》，周公東征也。周公東征，三年而歸，勞歸士。大夫美之，故作是詩也。一章言其完（S1442/1 兒，當作貌）也；二章言其思也；三章言其室家之望女也；四章樂男女之得及時也。君子之於人，序其情而閔其勞，所以說（讀如悅）也。說以使民，民忘其死，其唯《東山》乎！」《毛序》認爲大夫作，王質、戴溪、朱熹、嚴粲則認爲周公勞士之作，恐誤。魏源《詩古微》下編一「亦豳民從征者所作，故列於民風。非大夫作」，稍近之。

余師《詩經選》：「這是征人還鄉途中念家的詩。在細雨濛濛的路上，他想像到家後恢復平民身份的可喜（第一章），想像那可能已經荒廢的家園，覺得又可怕，又可懷（第二章），想像自己的妻正在爲思念他而悲歎（第三章），回憶三年前新婚光景，設想久別重逢的情況（第四章）。」

【校勘】

〔1〕本字作滔滔。《五經文字》《單疏》《七諫注》《白帖》45、《從軍詩》注《與吳質書》注《類聚》32《御覽》31/32 引《魯》《齊》S2049 滔滔，S1442 慆，《釋文》慆，本又作滔。曹操曹丕詩注引《韓》悠悠，慆慆通滔滔，悠悠滔滔義同。《毛》零，《三家》《說文》《石鼓文》霝，《釋詁》郭注引《魯》薑，《齊》《韓》《說文》霝，本字作霝，薑通霝，零俗字。本字作蒙，《述行賦》霥，孳乳字。《魯》《自悲注》蒙，《說文》《單疏》濛，後人增形字。《毛》裳，《三家》《說文》S1442/1 作常，常古字。本字作衡，《唐石經》《定本》行，衡字之省，《齊》《周禮・大司馬》《魯》《史・田單傳》《箋》《聲類》S1442/1《單疏》《御覽》357 引作衡。正字作蜀，《單疏》《漢石經》《唐石經》、S 1442/1 作蠋，古文作罒，《三家》《說文》《玉篇》S2049 蜀，魯熹平三年漢鏡作罒，《擬鄴中集・王侍中》李注引《毛》作蜀，蠋為增益字。《漢石經》《毛》烝，江淹詩李注引、S1442/1 蒸。

〔2〕《毛》嬴，《英》3/56、S1442/2 作嬴，訛字。《毛》伊威，《五經文字》蚜威，沉重《義疏》蚜蛾，《說文》蚜蚜威，伊威古字。《毛》室，S1442 作堂，《釋文》本或作堂，誤。《毛》蠨，《說文》《眾經音義》25 作蠨，蠨或體。《說文》熠熠，《毛》熠燿，《韓》曹植《螢火論》、《毛》宵，S1442/2 霄，霄通宵。《釋文》暉，本又作瞳，《集韻》町，或作晄，《毛》暉，《說文》瞳，暉或體。

〔3〕《毛》鸛，《三家》《說文》《御覽》925 萑，古字。《毛》垤，S1442/2 姪，姪字訛。《毛》掃，《說文》埽，古字。《唐石經》《毛》瓜，S1442/2 作苽，瓜苽讀作瓜。案：本字作烝，《漢石經》《唐石經》烝，《毛》桑，《漢石經》桒，本字作析或裂，《單疏》：「析薪是分裂之義，不應作栗，故辨之云：古者聲栗裂同，故得借栗為裂。」《毛》栗，《釋文》引《韓》《聲類》蓼，栗通裂，《箋》裂，《集韻》蓼，蓼或體。《毛》敦，《單疏》專。案：專當是團字。至於 S1442 滔作滔、掃作滯苽，俗字。

〔4〕《毛》、晉・潘岳《螢火賦》熠燿，《詩考補遺》引《三家》熠熠，《毛》倉，S1442/2 蒼，古通。《毛》皇，《魯》《釋獸》郭注《說文》騜，皇古字，皇通騜。案：本字作褵，《文選》張華《女史箴》注引《毛》正作褵，《釋器》《毛》縭，《齊》《漢・外戚傳》《英》三/57、S1442/3 離，《魯》《釋器》《釋文》《後漢・馬援傳》《思玄賦》注《奏彈》注、《初學記》14、《白帖》

17、《三家》《韓詩外傳》2 襷，《魯》《釋器》繡，同，又作襌，或體，離讀若襷。S1442 剿，俗字。

【詮釋】

〔1〕周成王十二歲作王，叔父周公攝政，《史記》周公禮賢，「一沐三握髮，一飯三吐哺，猶恐失天下之賢。」在制訂禮樂文明的同時，授權太公呂望，諸侯有不服周朝的，由呂望征討，因此呂望控制東方，邵公控制西方，周公則全力東征三監與徐、奄、熊、盈、薄姑等當年商的屬國中起來叛亂的，在屏藩周室時，頒發《康誥》《酒誥》《梓材》等公文，從而鞏固了周初的統一，保證了成、康之治。東山，在今山東省費縣西北。東征奄國。慆慆 tāotāo，滔滔、陶陶、悠悠，言其久。日，結構助詞。零（薷零）líng，落。濛，濛濛。西悲，向西念闞國而悲。勿，不；士通事，用；案：行銜同爲匣母，行 háng 讀如銜，或讀如橫，《說文》銜，爲行軍保密，枚，微，口中銜微以防喧嘩。蜎 yuān，蜎蜎，蠕動貌，蜀 shū，野蠶，後馴化爲家蠶。烝（蒸），發語詞。蜀蜎蜎獨行，以興軍旅詩人歸。敦，敦敦 duidui，獨處不移貌。

韻部：東蒙（濛），東部（下同）；歸悲衣枚，微部；蜀宿，屋部；野下，魚部。魚、屋通韻。

〔2〕二章懸想家中，果臝 guǒluǒ，疊韻詞，栝樓（Trichosanthes kirilowii），瓜蔞，天花粉，葫蘆科，主要成分有三萜皂甘、有機酸、樹脂、糖類，施讀延，藤蔓延。根、種子、果、果皮入藥。是治糖尿病的重要藥物之一。清熱化痰，寬胸散結，潤腸通便，主治肺熱咳嗽，痰黃稠厚，胸痹脅痛，乳癰肺癰，大便燥結等，生津止渴，降火潤燥，對消渴症、肺燥、潮熱、排腫膿、痔瘡、跌打損傷有益，鮮瓜蔞有助於引產。有擴張冠狀動脈、抗心肌缺血、抑制血小板聚集、抗心律失常、抗菌、抗癌等功用。亦施於宇，也蔓延於屋頂、屋簷。蚚蝛，鼠婦，地鱉蟲，治口腔炎、扁桃體炎、鵝口瘡、牙齦炎、慢性支氣管炎，《本草綱目》41 主治利小便，寒熱，風蟲牙疼，鵝口風，蟲毒，痘瘡等。蟏蛸 xiāoshāo，雙聲詞，長腳小蜘蛛，俗名「喜母」，傳說布網於門口，有客來。案：晪暲、町畽、町疃 tiǎntuǎn，雙聲詞，田舍旁空地，禽獸踐踏處。案：《說文》熠熠 yìyì，雙聲疊韻詞；《毛》熠燿 yìyào，雙聲詞，有光；宵行，螢火蟲，《韓傳》曹植《螢火論》「天陰沉數雨，在於秋日螢火夜飛之時也，故日宵行。」又見《本草綱目》《毛》訓燐火，誤。《古今注》螢火蟲

又名熠耀。誤。戰亂中的蕭條悲涼，看得多了，並不足懼。伊，是；可，值得；懷，懷想。

韻部：實室，質部；宇戶，魚部；場行，陽部；歸懷，微部。

〔3〕《易林・家人之頤》：「東山辭家，處婦思夫。」鸛（鸛）guàn，水鳥，似鶴，物候：鸛，將陰雨而鳴。《文物史前史》有仰紹文化鸛魚石斧彩陶缸，魚，愉。垤 dié，小土堆。案：歎，歎吟，此處承二章詩人想像中家中會有喜蛛結網報信，喜鵲登枝道喜，妻子因而歎吟而喜，丈夫將歸。以下是想像中的妻子擬迎候的情景與感慨。聿，助詞。有敦，敦敦，《單疏》專專，讀如團團，《通釋》：「敦敦猶團團。」團縮於車下。《齊傳》《禮記・昏禮》：瓠瓜，古人結婚行合卺之禮，表示成婚就是以一瓠分作兩匏，夫婦各執一瓢盛酒，『瓜苦』指合卺的匏。一說苦瓜。《齊》《易林・姤之復》「合匏」。下文歎息三年不見，因為想起新婚離家已經三年了。」《詩誦》「至以一字傳神，如『何彼襛矣』，『新臺有泚』，『有敦瓜苦』，『有鶯其羽』之類，則非後人所能彷彿。」烝，發語詞。一訓久。栗 lì 裂 liè 同為來母，裂薪。

韻部：垤室窒至，質部；薪年，真部。

〔4〕倉庚，鶬鶊，黃鶯（Oriaus chinensis）觀賞鳥，益鳥，倉庚之羽，在陽光下熠熠耀耀有光澤，鳥羽有文，雌雄雙飛，黑眉尖喙青腳，立春後鳴，其聲清脆悅耳。之子，妻子；歸，出嫁。皇，黃色；駁（駁）bó，赤色。駕車迎娶，詳後魏・劉芳《毛詩箋音義證》。親，親自。縭褵 lí，褘 huī，古代婦女香纓，斜交絡帶繫於體的帨巾。岳母為妻子繫結好帨巾並丁寧告誡許多回；九十，多；儀，儀禮。孔，甚；嘉，美善。其舊如之何？久別勝新婚。朱熹：「賦時物以起興，而言東征之歸士，未有家室者及時而婚姻，既甚美矣；其歸有室家者，相見而喜，當如何耶？」《通論》8「『其舊如之何』，《杜詩》已為注腳矣，曰：『夜闌更秉燭，相對如夢寐』。末章駘蕩之極，直是出人意表。後人作從軍詩，必描畫閨情，全祖之。」

韻部：飛歸，微部；羽馬，魚部；縭〔褵〕儀嘉何，歌部。

【評論】

案：古希臘・亞里斯多德《詩學》提倡「悅耳之音」，古羅馬・賀拉斯《詩藝》追求整體效果和諧。詩人用賦而興的技法，興寄深微，出以意象與摯情，這是一位已婚的軍旅詩人經歷三年東征凱旋而歸途中馳騁想像，運用了領唱（一說副歌）、複歌相結合的結構手法，雙聲疊韻、複疊式等具有音韻美、迴

環美的技法，當是中國先秦時期最早的鏈環詩（Chain verse）善於描繪沿途景物、物候、民俗、結婚場景，十二個「我」字是強烈的抒情性與細切的敘事性的巧妙結合，「敦彼獨宿」，「熠耀宵行」，「有敦瓜苦」，「親結其褵」，細節傳神。又具有分節、重章、尾聲等結構，情韻相諧，聲韻優美。尤善於用特徵性、細節描寫、襯托來繪寫了主客心情，文質郁郁彬彬，開中國軍旅詩的先河，是千古傳誦的詩歌名篇之一。《鴟鴞》《東山》至《狼跋》六篇豳風民歌，無疑是周公姬旦這位偉大的西周政治家、詩人以及豳國民間歌手、軍旅詩人的傑作選，誠如有文字可考的第一位《詩》評家吳公子季札在前 544 年評《豳風》：「美哉（壯美啊！）其周公之東乎！」（詳《左傳・襄公 29 年》，該書記載前 544 年季札所見《國風》次序：《周南》《召南》《邶風》《鄘風》《衛風》《王風》《鄭風》《齊風》《豳風》《秦風》《唐風》……《朱子語類》80，「曲盡人情」。下啓漢・蔡琰《悲憤詩》、三國・魏・曹操《苦寒行》等詩、唐・杜甫《三吏三別》。明・萬時華：「字字生情，境境生韻。」《臆補》15：「篇中無限情緒，次第井井。非大聖人不能體悉，非大手筆不能描寫。」（《續修》58/223）王夫之：「『零雨其濛』，興征人懷歸。『鸛鳴于垤，』興思婦相思之苦。『倉庚于飛』，興新婚意象。」王士禛《漁洋詩話》：「《東山》三章，『我來自東，零雨其濛』，『鸛鳴于垤，婦歎于室』；四章，『其新孔嘉，其舊如之何』。寫閨閣之致、遠歸之情，遂爲六朝、唐人之祖。」《詩說》上，「『其舊如之何』二句結之，仍收歸，前三章文法極細密也。末二句文法固妙，至其通達俗情，出以輕婉之筆，前數章凄風苦雨，至此化爲喜氣歡情矣。筆墨之間具有化工。」《讀風偶識》4「《東山》一詩，敘室家離合之情，沉摯眞切，最是感人，而絕無怨尤之意，尤足以見盛世風俗之美。」《詩志》《臆評》認爲此詩是後來《從軍行》、《出塞曲》之祖。……然後來《從軍行》《出塞曲》總不敵《東山》一篇曲盡人情也。清・賀貽孫《詩筏》：「每章著『零雨其濛』四字，便爾悲涼。思家遇雨，別有一番無聊，不必終篇，已覺黯然銷魂矣。末後又描寫鸛鳴果實，蠨蛸熠耀，戶庭寥落，雨景慘澹而已，此外不贅一語，愈覺悲絕。」並將此篇與《古詩十九首・十五從軍行》比較，「此漢人所以不及《三百篇》」也。」

破　斧

既破〔破〕我斧，又缺我斨〔斨〕，	戰斧戰壞了，方孔大斧戰缺了，
周公東征，	跟隨周公向東征，

四國是皇〔匡[王王]〕，　　　　　　　平定管蔡商奄，全國匡正了，
哀我人斯，　　　　　　　　　　　　慰憫我們這些戰士啊，
亦孔之將！〔1〕　　　　　　　　　　我們的戰功也很大！

既破〔破〕我斧，又缺我錡〔奇〕。　戰斧戰壞了，鋸子缺口了。
周公東征，　　　　　　　　　　　　跟隨周公向東征，
四國是吪〔化僞爲訛〕，　　　　　　普天下被感化了，
哀我人斯，　　　　　　　　　　　　慰憫咱們戰士們啊，
亦孔之嘉！〔2〕　　　　　　　　　　立下的戰績可不小！

既破〔破〕我斧，又缺我銶〔棶釚〕，戰斧戰破了，鐵鍬也戰殘了，
周公東征，　　　　　　　　　　　　跟隨周公向東征
四國是遒〔摯〕，　　　　　　　　　全國都凝聚穩固了，
哀我人斯，　　　　　　　　　　　　慰憫咱們戰士們啊，
亦孔之休！〔3〕　　　　　　　　　　戰績顯示我們有豪壯之美！

【詩旨】

東征詩。崔述《考信錄》：「東征之士自述其勞苦。」《潛夫論・忠貴》：「周公東征，後世追思。」以下四篇《編年史》繫於前 1040 年。

《齊說》《白虎通・巡狩》：「《傳》曰：『周公入爲三公，出作二伯，中分天下，出黜陟。』《詩》曰：『周公東征，四國是皇。』言東征述職，周公黜陟而天下皆正也。」《易林・井之小畜》：「東行述職，征討不服。」

《毛序》：「《破斧》，美周公也。周大夫以惡（惡四國的流言誣陷周公）四國焉。」

姚舜牧《疑問》：「讀《東山》之詩，見周公體歸士之心；讀《破斧》之詩，見歸士識周公之心。」

《呂覽・音初》：夏后氏孔甲田於東陽萯山作《破斧》，始爲東音。傅斯年（1952：V01.11.67-70）：《破斧》與周公東征全無相干。

案：據《竹書紀年集證》25，當是前 1040 年東征將士中的軍旅詩人在經歷了滅殷、誅殺武庚祿父，滅薄姑後，善於用動詞，善於描繪具有特徵意義的細節，彷彿親目所睹軍旅詩人舉著殘缺的斧頭、鐵鍬等，高唱凱旋歌而後吟出的這一英邁雄悍的詩章，並點出政治意義：「四國是皇（匡）」「四國是吪（化）」「四國是遒（摯，固）。」

【校勘】

〔1〕《毛》破，《漢石經》破，同。《毛》斨缺，S1442/3斨，斨字之訛。案：本字作匡，《單疏》匡，當是避宋廟諱，《毛》皇，《詩考》引《齊》匡，《魯》《法言·先知》「王」，《魯》《揚子·先知》皇。皇王匡，古字通。

〔2〕《毛》錡，《釋文》錡，或作奇。錡是本字，奇是錡字省借。《毛》吪，《魯》《釋言》吪，《爾雅注》《魯》《考文》訛，《方言》《廣雅》譌，《釋文》訛，本字作化，S1442/3偽，S2049訛，偽吪訛，譌讀爲化。

〔3〕《毛》銶，《說文》有捄無銶，銶通捄。《玉篇》《集韻》通作鈚。《毛》遒，《魯》《釋詁》《說文》《集注》《廣雅》《廣韻》《單疏》摷，遒通摷。

【詮釋】

詩人用動詞作形容詞，字活句活意活，摹繪生動，顯示了細節描繪的藝術魅力。《詩古微》幽人，從公者所作。

〔1〕斧，圓孔；斨 qiāng，方孔。破、殘，言戰爭慘酷以至斧斨缺刃；我，結構助詞。《魯說》《白虎通·巡狩》：「皇，正也。言東征黜陟，周公黜陟而天下皆正也。」《釋言》：「皇、匡，正也。」皇、王、匡，正。《荀·王制》：「周公南征而北國怨，曰：『何獨不來也？』東征而西國怨，曰：『何獨後我也？』」詳《法言義疏》頁286。哀，憫 mǐn 哀，慰憫，憫恤。將，臧 zāng，善，嘉，很幸運。

韻部：斨皇（匡）將（臧），陽部。

〔2〕錡 qí，《釋文》引《韓》錡，鋸。《傳》：鑿。吪訛譌 é 通化 huà，感化，教化。此句爲協韻而倒句，感化天下。平定匡正管、蔡、商、奄四國，其它各方也被感化。嘉，美善。

韻部：錡化（吪訛譌）嘉，歌部。

〔3〕銶捄 qiú，據《韓》《管·輕重》《淮南·奉經》《說文》：鑿首。一說獨頭斧。《後箋》：銶，甾，鐵鍬。雒江生《通詁》：銶，長柄餂叉。遒 qiú，摷 jiū。《魯》《釋詁下》摷 jiū，聚（凝聚，會聚）也。休，美，豪壯的陽剛之美。

韻部：銶摷（遒）休，幽部。

【評論】

宋·戴溪：「《破斧》，詩人大周公之處變也。……蓋大不如嘉，嘉而至於休，則盡善盡美矣。」元·劉玉汝《詩纘緒》：「此篇三章一意，惟變文叶韻

耳，語再三而意深遠。」清·郝懿行《詩說》上：「《破斧》詩之妙處，全在三章九個『我』字，軍士東征，事本爲國，乃此詩答言公毋以勞師爲國也，破者我斧，缺者我斨，匡四國亦哀我人耳，以公義爲私情，視國事如家事，不獨見上下同心，朱子所謂聖人之徒者亦可想見。」賀貽孫《詩筏》：《東山》篇，每篇著『零雨其濛』四字，便爾悲涼。思家遇雨，別有一番無聊，不必終篇，已覺黯然魂消矣。末後又描寫鸛鳴果實，蠨蛸熠耀，戶庭寥落，雨景慘澹而已，此外不贅一語，愈覺悲絕。……及讀《古詩十五從軍征》篇：「『兔從狗竇入，雉從梁上飛。中庭生旅穀，井上生旅葵』四句，寫景奇絕。雖『羹飯一時熟，不知貽阿誰』二語，注破太明，不如《東山》之渾妙。」《會通》：「往復委婉，用意深至，令人低徊不盡。」《會歸》頁 1031，「詩頌周公之志事，情見乎辭，得聖人之深衷矣。」

　　案：如果說《東山》展示了周朝大本營豳國軍人的鐵骨柔情，英雄範兒與軍人妻子的內在美，《破斧》則展示了東征的慘烈，統一的可貴和豳國軍人的頑強與血性。軍旅詩人善於選取特徵性的道具加以特寫描繪，突出戰爭的異常慘烈，以質樸無華又洋溢英武之氣的詩的語言，揭示其政治內涵，更顯英武雄強之美，變換三字以協韻，語言亦逸宕流美。

伐　柯

伐柯如〔之〕何？匪斧不克〔尅〕！	砍個斧柄怎麼辦？除非斧子辦不到！
取〔娶〕妻如〔之〕何？匪媒不得！〔1〕	要娶新娘怎麼辦？非請媒人辦不到！
伐柯伐柯〔執柯伐柯〕，其則不遠。	砍個斧柄，砍個斧柄，法則、榜樣就在眼前。
我覯〔遘遇〕之子， 籩〔邊〕豆〔梪〕有踐。〔2〕	我看這一位君子啊， 祭器整齊爲人不凡！

【詩旨】

　　〔魯說〕《史·魯世家》：「東土已集，周公歸報成王，乃爲詩貽王，命之曰《鴟鴞》。王亦未敢訓（《周書·金縢》作誚）周公。」案：豳國的詩人，大約熟知周公的老詩人用歷史敘述法，選擇了與周公有關的三個生活細節，以下三篇彷彿目睹周成王迎接周公、周公與詩人示以欣慰之情，尤見周公顧

全大局的政治襟懷。繫於前1040年。

〔齊說〕《禮記・中庸》：「孔子云：『道不遠人，人之爲道而遠人，不可以爲道。』《詩》云：『伐柯伐柯，其則不遠。』」

《毛序》：「《伐柯》，美周公也。周大夫刺朝廷之不知也。（S1442/3作「《伐柯》，美周大夫。刺朝廷之不知也。）」郝懿行《詩問》：「《伐柯》，東人喜周公也。牟氏曰：東征既克，周公未歸，東人愛之之辭。」屈萬里《詮釋》：「此當是詠結婚之詩。」

【校勘】

〔1〕《毛》伐柯如何，《魯》《新語・辨惑》「有斧有柯」，師受不同；《白帖》17.82、《類聚》40《御覽》541、S1442/3.S2049引作「伐柯如之何，」《類聚》是唐初官修類書，魏至隋古籍尚在，《白帖》亦是唐本，敦煌本同，尤應爲據，可能後人爲求整飭刪二「之」字以成四言，其實民歌也好，文人詩也好，本來是寫身歷事，眼中景，心中情的，本應自由。《毛》克，《魯》《淮南・說山》《考文》、S1442/4尅，俗體。《單疏》取妻如何，《坊記》《釋文》：本亦作娶，取古字，《考文》《類聚》40、《白帖》11.80、《御覽》541作「娶妻如之何，」S1442.S2042作「取妻如之何，」當從《類聚》。

〔2〕案：隋、唐時《文選》李善是權威注本。四家詩本作「執柯伐柯。」《齊》《中庸》「《詩》云：『伐柯伐柯，其則不遠。』執柯以伐柯……」《毛》伐柯伐柯，《孔叢子》作「操斧伐柯」，《文賦》李注引作「《毛詩》曰：『執柯伐柯』。《毛》覯、籩，S1442，先寫作遘，後作邊，S2049作邊，當作籩，本字作覯。《毛》豆，《釋文》豆，本亦作梪，《說文》梪，豆古字。

《會通》：「先大夫以爲此詩與下《九罭》本一篇而誤分之，當合讀，其義乃見。」

【詮釋】

〔1〕《金縢》「今天動威以彰周公之德，惟朕小子其新逆（《釋文》引漢・馬融本作親迎，新讀親；逆，迎。）；我國家禮亦宜之。」《群書考索續集》7「及成王時，周公遭四國流言之變，居於東都，乃思先祖公劉、太王爲豳公憂勞民事，致王業之艱難，以此敘己志而作《七月》、《鴟鴞》之詩，成王悟而迎之，故太師述其詩爲豳國之《風》。」成語「操斧伐柯」出此。伐柯如之何，砍製斧柄該怎麼辦？匪，非；克，能。蘇轍《詩集傳》：斧、媒比喻周公。娶妻如之何？娶妻子該怎麼辦？得，能。《箋》：勸迎周公之辭。

韻部：何何，歌部；克得，職部。

〔2〕《單疏》引王肅：「能執治國家之斧柄，其唯周公乎？」《批評詩經》：「從舊說作刺朝廷不返周公，覺味更長。」則，法則，榜樣。遘通覯 gòu，見；之子，周公。籩 biān，盛果脯的竹器；豆桓 dòu，盛肉的祭器或食器，有瓦製品、木製品，容四升。踐踐、俴俴 jiànjiàn，排列有序貌。「伐柯伐柯，其則不遠」，警絕。

韻部：遠踐，元部。

【評論】

《王氏注》：「《伐柯》，美周公也。周大夫刺朝廷之不知也。」「朝廷斥成王。」（《正義》）「既作《東山》，又追作此詩以刺王。《正義》」（《續修》1201/305）《通論》8「『之子』指周公也。『籩豆有踐』，言周公歸，其待之以禮如此也。通篇正旨在此二句。」《臆補》：「後來千百首《從軍行》《出塞曲》終不敵《東山》一篇曲盡人情也。」（《續修》經 58/224）《識小錄》：「自問自答，心口趑趄，兩『不』字重筆作跌，下章一轉入妙。」《詩志》：「隨手作興體，變法入妙。『其則不遠』，另生一意便深。」黃焯：「此章（首章）為刺成王不知周公，因告王以迎公之道。」「伐柯伐柯，其則不遠」，警絕。

九　罭

九罭〔域罭黬緎〕之魚鱒魴？	細眼網怎捕大魚鱒魴？
我覯之子，	我見此公，
袞〔卷綩捲衮〕衣繡裳。〔1〕	卷龍冕服錦繡衣裳。
鴻飛遵渚？	鴻鵠久久沿小洲？
公歸〔歸〕無所？	周公回朝無定所？
於！女〔汝〕信處。〔2〕	嗚！懇請周公再住住！
鴻飛遵陸，	鴻鵠久久沿高陸？
公歸〔歸〕不復〔復〕，	周公回朝不返復，
於！女〔汝〕信宿。〔3〕	嗚！懇請周公再住宿！
	〔周成王賜與〕
是以有袞〔卷綩惓緄衮爨〕衣兮！	賜與周公卷龍冕衣啊！
無以我公歸〔歸〕兮！	莫要使咱們周公回歸啊！
無使我心〔西〕悲兮！〔4〕	莫使咱們念此傷悲啊！

【詩旨】

《齊說》《易林‧損之蹇》：「鴻飛在陸，公出不復，伯氏客宿。」

《毛序》：「《九罭》，美周公也。周大夫刺朝廷之不知也。」繫於前 1040 年。

明‧豐坊《詩說》：「周公歸於周，魯人欲留之不可得，作是詩。」《通論》8 同。《原解》16「誦《九罭》而知聖人忠愛之無己也。」

《風詩類抄》：「這是燕飲時主人所賦留客的詩。」

屈萬里《詮釋》：「此蓋居東之周人，聞周公將歸，作此詩以惜別也。」

【校勘】

〔1〕《魯》《釋器》《毛》《單疏》罭，《說文新坿考》《四經正字考》：本字為魊，《釋文》本亦作罭，《西京賦》注作緎，宋本作罭，或作罭、罭，S1442/4、小字本、《御覽》834 作域，域緎讀如罭。

〔2〕《毛》覯，《韓》《玉篇》《御覽》815 遘，S1442/4 遇，俗體，遘通覯。《毛》女，《考文》汝，古今字。

〔3〕《毛》歸，S2049 作歸，古字。《毛》女，S2049、《考文》汝。《毛》復，S1442 復，俗字。《毛》袞，《韓》綩，《荀》袧，《魯峻碑》緄，《聲類》《釋文》卷，袞本字，S1442/4 襓，同袞。綩卷袧緄通袞，袞異體。

〔4〕案：《毛詩音》：以讀與（與）。《管‧立政》「則不可授以重祿」，《群書治要》、宋本作與，《皇矣》：「不大聲以色，不長夏以革。」《唐石經》心悲兮，《正義》：本或「心」下有「西」，S2049、《考文》心西悲，異本，四章乃六言詩，「西」字衍。《定本》無「西」。《單疏》「西」是衍文。

【詮釋】

〔1〕《單疏》：「首章言周公不宜居東，王當以袞衣禮迎之，所陳是未迎時事也。二章、三章陳往迎周公之時，告曉東人之辭。卒章陳東都之人欲留周公。」域緎魊罭罭共或 yù，九罭 yù，多而密的小魚網。謙詞。鱒 zūn，赤眼魚，似鯶，魚綱鯉科，體長，前部圓筒形，後部側扁，銀灰色，每鱗片後黑斑，眼上緣紅色，尾鰭叉形，鞏、洛著名淡水魚，漢‧張衡《七辨》：「鞏、洛之鱒，割以為鮮。」魴 fáng，鯿魚。鱒魴，大魚。俗說「廟小裝不下大菩薩」，謙詞。覯，拜見。子，尊稱。卷袧綩緄通袞，襓袞同，《御覽》834 引《韓詩章句》：「綩衣，繡衣」卷袧讀如袞 gǔn，繡有龍紋龍首朝下的上公禮服。綩 wǎn，袞 gǔn，綩通袞。黃焯《平議》：「詩意以九罭小網喻東方小邑，以鱒魴

大魚喻周公大聖。」周公廟、周公墓今陝西省岐山縣北。詳徐天進（2006）《周公廟遺址的考古所獲及所思》。

韻部：魴裳，陽部。

〔2〕鴻飛遵渚，謙詞。意爲公乃鴻鵠，哪肯沿此小洲？公、女（汝），周公姬旦。所，處所。案：於讀 wū，歎美之詞。下同。信處，再宿之處，意主人再三挽留。《單疏》引王肅：「以興周公大聖有定命之功，不宜久處下十，而不見禮迎。」

韻部：渚所處，魚部。

〔3〕是以，因此。《韓說》：高平無水曰陸。謙詞，陸，非鴻所宜止，此爲高平無水之地而非京都，小地方。復，返。信宿 sù，信，再宿 sù，連續住宿。表示挽留周公。

韻部：陸復宿，屋部。

〔4〕案：以 yǐ，（古）餘之；與 yǔ，（古）餘魚，雙聲通借，以、與、予通借。《風詩類抄》訓以爲藏，藏之，且不談古無此訓，在封建時代開此玩笑也似乎開得太大了。在平定管、蔡、商、奄四國後，一統天下後周成王的權威可想而知。東人尚不至於敢藏成王所賜袞服。兩「無」字是句首語助詞。《思齊》：「無射亦保」，《文王》「無念爾祖，聿脩厥德。」言是與有袞衣，以我公歸，使我心悲。以，使。曹植《豫章行》：「周公下白屋，天下稱其賢。」

韻部：衣歸悲，微部。

【評論】

戴溪：「詩人望周公之歸也。……方流言之起，周公身任天下之安危，果於東征無所避就。及三監既平，周公居東不歸，以待成王之察，可謂善處天下之變矣。」《臆評》：「信處信宿，明知公之必歸，明知公歸之爲大義，卻說『無以我公歸兮』，『無使我心悲兮』，正詩之巧於寫其愛處，眞奇！眞奇！」「章法句法字法俱妙。」（《存目》經 61/262）《通論》8「此詩東人以周公將西歸，留之不得，心悲而作。首章以九罭、鱒魴爲興，追憶其始見也。二章、三章以鴻遵渚、陸爲興，見公歸將不復矣；暫時信處，信宿於女耳。」《識小錄》：「方說我觀，旋說公歸，一則以喜，一則以懼，心情搖盪，筆力跳脫……喜、懼交並之心，夭矯獨出之筆，神光離合，乍陰乍晴，幾於不可跡求。」

狼跋

狼跋〔跟趽趷〕其胡〔狐〕，載疐〔躓 跖尰躛〕其尾。	老狼向前踩著頷下肉，向後踏上大尾 巴。
公孫〔遜〕碩膚，	周公謙遜德高望重有美譽，
赤舄〔鞨寫〕几几〔幾掔己〕，〔1〕	大紅複履結實光華！
狼疐〔尰跖躓躛〕其尾，載跋〔跟拔〕 其胡。	老狼向後踏上大尾，向前踩上頷下肉 皮。
公孫〔遜〕碩膚，	周公謙遜德高望重有美譽，
德音不〔丕〕瑕〔遐〕。〔2〕	美譽之聲沒有瑕疵。

【詩旨】

《孔叢子・記義》引孔子云：「於《狼跋》，見周公之遠志所以為聖也。」
《齊說》《易林・震之恒》：「老狼白豗，長尾大鬚，前顛後躓，無有利得，岐
人悅喜。」

《毛序》：「《狼跋》，美周公也。周公攝政，遠則四國流言，近則王不知，
周大夫美其不失其聖也。」《詩本義》5「周公攝政之初，四國流言於外，成
王見疑於內。公於此時，進退之難，譬彼狼者進疐其鬚，退則跋其尾，而狼
能不失其猛，公亦不失其正。和順其膚體，從容進退，履舄幾幾然，舉止有
儀法也。」朱熹《詩集傳》8：「周公雖遭疑謗，然所以處之不失其常，故詩
人美之。」

案：約作於前 1039 年，周人頌美周公姬旦。

【校勘】

〔1〕《毛》跋，《孔叢子》《說文》《玉篇》《聲類》《類篇》《毛詩音》跟，
《釋文》或作拔，通作跟，S2049 趽，又作拔，拔通跟趽。《毛》胡，S2049 狐，
誤，當作胡。《魯》《毛》《釋言》《集注》《釋文》疐，《單疏》疐，《韓》躓，
《集注》尰，《正字通》疐，《說文》躓，又作尰，《三家》《說文》躓，《鹽鐵
論・鍼石》躛，或體，S2049 疐，誤，疐通躓。本作舄，《毛》舄，或作鞨、
韐，S2049 作寫，或體。《毛》《單疏》几几，《三家》《說文》《集注》掔掔，
又作幾幾，師受不同。

〔2〕《毛》孫，《箋》《正義》音遜，《釋文》孫，鄭音遜。《單疏》不瑕。
案：公孫碩膚，德音不瑕，S2049 膚作膚，俗字，主詞是公孫，碩膚、不瑕
對文，是順承關係，不讀如丕，《詩經》不乏其例，瑕通遐，即美名德音遠播。

【詮釋】

〔1〕疑狼圖騰，《原解》16「狼，豺狼，美聖德而言豺狼者，才良之寓言也。」跟 bèi，跋 bá，踏躓。疌、疐通躓 zhì，跌倒，被絆倒。案：狼跋、狼跇、跟躇、狼狽，聯綿詞，進退兩難貌。狼狽比喻窘迫，狼跋狼胡比喻進退兩難，狼艱狽蹷比喻困苦，此詩比喻周公攝政，四國流言蜂起，周公跋前疐尾，進退兩難。公，周公姬旦，孫讀如遜；碩，大；專膚 fū，美，有大功。《文王》殷士膚敏「《六月》以奏膚公」，《易・噬嗑》「噬膚」道德美。舄 xì，漢以前的複履，又用木置履下，以防潮濕，分赤舄、黑舄等，赤，周朝正色，赤舄最貴，赤舄 xì，帝王的複履。幾幾，《廣韻》：掔掔 qiān qiān，固也，厚也。《古今注・輿服》「舄，以木置履下，乾臘不畏泥濕也。天子赤舄。凡舄色取象於衣。」周成王賜周公赤舄。

韻部：胡膚，魚部；尾幾，微部。

〔2〕載，則。跋 bá，踩，踏；胡，頷下垂肉。公孫，周公，是豳公之孫。一說孫、遜古今字。碩膚，心寬體胖。德音，德行，美譽之聲；《曾伯陭壺》「為德無叚」。《單疏》：言周公終始皆善為，無疵瑕也。案：頌美周公德高望重，不讀如丕，瑕通遐，丕遐與碩膚對文，二句連讀，即美名德音天下遠播。據《日知錄》卷 22，周文王、周武王、周公墓在姬姓畢陌，故址在今西安市西北。

韻部：胡膚瑕，魚部。

【評論】

《逸周・名堂解》：「周公攝政君天下，弭亂六年而天下大治。」《魯傳》隋・王通《中說・周公》：「歌《豳》曰周之本也。嗚呼，非周公孰知其艱哉？變而克正，危而克扶，始終不失於本，其惟周公乎？繫之《豳》，遠矣哉！」朱熹《詩集傳》8 引程子云：「周公之處己也，夔夔然存恭畏之心；其存誠也，蕩蕩然無顧慮之意。所以不失其聖。而德意不瑕也。」《續〈讀詩記〉》1：「美周公之善處變也。」《通論》8「此美周公之詩。……此反比也，『几几』正『跋』、『疐』之反。章法奇變。」《會歸》頁 1046「此篇綜周公之生平，備遭遇之困厄，而能狀聖人之氣象，極聖人之心跡，深婉盡意，要言不煩，知聖如此，作者殆亦聖人之徒歟！」案：豳風精心刻畫了在當時世界處於領先地位的豳國農業，作為周朝發祥地、大本營的豳國在一統天下偉業中的特有作用，作為周代傑出政治家的周公匡扶周朝的歷史功勳，此詩是姬周的大本營、周公

的故鄉民間對周公出自內心的禮贊，因爲豳風是豳國民歌，周詩的選本，所以只以《東山》《破斧》從征討叛亂這一側面頌美了豳國軍民的英邁之氣，從一個側面寫了豳國青年的青葱歲月與豐功偉績以及特有的英雄氣概。

卷十六　小雅一

鹿鳴之什

小　雅

　　如果說詩主純情，詩言志，《國風》如滬博楚簡《詩序》簡一「詩亡（無）隱（否）志，樂亡隱（無否）情，文亡隱（無否）言」，抒基層人民，國民之情志，則《小雅》抒士大夫的情志。如果說《國風》是街巷農人民間之詩，則《雅》是朝廷文人之詩，朝廷雅正的樂歌。《雅詩》分《大雅》、《小雅》。《墨・天志下》作夏，《孔子詩論》作少夏，夏通雅 yǎ。前 544 年吳季札論《小雅》：「怨而不言，其周德之衰乎！」《孔子詩論》承其說，簡 8：「《雨無正》《節南山》，皆言上之衰也，王公恥之。」《魯說》《荀・大略》：「《小雅》不以於汙上（批評朝政、抒發怨憤詩人不被國君所用），自引而居下，疾今之政以思往者，其言有文焉，其聲有哀焉。」漢・司馬遷《史記・屈賈列傳》：「《小雅》怨誹而不亂。」《左傳・襄 29》「吳公子札……請觀於周樂。……爲之歌《小雅》，曰：『美哉！思而不貳（思周文王、周武王之德而絕無背叛之心），』怨而不言，其周德之衰乎！猶有先王之遺民焉。」《史・屈原賈生傳》：「《小雅》怨誹而不亂（有怨恨鬱結，非議，但不越軌）」《小雅》作者群士大夫，是有別於宮廷文人，太師卿士的顯官達貴，所作詩譏

刺得失，卻能影響王公大人。《樂記》「恭儉而好禮者，直歌《小雅》。漢・鄭玄《詩譜》「《小雅》自《鹿鳴》至於《魚麗》，先其文，所以治內；後其武，所以治外。……又解《小雅》比篇之意，《采薇》云文王之時『西有昆夷之患，北有玁狁之難』，以天子之命命將率，歌《采薇》以遣之，《出車》以勞還，《杕杜》以勤歸，則《采薇》等篇皆文王之詩。《天保》以上自然是文王詩也。……通《小雅》《十月之交》、《雨無正》、《小旻》、《小宛》四篇，皆屬王時詩也。……自《六月》盡《無羊》十四篇，序皆言宣王，則宣王詩也。……自《節南山》下盡《何草不黃》，去《十月之交》等四篇，餘四十篇，唯《何人斯》《大車》《無將大車》《小明》《都人士》《緜蠻》六篇不言幽王，在幽王詩中，皆幽王詩也。」鄭樵《六經奧論》3「蓋《小雅》《大雅》者，特隨其音而寫之律耳，律有小呂、大呂，則歌《大雅》《小雅》宜其有別也。」《雅》樂，朝廷之樂。依據律呂樂歌來分小雅、大雅。直到漢、魏、六朝，《詩經》古曲如《鹿鳴》仍作爲古燕饗之禮的樂歌。《詩集傳》9「雅者，正也，正樂之歌也。……正《小雅》，燕饗之樂也。」王柏《詩疑》2「《小雅》之正詩，其爲體有二：一曰燕享賓客之樂，二曰勞來行役之樂。」《原解》17「雅，正也。正者，政也。言小政者爲《小雅》，言大政者爲《大雅》，皆王朝之詩。《小雅》多言政事而兼《風》，《大雅》多言君德而兼《頌》，故《小雅》之聲飄姚和動，《大雅》之聲莊嚴典則，小大之義盡此矣。」自上海博物館藏楚竹書《孔子詩論》公之於世，因其《大雅》作《大顋（夏）》，《小雅》作《小顋（夏）》，上海博物館藏《緇衣・小雅》作《小虽》，《大雅》作《大虽》，虽即夏。非如《釋雅》所指關中地區，否則《大東》等無法解釋。雅大約是雅正之樂章，所以雅詩不可能出現《魏風》《伐檀》《碩鼠》那樣的諷刺詩，也不可能出現《鄭風》、《溱洧》那樣的情詩。朱熹《集傳》稱之爲「正樂之歌。」如《孔子詩論》簡8：「《十月》善諞（諞 pián，巧言欺騙）言，《雨亡政》《即南山》皆言上之衰也，王公恥之。」嚴粲云：「今考《小雅》正經十六篇，大抵寂寥短章，其篇首多寄興短章，蓋兼有風之體，《大雅》正經十八篇皆舂容大篇（舂 chōng，舂容大雅，氣度雍容，用詞典雅），其辭旨正大，氣象開闊，……至於變雅亦然。變小雅中固有雅體多而風體少者，然終不得爲《大雅》矣。」章潢《圖書編》11「《雅》之體多正大整肅，雖或各言其情，而終非輕婉之辭矣。」《小雅》後三卷則蒿目時艱，寫士大夫、士的不平之聲與憂患意識。

　　《小雅》中《六月》《采芑》《采薇》《出車》是中興時期的愛國詩選，《鹿鳴》等是公讌詩，《鶴鳴》《白駒》是賢人詩隱逸詩，卷十八至卷二十二大多直陳其事，直指其事，直敘其史，《大東》《節南山之什》是諷喻詩，《常棣》寫團結禦侮，抨擊了窩裡鬥，《白華》至《何草不黃》是現實主義名篇，《車轄》是貴族結婚歌，傑作頗多。宋·陳郁《藏一話腴》：「讀《四牡》之詩，當思君臣之義；讀《棠棣》之詩，當思兄弟之義；讀《伐木》之詩，思朋友之義；讀《采薇》之詩，思征伐之義。」故《群書考索·續集》：「《小雅》之詩固已典正。」

　　元·朱公遷《詩經疏義會通圖說》：「正小雅，《鹿鳴》至《菁莪》，二十九篇。」「變小雅，《六月》至《何草不黃》。」對此，應審慎分析。

鹿鳴〔麋軥〕

呦呦〔**呦呦**呚呚〕鹿鳴，食野之苹〔蘋萍藥〕。	「呦呦！」「呦呦！」鹿群和鳴，鹿群吃著蘋蕭。
我有嘉賓〔賔〕，	啊！我有如此多的嘉賓，
鼓瑟吹笙。	彈起琴瑟吹起笙！樂聲捲起浪潮。
吹笙鼓〔皷〕簧〔篁〕，	吹起笙啊鼓起簧，鐘鳴鼎食，
承筐〔匡筐〕是將。	捧起筐筐盛幣帛以迎群臣、嘉賓。
人之好〔玒玒〕我，	大家愛我，
示〔視覻寘寘〕我周行。〔1〕	示我以治國興邦的方針。
呦呦鹿鳴，食野之蒿。	「呦呦！」「呦呦！」鹿群呼叫，鹿群分享香蒿。
我有嘉賓〔賔〕，	我有如此多的嘉賓，
德音孔昭〔炤〕。	一個個名聲又很美好。
視〔示〕民〔民尸人〕不恌〔偷佻〕，	示給大眾，不澆薄，不佻巧，
君子是則是傚〔效〕。	這樣的君子，大家快仿傚！
我有旨〔言〕酒，	我有美酒，
嘉賓〔賔〕式燕〔宴讌〕以敖。〔2〕	嘉賓們飲酒，其樂陶陶！
呦呦鹿鳴，食野之芩，	「呦呦！」「呦呦！」鹿群和鳴，鹿群吃著黃芩，
我有嘉賓〔賔〕，	我有這麼多的嘉賓，
鼓瑟鼓琴〔鼓琴鼓瑟〕。	彈瑟彈琴！鐘鳴鼎食，

鼓瑟〔琴〕鼓琴〔瑟〕，　　　彈瑟彈琴，其樂融融，
和樂且湛〔湛媅妷耽〕。　　　　既和樂，又盡歡怡情，
我有旨〔言〕酒，　　　　　　　我有美酒，
以燕樂嘉賓〔賨〕之心！〔3〕　　且宴樂諸位嘉賓的心！

【詩旨】

《詩論》簡23「《麋鼎（鹿鳴）》，以樂訂〔馬承源釋爲詞〕而會，以道交見善而孝（傚），多慱不猒（終乎不厭）人。」《孔叢子・記義》：「孔子云：『於《鹿鳴》，見君子之有禮也。』」案：今從《齊說》《鹽鐵論・刺復》「《鹿鳴》之樂賢」。前827年。士大夫中的詩人爲中興之主周宣王宴飲群臣與賓客時所吟的樂歌。以下三篇，《編年史》繫於前827年。

〔魯說〕《史・十二諸侯年表》：「仁義凌遲，《鹿鳴》刺焉。」漢・蔡邕《琴操》「《鹿鳴操》者，周大臣之所作也。王道衰，君志傾，留心聲色，內顧妃后，設肴酒食嘉肴，不能厚養賢者，盡禮極歡，形見於色。大臣昭然獨見，必知賢士幽隱，小人在位，周道凌遲，自以是始。故彈琴以風諫，歌以感之，庶幾可復。」《潛夫論・班祿》同。

《齊說》《儀禮・鄉飲酒》鄭注：「《鹿鳴》，君與臣下及四方之賓燕（宴），講道修政之樂歌也。」《樂記》鄭注：「〔《鹿鳴》、《四牡》、《皇皇者華》〕此皆君臣宴樂，相勞苦之詩。」《易林・升之乾》「白鹿鳴呦，呼其老少，喜彼茂草，樂我君子。」

《韓說》《後漢・明帝紀》《三國志・曹植傳》《疏》：「遠慕《鹿鳴》君臣之宴。」

《毛序》：「《鹿鳴》，燕群臣嘉賓也。既飲食之，又實幣帛筐篚以將其厚意，然後忠臣嘉賓得盡其心矣。」朱熹同。《後箋》、陳喬樅、《會歸》以爲陳古刺今。

【校勘】

〔1〕《毛》呦，P2514 呦，《玉篇》㰡，《玄應音義》5作㰡，本字作呦，㰡㰡或體，呦增益字。《毛》苹，《魯》《釋草》蘋，《類聚》95萍，本作蘋，鹿不食水萍。《毛》賓，《單疏》《唐石經》C2049、P2515 賨，同。《毛》簧，正字。《白帖》62作箧，箧讀簧。本字作筐，《說文》《類聚》56引孔融《離合詩》《廣韻》匡，古字。《唐石經》筐。《單疏》筐，避宋廟諱。《毛》示，《箋》視，古字。蔡邕《琴操》《御覽》578引作示，郭店楚簡《緇衣》簡04～07作

旨，《石鼓文》上博藏《紂（緇）衣》簡 21「好」作「玗」，古字，「視」作「覎」，《箋》、P2514 作寘，旨、示通寘。《毛》示，《注疏》引《箋》寘，P2515、《六經正誤》作寘。示寘讀如寘。《毛》好、視，《郭店楚簡》41〜42《緇衣》旨，旨是覎字之省。

〔2〕《說文》烑，古字。案：正字作佻，《說文》有佻無恌，引作佻。《東京賦》偷，俗字。《東京賦》李注引《毛》「視民不佻」，《三家》《儀禮・鄉飲酒》《說文》《玉篇》示民不佻。《毛》視、民、佻，視古字。《魯》《釋言》《周語》《左傳・昭 10》《說文》《韓》《考文》示、佻。佻通佻。《魯》《釋言》《定本》P2514、《六書正訛》：別作恌。晉景帝《訓》（2049、P2514 視人不佻。）《毛》訓佻爲偷。上古 15／42 作偷。《毛》民，《單疏》民、《唐石經》㞢，《晉・景帝紀》引作人，避唐諱。佻、偷別體。效，古字，《唐石經》《燕禮注》C2049、P2514 傚，《三家》《左傳・昭 10》《白虎通義・三教》《孔子家語》《說文》《潛夫論・班祿》《中論》《郭有道碑》、古本作效，傚或體。《毛》燕，《魯》《列女傳》讌、《中論・生紀》宴，燕讌通宴。

〔3〕《毛》鼓瑟鼓琴，《考文》鼓琴鼓瑟；似當從《毛》作「我有嘉賓，鼓瑟鼓琴，鼓瑟鼓琴，和樂且湛」，協韻，有纍纍如貫珠的音樂美感。本字作媅，《毛》湛，《魯》《釋言》《說文》《字林》《考聲》媅，《魯》《釋詁》妉，《韓》《齊》《中庸》《漢・成帝紀》湛讀如耽，《釋文》字又作耽，《釋詁 5》《韓詩》妉，媅湛共甚，躭耽湛通媅。《唐石經》湛，避唐敬宗諱。《毛》「以嘉賓式燕以樂」，《列女傳・魯季敬姜》引《詩》脫，劉向習《魯》《韓》，則《魯》《韓》爲異本，無「以」字。

【詮釋】

〔1〕呦呦 yōuyōu，鹿群的和鳴聲。蘋 píng，藾 lài 蒿，葉青白，莖清而脆，始生香，可食。鼓，吹，或按。瑟，絃樂器。笙 shēng，自由簧氣。簧 huáng，笙或竽。承，奉。此處寫周宣王等君王在宮廷宴會時用筐篚盛以幣帛贈給賓客們。《周・武成》：「惟其士女，篚厥玄黃，昭我周王。」《定本》：盛禮。將 jiāng，行。好，關愛，擁戴。我，主人。旨示通寘置；周行，大道，或周密的治國方略。《單疏》：此章本其賢（群臣）。王肅：「好愛我，則示我以至美之道矣。」黃焯《平議》「『人之好我，示我周行，』乃導情通款，冀聞善言之意。」

韻部：鳴苹笙，青部；簧將行，陽部。

〔2〕蒿 hāo，青蒿，香蒿，菊科蒿屬植物，春生苗，可食。《藥海》頁310～314，Artemisia apiacea Hance；Artemisia annuaL. 能抗瘧，抗血吸蟲，有利心血管病的治療，解熱鎮痛，退虛熱，清熱涼血，清熱燥濕，清熱解暑。德音孔昭，名聲很響亮。《談經》：視民，臨民。視示古今字。示人以。佻，輕佻，苟且偷薄、不耐勞苦的樣子，此句是說示民以淳厚之德，使不苟且偷薄。則效，連語，效法。旨，美。案：燕敖，連語，宴飲；式，助詞；燕，宴飲；以敖，盡歡。《廣雅》敖 áo，嬉也。敖，戲謔。飲酒暢快，盡興。《單疏》：二章言其法上下相副。

韻部：蒿昭佻（恌）效（傚）敖（遨），宵部。

〔3〕芩 qín，黃芩，禾本科，濕處野生草。根黃是中藥材。《稗疏》訓為小芹。《本草綱目》13《藥海》頁435～437，Scutellaria baienlensis georgi〔黃芩〕主治：濕熱溫病、黃疸、瀉痢、癰腫瘡毒，泄熱消痞、清熱止血、清熱安胎。和樂且湛，既和樂諧協又深厚，湛通媅 dān，樂之甚快心。《招魂章句》訓為：「娛樂，言雖以酒相娛樂，不廢政事！」燕通宴，燕讌宴㹠（厭厭）曆曆 yàn，古音同，以愉悅賓客的心。《詩》曰：和樂且湛。《魯傳》《謬諫章句》：「同志為友。言飛鳥登高木，志意喜樂則和鳴，求其群而呼其耦；鹿得美草，口甘其味，則求其友而號其侶也。以言在位之臣不思賢念舊，曾不若鳥獸也。《詩》曰：『嚶其鳴矣，求其友聲。』又曰：『呦呦鹿鳴，食野之蘋。』」言公宴盡興。

韻部：芩琴湛（妅媅耽）心，侵部。

【評論】

蔡邕《琴操》引首章云：「此言禽獸得美甘之食尚知相呼，傷時在位之人不能，乃援琴而刺之，故曰《鹿鳴》。」《易林・升之乾》「白鹿呦呦，呼其老少。喜彼茂草，樂我君子。」案：政治家從政治大局重視淳風俗，大詩人亦然，詩人善用比興疊章，寫國王與群臣、賓客歡洽的氣氛。杜甫「致君堯舜上，再使風俗淳」。《傳》：「鹿得蘋，呦呦然鳴而相呼，懇誠發乎中，以興嘉樂賓客當有懇誠相呼以成禮也。」蔣悌生《五經蠡測》3「首章言初筵之時，始作樂，將幣帛以侑賓，而所以娛賓之意，正在乎望嘉賓告我以大道；二章言旅酬之禮既行，而又欲其遨遊以盡歡也。然其所望於嘉賓者，有不在言語之間，而威儀動作可師可法，所以示我者甚明。『德音孔昭』，盛德之著聞也。『視民不恌』，其德可以厚人倫、敦風俗也。『君子是則是傚』，

其德可以儀軌（規範）百僚也。嘉賓有是德，而設厚禮以饗之，則燕（宴）非徒設矣；三章言『和樂且湛』……，可謂過三爵矣。然其所以過於樂者，爲娛嘉賓之心，而嘉賓所以可娛樂者，由其德可以師法也，則雖於樂，而不至於淫（過）矣。」（《四庫》184/48）《原始》9「文、武之待群臣如待大賓，情意既洽而節文又敬，故能成一時盛治也。……君子讀詩至此，不能無時世陞降、臣道汙隆之感焉！至其音節，一片和平，盡善盡美，與《關雎》同列四詩之始，殆無疑議云。」《會歸》：頁1055「此詩寫聖君遇臣懇誠之情，樂善之意，優遊禮法之閒，灑落君臣之契，狀溢目前，神餘言外，洵盛世之母音，雅歌之弁冕矣。」案：此樂歌，顯示了帝王鐘鳴鼎食的皇家氣派，「德音孔昭」、「視（示）民不恌」的主旨宣示，「鼓瑟鼓琴，和樂且媋」與宴樂嘉賓的情感抒發，顯示了國王籠絡感情的氣度。杜甫《自京赴奉先縣詠懷五百字》「聖人筐篚恩，實欲邦國活」本此。下啓《古詩·今日良宵會》、曹植《公讌詩》及建安七子的公宴魏晉南北朝唐人宴集詩。

四　牡

四〔駟〕牡騑騑，
周道倭遲〔威夷鬱夷逶迤委夷遲〕，
「豈不懷歸！
王事靡盬，
我心傷悲！」〔1〕

四匹公馬在奔跑，
周道漫漫路迢迢，
「難道不想把家回，
王家公務沒完沒了，
我的心兒又悲又惱！」

四牡騑騑，
嘽嘽〔疼趁驒〕駱馬，
「豈不懷歸？
王事靡盬，
不遑〔偟皇〕啓〔啟〕處。」〔2〕

四匹公馬不停馳，
黑鬃駿馬累疲倦，
「哪能不想回家轉，
王家公務沒休止，
沒有空暇安身淚漣漣。」

翩翩者鵻〔隹〕，載飛載下，集于苞栩。
「王事靡盬，
不遑〔偟皇〕將父！」〔3〕

火斑鳩翩翩飛來，又飛又下，歇於櫟樹。
「王家公事還沒止，
沒有空暇奉養老父！」

翩翩者鵻〔隹〕，載飛載止，集于苞杞〔杞〕。

火斑鳩翩翩飛來，又飛又止，歇在杞柳樹。

「王事靡盬，　　　　　　　　「王家公事沒休止，
不遑〔偟皇〕將母！」〔4〕　　竟沒空暇贍養老母！」

駕彼四駱，　　　　　　　　　駕著四匹黑鬃駿馬，
載驟駸駸〔駪〕。　　　　　　馬兒駸駸體諒我的心，
「豈不懷歸？　　　　　　　　「怎能不想孝敬雙親？
是〔民〕用作歌，　　　　　　因此吟成這首詩，
將母來諗。」〔5〕　　　　　　將父母深深思念！」

【詩旨】

勞倈使臣的樂歌。《左傳・襄4》前 569 年，穆叔云：「《四牡》，君所以勞
使臣也。」

〔齊說〕《鄉飲酒》鄭注：「《四牡》，君勞使臣之來樂歌也。勤苦王事，
念及父母，懷歸傷悲，忠孝之至，以勞賓也。」《易林・旅之漸》：「逶迤四牡，
思歸念母；王事靡盬，不得安處。」繫於前 827 年。

《毛序》：「《四牡》，勞使臣之來也。有功而見知，則說（悅）矣。」

【校勘】

〔1〕《毛》四、牡。《齊》《儀禮・既夕禮》《賈疏》駟，本字作四。《毛》、
《白帖》35、《類聚》53 倭遲，《類聚》53 引《毛》逶遲，《離騷》委移，《唐
石經》逶遲，《齊》《漢・地理志》鬱夷，《詩考》《韓》《西征賦》注引作威夷，
《釋文》引《韓》倭夷，C2049 倭遲，P2514 倭委，《義府》：鬱音倭，遲音夷，
通作逶迤 wēiyì，字異音義同。

〔2〕《單疏》嘽，《三家》《說文》《九經字樣》疼，《石鼓文》趁，《齊》
《漢・敘傳》注引駤。字異音義同。《毛》遑啟處，《韓》、《台》15／43 古本
皇，下同，《魯》《釋言》郭注引偟，《韓詩外傳》7、8 遑，皇偟讀若遑，下同。
《單疏》、古本啓，避漢景帝諱。啓啓古字通。

〔3〕《毛》雛，《釋鳥》《說文》隹，《釋文》雛，本又作隹，古寫本、
P2514 作鶅，同。

〔4〕本字作杞。《毛》杞，《唐石經》杞，P2514 作枸檵，P2029 作苟檵，
P2514 作狗檵，字異音義同，通作枸杞。《毛》遑，《唐石經》《法》15/43、P2978
作皇，古字。

〔5〕《毛》馭，《說文》駥，同《毛》將母，《香草校書》14：誤女為母。
有人說《漢・敘傳下》作「民用作歌」。案：顧及《敘傳》上下文「猗與元勳，

包漢舉信，鎮守關中，足食成軍，營都立宮，定制修文。

平陽玄默，繼而弗革，民用作歌，化我淳德」說的是漢相曹參，未必是引用《四牡》。《唐石經》作「是用作歌。」

【詮釋】

〔1〕牡，雄性。騑騑 fēifēi，行不止貌。《說文》裴裴，往來貌。周道，大道。逶迤、委夷、逶遲、鬱夷、委迆，疊韻詞，遙遠曲折貌。盬 gǔ，《傳》《疏》訓堅固，誤。盬、苦，止，息。朱熹引范氏：「臣之事上也，必先公而後私。君之勞臣也，必先恩而後義。」

韻部：騑遲〔迤夷〕歸悲，微部。

〔2〕驒驒、瘏瘏、嘽嘽 dāndān，趌趌 chíchí，疲極、喘息貌。駱馬，黑鬃黑尾的白馬。懷歸，疊韻詞，思歸。啓處 qǐchǔ，啓通跽 jì，跪坐，偏義複詞，安身。

韻部：騑歸，微部；盬處，魚部。

〔3〕隹雏 zhuī，鵻鵻，火斑鳩。者，此。翩翩，翩翩然疾飛貌。下，低飛。苞，叢生；栩，櫟樹。來，是，一說趨向動詞。將 jiāng，贍養，奉養。

韻部：下栩盬父，魚部。

〔4〕止，止息，鳥尙能有止息。S2514 杞，狗檵（枸杞）。一說杞，杞柳。

韻部：止杞母，之部。

〔5〕綜括全篇，駱 luò，白毛黑鬃馬。載，語詞。驟 zhōu，奔驟，急馳。駸駸 qīnqīn，快速奔馳。是，因。作，吟成。諗 Shěn，深深思念。來，是，將賓語前置。

韻部：駸諗（念），侵部。

【評論】

《詩廣傳》3「『王事靡盬，不遑將父』，『王事靡盬，不遑將母』，《四牡》之以勸忠也，即以爲勸孝也。先王不忍以需養之心勞人之子，人子而以需養之心上承其親，亦異乎先王之所求矣。」《批點詩經》：「道得情事曲盡，轉折頓挫，絕有味態。此自使臣在途自詠之詩，采詩者以其義盡公私，故取爲勞使臣之歌。」《會歸》頁1061，「詩以奉使之勞苦、王事之公義、思親之私恩，三者爲全詩之綱，往復分合，長言詠歎。」案：二、三、四章即是以最耐勞苦的駱馬也瘏瘏不已，「翩翩者雏」尙且要「止」，詩人用三章暗寫了「所以」。前四章疊句「王事靡（無）盬（止）」，不遑贍養雙親，極寫人的天性。《詩總

聞》9「不獨行役，雖居官守，亦與其家成疏，故詩多有父子及夫婦相懷之辭。」大約是一位長年在外的士大夫或貴族詩人，抒發不能侍養雙親的內心痛苦，前四章核心句是「王事靡盬，」全用賦寫，全用因果句，善於運用反問、重言、重疊、寫景等技法，「不遑啟處」，「不遑將父」，「不遑將母」，末章總束，「是用作歌，將母來諗（惟將父母是念）。」

皇皇者華

皇皇〔䤨䤦葟煌〕者華，于〔於〕彼原隰〔隰濕〕。	野花爛熳，在那高原、濕地花開。
駪駪〔莘侁〕征夫，	役夫征人都在奔忙不息，
每懷靡及。〔1〕	擔心私相無所及。
我馬維〔唯〕駒〔驕〕，	我的四匹高頭大馬，
六轡〔䡩〕如濡。	六根韁繩都很鮮澤，
載馳載驅〔駈〕，	奔來奔去忙著諮詢，
周爰咨〔諏諮〕諏〔諑〕。〔2〕	諮詢要周到，訪問要系統周密。
我馬維〔唯如〕騏，	我的馬兒黑青英駿，
六轡如〔若〕絲。	六根韁繩調適如絲柔韌。
載馳載驅〔駈〕，	整天奔忙，整天諮詢，
周爰咨謀〔諮謨〕。〔3〕	諮詢要廣泛，多訪問賢人。
我馬維〔唯〕駱，	我的馬兒是駱馬，
六轡沃若。	六根韁繩實在活絡，
載馳載驅，	整天奔忙，整天諮詢，
周爰咨〔諮〕度。〔4〕	諮詢貴遍，還要徵求謀略。
我馬維駰，	我的馬兒是駰馬，
六轡既均。	六根韁繩調勻稱，
載馳載驅，	奔去奔去，整天諮詢，
周爰咨〔諮〕詢。〔5〕	諮詢周密，廣泛詢問。

【詩旨】

案：前827年為國王諮詢的使者，要真正擔當起領導中樞的耳目與高參，當然要如《皇皇者華》所寫的四「周」，詩人也賦寫了廣泛、深入、系統、周密的諮詢中的辛勞。這是關於使臣的樂歌。

　　《魯》《雲中君章句》《左傳·襄4》：穆叔提倡調查研究要做到「五善」，「《皇皇者華》，君教使臣曰：『必諮於周』。臣聞之：訪問於善爲諮，諮親爲詢，諮禮爲度，諮事爲諏，諮難爲謀，」《魯語》倡導「六德」：「懷和爲每懷，諮才爲諏，諮事爲謀，諮義爲度，諮親爲詢，忠信爲周。」

　　《齊說》《儀禮·鄉飲酒禮》鄭注：「《皇皇者華》，君遣使臣之樂歌也。更是勞苦，自以爲不及，欲諮謀於賢知，而以自光明也。」

　　《毛序》：「《皇皇者華》，君遣使臣也。送之以禮樂，言遠而有光華也。」

　　《直解》：「《皇皇者華》與《四牡》同是使臣在途自詠之作，後乃作爲樂章，一用於君勞使臣之來，一用於君遣使臣之往。」

【校勘】

　　〔1〕《毛》於，《鄉飲酒》《疏》引作於，同。古本、《毛》皇，曾氏藏舊抄本《詩傳》、《詩說》煌煌，《單疏》：言煌煌然而光明。《說文》虇虇，《魯》《釋草》《玉篇》葟，《廣韻》葟同虇。虇爲虇之隸變，通作皇，訓爲煌。《毛》隰，P2514作隰，當作隰。《五經文字》《唐石經》《毛》駪，《魯》《招魂注》、古本作侁，《三家》《高唐賦》《說苑·奉使》《列女傳》《說文》莘，音義同。

　　〔2〕《毛》《唐石經》、小字本、相臺本、《初刻》8/213駒，案：本字作驕，《箋》《說文》後周·沉重《毛詩沈氏義疏》古本、《正義》作驕，《釋文》：駒，本亦作驕。駒jū驕jiāo同爲見母，是淺人爲協韻而不顧文義妄改驕爲駒。《毛》轡，P2514作轡，轡是轡之訛。《毛》駰，《初刻》駰，異體。《唐石經》《毛》咨，《釋文》本亦作諮。《毛》諏，《正字通》P2514作諑，字異義同。

　　〔3〕《唐石經》、小字本、相臺本、《毛》維、謀，《魯》《說苑·貴德》《淮南·修務》唯、謨，1914年商務印書館鉛印本經文作如，《白文》批作維，唯維古通。《毛》如，《墨·尚同中》若，如若古通。謀謨雙聲轉注。

【詮釋】

　　〔1〕案：《困學紀聞》引《韓詩故》：「《鹿鳴》《四牡》《皇皇者華》，皆康王時詩。」《詩考》引晁氏也認爲康王時詩。周成王前 1042～前 1021、周康王前 1020～前 996 年的成康之治，與文、武、周公之治有承繼，也與成康年間的得力措施有關。周公《多方》《多士》《康誥》《無逸》等篇，召公《召誥》，成王《嘗麥》《顧命》及《周易》成書，直至前 1015 年姜尚才作古，這一切給康王許多有利條件。《魯說》《史·周紀》：「成王將崩，懼太子釗之不任，乃命召公、畢公率諸侯以相太子而立之。成王既崩，二公率諸侯，以太

子釗見於先王廟，申告文王、武王之所以爲王業之不易，務在節儉，毋多欲，以篤信臨之，作《顧命》。太子釗遂立，是爲康王。康王即位，遍告諸侯，宣告以文、武之業以申之，作《康誥》。故成、康之際，天下安寧，刑四十餘年不用。」華，花。《魯傳》《雲中君注》：皇皇，美貌。皇皇，煌煌然，野花爛漫狀。原，高平之原；隰 xí，濕地。侁駪莘駥字異音義同。侁侁 shēn shēn，眾多貌。每，雖；懷，私，靡，無；及，至。擔心私相無所及。

韻部：華夫，魚部；隰及，緝部。

〔2〕以下趁韻。駒驕雙聲通借。六尺以上的馬爲驕，壯馬。轡 pèi，韁繩；濡 rù，鮮澤貌。載，又；馳驅，連語，奔馳。爰，於；諮詢要周密，絕不偏聽，更不想當然。《詩本義》周，周詳周遍。宋·呂祖謙：諏、謀、度、詢，必合於周，而詩文乃云『周爰咨諏』者，古語多倒也。（《四庫》，經 73/515）。訪問、調查研究貴於博深周密，問於賢人，實事求是。諏 zōu，廣泛諮詢商議。諑zhòu，眾言彙集。

韻部：濡諏，侯部。

〔3〕騏 qí，紋如棋局的青驪馬。騏、駱、駰，趁韻。絲 sī，柔滑貌。謨 mó，議謀。謀 móu，諮詢。

韻部：騏絲謀，之部。謨，魚部。之、魚通韻。

〔4〕駱 luò，黑鬃黑尾的白馬。沃若，馴順、柔順貌。度，忖度。

韻部：駱若度，鐸部。

〔5〕駰 yīn，淺黑帶白的馬，泥驄馬。均 jūn，勻，協調。諮詢 xùn，複語，謀議諮詢。

韻部：駰均（勻）詢，眞部。

【評論】

《後漢·胡廣傳》：「《書》載稽疑，謀及卿士；《詩》美先人，詢於芻蕘。」朱熹引范氏：「王者遣使於四方，教之以諮諏善道，將以廣聰明也。夫臣欲助其君之德，以自助。故臣能從善，則可以善君矣；臣能聽諫，則可以諫君矣。未有不自治，而能正君者也。」朱熹《詩集傳》9「其詞之婉而不迫如此，詩之忠厚也可見矣。」《詩廣傳》3「『駪駪征夫，每懷靡及。』雖靡及焉，無終於迮切以求天下也。『六轡如濡』，潤也；『如絲』，微也；『其沃』，暢也；『其均』，和也。周爰以諮，而盡天下之才情，悁急之情平矣。」《詩故》6「方當陽春，桃李爛熳，景物暄妍，萬物各遂其生，孰無室家燕婉之

好，乃今皇皇之花不覿於家庭，而覿於原隰，怨曠之情，不言可知也。詩人妙於體物，不盡其詞，往往如此。」《原始》9「〔二、三、四、五章〕諏、謀、度、詢四字，即從『每懷靡及』一句生出，又須細玩，四字無一虛下，通經乃可致用也。」

常　棣

常〔唐棠〕棣〔挬夫移〕之華，鄂〔蕚〕不〔柎〕韡韡〔煒轄韡〕。	棠棣之花，花蕚眞美盛。
凡今之人， 莫如兄弟。〔1〕	所有當今世上人， 怎能比我這親弟兄？
死喪〔喪〕之威〔感畏〕， 兄〔昆〕弟〔弟〕孔懷。 原隰裒〔捊裒裒褒〕矣， 兄弟求〔救〕矣。〔2〕	死亡之畏豈能忘？ 嫡親兄弟最關情， 原隰聚集耐人思， 兄弟救助最關心。
脊令〔即令鶺鴒〕在原， 兄弟急難。 每有良朋， 況也永歎〔嘆〕。〔3〕	鶺鴒在原相照應， 兄弟遇難相救援， 雖有良朋難救亡， 徒傷我心增永歎。
兄弟鬩于墻〔廧墉〕， 外禦〔御〕其務〔枝侮〕。 每有良朋， 烝〔蒸寘寘〕也無戎〔拯戎〕〔4〕。	家中兄弟雖訟爭， 共同禦侮一條心， 雖有良朋難救亡， 雖眾無助傷我心。
喪亂既平， 既安且寧。 雖有兄弟， 不如友生。〔5〕	喪亂雖然已平定， 既安又寧得安穩， 雖說有兄又有弟， 太平有時不如朋。
儐〔賓賓儐〕爾籩〔邊〕豆， 飲酒之飫〔䬣饇饇醧飼〕。 兄弟既具， 和樂且孺〔孺〕。〔6〕	陳設祭品祭祖靈， 私家宴飲總歡欣， 全家兄弟都入席， 不僅和樂且愉情。
妻子好合， 如鼓瑟琴。	夫妻和美到終生， 琴瑟相和最怡人，

兄弟既翕，　　　　　　　　　兄弟和闔家興旺，
和樂且湛〔湛媅耽妉〕。〔7〕　和和美美、樂媅媅。

宜爾家室〔室家〕，　　　　　祝君全家享太平，
樂爾妻帑〔孥〕。　　　　　　　祝君妻兒有福分，
是究是圖，　　　　　　　　　則究則謀大繁榮，
亶其然乎！〔8〕　　　　　　　誠然如此大業興。

　　《詩旨》這是顧命大臣、貴族召穆公虎在前 827 年宴飲兄弟們宣導團結
禦侮、兄弟與夫婦均和樂的樂歌。《左傳・僖 24》、古寫本、《疏》《詩總聞》
《詩切》《洙泗考信錄》：召穆公作。此詩大約是鼓吹民族感情，兄弟和樂，
共同禦侮；而勇於內爭、怯於外鬥，則「死喪之威，兄弟孔懷。原隰裒矣，
兄弟求矣。」「妻子好合，如鼓瑟琴。兄弟既翕，和樂且湛。宜爾室家，樂爾
妻孥。是究是圖，亶其然乎！」展示了兄弟和合一致對外的宏圖大略。《經說》
4「此燕樂兄弟親睦宗族之詩，不因管、蔡而作也。」《編年史》繫於前 827
年。

　　《魯說》《後漢・杜鄴傳》：「鄴聞人情，恩深者其養謹，愛至者其求詳，
夫戚而不見殊，孰能無怨？此《棠棣》《角弓》之詩所為作也。」

　　《讀詩記》17 引《韓序》：「《夫栘》，燕兄弟也。閔管、蔡之失道也。」
《周語中》引《韓詩外傳》：「周文公之詩曰：兄弟鬩于牆，外禦其侮。」《世
本古義》同。

　　《毛序》：「《常棣》，燕兄弟也。閔管、蔡之失道，故作《常棣》焉。」
　　朱熹《詩集傳》9「此宴兄弟之樂歌。」

【校勘】
　　〔1〕案：本字作棠，《魯》《齊》《春秋繁露・竹林》《晉書・索靖傳》《齊
民要術・種棠》《類聚》21 引《毛》作棠，《毛》常，P2514 作捿、韓，誤字，
《初學記》14、謝宣遠《於安城答靈運》注引《毛》《五經文字》：「棠棣之華，
萼不韡韡。」《魯》《爾雅》作唐棣、《甘泉賦》注引《爾雅》蔡邕《姜伯淮碑》
《韓》《白帖》59《求通親親表》漢・王粲《書》棠，常讀如棠，又作唐。《類
聚》89 引《韓》作夫栘，鄂作萼。古字作咢，《齊民要術》引《詩義疏》咢，
《單疏》鄂，案：當依《魯》漢・蔡邕《彈棋賦》作萼不韡韡，大徐本《說
文》《廣韻》萼，萼鄂通咢。《三家》《說文》𣎴《彈棋賦》不，《箋》讀如柎，
不，柎 fū，古今字。《山海經》《說文》《集韻》柎。人《孔叢子・廣訓》《單

疏》《毛》鞞，《說文》鞞，《慧琳音義》引《說文》《韓》《類聚》89 作鞻不煒煒，《台》121/373、P2514 作鞞鞻，《御覽》416 作鞻不鞻鞻，鄂讀若鞻。本作鞻，隸變爲鞞，鞞字訛。

〔2〕《毛》兄弟，《魯》《胡公碑》昆。《毛》喪、威，P2514 喪，俗字，《白帖》19 感，《箋》《集韻・未韻》或作畏，威通畏。案：《類聚》褒，古字，《毛》哀，《魯》《釋詁》郭注引作捊，古字作裒裒，或作捊、哀，《唐石經》《御覽》褒，哀裒褒通裒、捊。《毛》求，S2514 引《箋》「兄弟相救」，求通救。

〔3〕本作鶺鴒、鶺鴒，《單疏》脊令，《魯》《釋鳥》《考文》《釋文》《左傳・昭7》P2514 鶺鴒，《三國名臣序贊》《慧琳音義》62 引《毛》鶺鴒。《韓》・魏・曹洪《六代論》鶺鴒。《毛》、閩本、明監本歎，當依《唐石經》、小字本、相臺本作嘆。兄讀如況 kuang，《唐石經》《初刻》作況，後改兄，段玉裁：作兄是。

〔4〕《毛》閱，《玉篇》《唐石經》閱，閱當作閱。《毛》墙，《管》《墨》《釋文》本或作廧，P2514 墻，異體。《釋言》《疏》引作「外禦其務」當時《毛詩》，《三家》作侮，務，侮也。案：本作禦𢽾，禦侮。《唐石經》《毛》禦，《周語》《箋》《集注》《定本》《單疏》引《韓詩外傳》《唐石經》小字本、相臺本禦，P2514。《正義》御，禦之省。《唐石經》《毛》務，《魯》《爾雅》《左傳・僖24》《定本》《單疏》引《韓詩外傳》作侮，《法藏》《傳》曰：「御，禦也；務，侮也。」案：本字作𢽾，金文作𢽾，周宣王 43 年《逨鼎銘》「迺救鰥寡。」《毛公鼎》𢽾，𢽾pu，小擊。務讀若𢽾。《釋文》烝，《毛》訓寘。1914 年商務本作烝，《白文》作烝。《毛》《箋》《單疏》戎，《釋言》「戎，相也」；《釋文》本亦作拭。劉敞《七經小傳》疑戎爲戍。毛訓戎爲相，《箋》《疏》訓爲助。案：據《魯》《釋言》郭璞注、《箋》《傳疏》當作戎，不宜改字破經。

〔5〕《毛》儐 biān，籩，古寫本、《廣雅》、《韓》、《魏都賦》張揖注、P2514 作賓，或體，《唐石經》《單疏》儐，同，賓是儐之省。P2514 作邊，讀如籩。案：正字作醓，《三家》《說文》《正字通》《魏都賦》注引《韓》作醓。《魯》《釋言》餃，《說文》餗，P2514 餃，俗字，醓，《玉篇》餚，《魏都賦》注引《韓》作醓，古字作餗，餃醓或體。《玉篇》、P2514 孺，《毛》孺，《釋文》本亦作孺，同。

〔6〕本字作媞，《魯》《招魂注》沈，《墨・非命中》《單疏》湛，後作妉，《釋詁》《聲類》《群經正字》妉，《說文》媅酖，《齊》《坊記》《中庸》《韓詩

外傳》《釋文》耽，P2514 作躭，耽躭酖別體，《唐石經》湛，避唐諱，湛古字，湛沈酖耽躭通媅。

〔7〕《考文》《毛》小字本、相臺本家室，當依《唐石經》《坊記》閩本、明監本、《白文》室家，作「家室」誤，「家」上古音在魚部。案：本字作孥，《甘誓》《魯》《齊》《孟・梁惠王下》趙注引、《小爾雅》《字林》《太玄・眾》、P2514、台 15 / 44、《唐石經》通志堂本、盧本作孥，《齊》《中庸》帑，《釋文》帑本又作孥，帑通孥。《毛》亶，C2049亶，異體。

【詮釋】

〔1〕《法藏》引《疏》「邵公爲作此詩而歌之以親之。」常讀如棠，棠棣，鬱李，薔薇科，果可食，種子入藥，潤腸通便，利水消腫。萼鄂通咢 è，花萼，不柎 fū 萼蒂；不，《說文》作不、柎，古今字 fū，萼蒂，花萼房。此據《孔叢子》《小爾雅・廣訓》；煒煒、韡韡，wěiwěi，美盛貌。後以棣華、棣萼、萼柎比喻兄弟，「凡今之人，莫如兄弟」，中華民族血脈相通，天性決定民族兄弟共同禦侮。

韻部：韡，微部；弟，脂部。脂、微合韻。

〔2〕死喪，連語，死。威讀如畏。《魯》《韓》《列女傳》：「言死，可畏之事，甚相懷也。」前 841 年，國人起義，周厲王奔彘（在今山西省霍州市）。兄、昆義同。孔，甚；懷，掛念。捊，聚集。求通救，救援。

韻部：威（畏）懷，微部；捊（裒）求，幽部。幽、微合韻。

〔3〕鶺鴒，比喻兄弟。急難，解救危難。《魯傳》《釋詁》郭注：「每有，雖也」。況，兄 kuàng，滋，更加。

韻部：原，元部；難嘆〔歎〕，寒部。元、寒合韻。

〔4〕鬩 xì，爭訟鬥狠。禦，抵禦。本字作敄，務讀如敄，敄侮古今字。敄 wǔ，讀如侮。務侮雙聲通借。共同抵禦外侮。烝，眾，《魯傳》《釋言》：「戎 róng，相（佐助）也。」《集韻》引《爾雅》：「搣rǒng，相也。」兄弟、民族、國家有難，必相拯救。《新證》：烝，終；戎，女，如。

韻部：務（敄侮），侯部；戎〔搣〕，東部。上古侯東對轉相韻。

〔5〕喪亂既平，周厲王時，前 841 年國人造反。平，平息。前 870 年，西周政治家、詩人芮良夫戒百官於朝，《逸周書》「子惟民父母。致厥道，無遠不服；無道，左右臣妾乃違。民歸於德。『德則民戴，否則民仇，』茲言允效於前不遠。商紂不道夏桀之虐，肆我有家。」前 844 年，召穆虎諫周厲王

彁謗，厲王不聽，前847年國人暴動，流厲王於彘。召穆虎總結了歷史教訓，在厲王流彘後，周公、召公共和行政或周宣王上臺時所作。雖，語詞；生，結構語詞。《殷武》「以保我後生」。友生，友人。

韻部：平寧，青部；生，耕部。青、耕合韻。

〔6〕儐 bìn，陳設。籩 biān，竹製器，容四升，古時祭祀、宴會盛食品的竹器。豆 dòu，木製祭器，盛醢漿，容四升。之，是。宴飲同姓的私宴，醹醹 yù、㑞 jiù，餃飫古今字 yù，飽。醹飫餃 yù，脫履陞堂飲酒飽。《初學記》引《韓詩內傳》：「夫飲之禮，不脫屨而即序者謂之禮（飫），跣而上坐者謂之宴，能飲者飲之，不能飲者已，謂之醹。」具，俱。和樂且孺，孺 rú、愉疊韻通借，愉悅。一說孺，屬，親近。

韻部：豆飫〔餃醹〕孺（愉），侯部。

〔7〕好合，歡洽。如鼓瑟琴，諧和。翕 xī，和樂。湛通媅 dān，喜樂。

韻部：合翕，緝部；琴媅（湛耽妉妳），侵部。

〔8〕家 jiā，上古音讀如孤。室家，全家人和樂。帑通孥 nú，妻子兒女，子女。是，則；究圖，連語，探究，圖謀。亶 dǎn，誠。然，如此。朱熹《詩集傳》9「卒章又申告之，使反覆窮極而驗其信然。可謂委曲漸次，說盡人情矣，讀者深味之。」

韻部：家孥（帑）圖乎，魚部。

【評論】

《左傳·僖24》：「富辰諫曰：『召穆公思周德之不類，故糾合宗族於成周，而作詩，曰：『常棣之華，鄂不韡韡。』」案：「致中和」和，中和思想，詳《荀·王制》《禮記·中庸》《魯傳》漢·陸賈《新語·無為》：「是以君子尚寬舒以袞其身，行身中和以致疏遠；民畏其威而從其化，懷其德而歸其境，美其治而不敢違其政。民不罰而畏，不賞而勸，漸漬於道德，而被服於中和之所致也。」宣導友悌精神與民族團結禦侮的偉大精神。《詩總聞》9「此詩未嘗有切責深恚之辭，特以情以理感悟而已。」明·郝敬《毛詩原解》17「武王崩，周公相成王，使管叔、蔡叔監殷。管叔將以殷叛，流言毀公，王疑公，公遂避位，去居東。明年，管叔叛，成王執而殺之，公不預聞，不能救也。鬱鬱飲恨，情見乎《鴟鴞》、《大誥》諸篇。及天下既定，制禮樂，追傷而作此詩，於凡合宗族燕飲則歌之。首言兄弟至親；二章言死喪，即管叔見殺之事；三章言急難，即避位居東之事；四章言鬩牆禦侮，即二叔流言、武庚作叛之事；

五章言既安寧，追惟往事，極道悔恨之意。既不忍叔之死，又不敢尤王，長歌代泣，自怨自艾，使工瞽諷誦，愬諸同父，亟稱良朋者，自恨爲兄弟不如朋友耳。情有難言，故末章云『是究是圖』。其衷曲甚苦，千載之下，尤堪揮涕，而世儒曾不究圖，誣公殺兄，愚於《書·金縢》辨之詳矣。」《批評詩經》：「反覆縷說，有抑揚，有頓挫，全以氣骨勝。」高儕鶴《詩經圖譜慧解》：「前四章寫到極慘切、極失神處，而兄弟之情見。後二章寫到極熨貼、極重曲處，而兄弟之情亦同見。兄弟一倫，被此說盡。」案：此詩興於棣華韡韡、鶺鴒在原，總結了歷史教訓，繼承了西周初年王庭「周公、召公內弼父兄，外撫諸侯」（《逸周書·作雒解》）的先進思想，提出了團結禦侮、「妻子好合」而「和樂且湛」的彝倫眞諦，吉光片羽，良可慨也。以寫景、抒懷與說理相結合的寫作技法，作爲中國文人詩的傑什，謳歌了抗暴禦侮的傳統道德。本詩與《斯干》《頍弁》《楚茨》由同宗至邦國，由同姓至大中華民族綿綿密密、生聚不已、沛然而不可禦的偉大的凝聚力，祖國高於一切，是復興的致強之本。

伐　木

伐木丁丁〔朾朾〕，鳥鳴嚶嚶〔鸎𪃹〕。	砍樹朾朾地響，鳥兒鳴唱。
出自〔從〕幽〔幼〕谷〔浴〕，遷〔僊遷〕于喬木。	從深谷來，遷徙喬木上。
「嚶其鳴矣，求其友〔友〕聲。	「嚶嚶嚶嚶鳴，要尋朋友幫忙。
相彼鳥矣，猶求友〔友〕聲，	看看那鳥群，尚發尋友聲，
矧伊人矣，不求友〔友〕生？	更何況人爲萬物之靈，怎能不求友人？
神之聽之，	謹愼處事，聽從善言。
終和且平。」〔1〕	既光明和樂而且氣靜心平。」
伐木許許〔所滸〕，	鋸木所所一聲聲，
釃酒有藇〔醑與醵〕。	濾酒濾得醽醽然美酒醇。
既有肥羜〔羍〕，	又有肥嫩小羊羔，
以速諸父。	召請同姓尊長來宴飲。
「寧適不來，	「請了然而不肯來，
微我弗顧。」	莫非是我不顧念？」
於粲〔㛮〕洒埽〔騷〕，	嗚粲！灑掃洗滌都淨淨，

陳饋八簋〔笸甌杭〕，　　　　　　　陳列食品八大簋，
既有肥牡，　　　　　　　　　　　　又有肥腴小公羊，
以速諸舅〔者咎〕。　　　　　　　　已請異姓尊長來飲酒。
「寧適〔是〕不來，　　　　　　　　「竟有不來，
微我有咎？」〔2〕　　　　　　　　莫非我有啥過咎？」

伐木于阪，　　　　　　　　　　　　我們伐木在山阪，
釃酒有衍。　　　　　　　　　　　　我們飲酒有餘量。
籩豆有踐，　　　　　　　　　　　　餐具擺成一行行，
兄弟無遠。　　　　　　　　　　　　咱們兄弟全在場，
「民〔𡱐〕之失德，　　　　　　　　「有人一時失酒德，
乾餱〔餔〕以愆〔愆衍〕」，　　　　因爭乾糧犯過失」，
「有酒湑〔醑〕我，　　　　　　　　「有酒，濾好就喝個歡暢！
無酒酤〔沽〕我，　　　　　　　　　沒酒，一夜釀成的那也行，
坎坎〔竷〕鼓我，　　　　　　　　　踩著鼓點伴著樂曲跳起舞，
蹲蹲〔墫〕舞我，」　　　　　　　　且歌且舞意氣揚」，
迨〔隸〕我暇〔暇〕矣，　　　　　　「等到我有空閒時，
飲此湑〔醑〕矣。」〔3〕　　　　　　再把美酒來品嘗！」

附注：《毛詩》分六章章六句，今從《疏》宋・劉敞《七經小傳》分三章章十
　　　二句。

【詩旨】

　　《孔子詩論》簡9：「實（貴）咎於其（讀如己，『既有肥牡，以速諸舅。寧適不來，微我有咎？』）也。」案：求友交友、宴請親友的樂歌，這是周代的友情情歌。在前827年，周宣王中興之處輔國之臣邵穆公虎所作詩。

　　〔魯說〕漢・蔡邕《正交論》：「古之交者，其義敦以正，其誓信以固。迨夫周德始衰，頌聲既寢，《伐木》有『鳥鳴』之刺，《谷風》有『棄予』之怨，其所由來，政之失也。」

　　〔齊說〕《易林・夬之震》：「君明臣賢，鳴求其友，顯德之政，可以履事。」《訟之解》：「南徙無廬，鳥破其巢。《伐木》思初，不利動搖。」

　　〔韓序〕《謝叔源遊西池》注引「《伐木》廢，朋友之道缺，勞者歌其事，詩人伐木，自苦其事，故以為文。」

　　《毛序》：「《伐木》，燕朋友故舊也。自天子至於庶人，未有不須友以

成者，親親以睦，友賢不棄，不遺故舊，則民德歸厚矣。」明‧張元芳、魏浣初《毛詩振雄》：「此燕（宴）朋友故舊之樂歌。」《編年史》繫於前 827 年。

【校勘】

〔1〕《毛》丁丁，《說文》《廣雅》《玉篇》杕杕，擬聲詞，通作丁丁。《毛》嚶嚶，《魯》《九思注》嚶嚶，一鴬，《七諫注》、張茂先《答何劭》李注、梁元帝《言志賦》、蕭統《二月啓》作鴬，擬聲詞，通作嚶。敦煌寫本異體多，《毛》出自幽谷，宋本作深谷，《三公山碑》「自」作「從」。《毛》遷，《三公山碑》僊，P2514遷，異體，僊通遷。《阜》簡 S139 譻譻，「出自幼浴」，S140「矣猷求友口」，通作「出自幽谷，遷於喬木。」「猶求友聲」。《毛》友，C2047. P2514 作友，異體。《毛》矧，盧本作況。矧，況。

〔2〕《毛》許，《魯》《齊》《檀弓》鄭注、《說文》《後漢‧朱穆傳》《家訓‧書證》C2049.P2514《初學記‧器物》引作滸，《說文》所，《唐石經》初作滸，磨去「氵」，改作許，P2514 作滸，案：當從《齊》《說文》所 suò，所從斤，擬鋸木聲，許滸通所。《玉篇》藇，《廣韻》作醿，又作醑，藇通醿，《初學記》21 引《說文》、謝靈運《茂林詩》李注引《毛詩》醑，《玉篇》《廣韻》醿。《說文》《廣雅》無藇，《論語》與與，如也。C2049.P2514 於粲作於粲，埽作掃，簋作䔹，顧作顧，舅作舅，《毛》羜，P2514 作𢑀，誤。《毛》簋，《阜》杞，《說文》匭、軌，P2514 作䔹，古本作杞，杞匭軌簋同，通作簋，䔹，異體。案：正字作粲，《單疏》作粲，《阜》S142 作「於粲灑騷，每食八杞，既有肥牡，以速者岳，寧是不來，微我有咎。」騷通掃。者讀若諸，咎讀若舅。

〔3〕愆，愆古寫本、P2514 作僁，古字。C2049.P2514 籩作邊，餏作舖，湑作涓，暇作暇，俗字，本字作醑，《單疏》《毛》湑，《釋文》湑，《說文》《玉篇》謝靈運《石門新營》李注引《毛》醑，湑通醑。《韓》《玉篇》《廣韻》醿，藇通醿。《毛》《說文》酤，《玄覺》疏引作沽，沽通酤。案：本字作贛、墫，《全後‧漢文》70 引蔡邕《樂意》《單疏》坎、蹲，《齊》《韓》《說文》贛，《一切經音義》6 引作𩊠，贛字之省，《魯》《說文》《釋訓》漢‧郭舍人注：作墫，「坎坎、墫墫，喜也」，《釋文》蹲，本或作墫。《五經文字》：「墫借蹲字爲之。」《御覽‧人事部》108 引作僔，字異音義同。《說文》贛，舞也。且歌且舞。《毛》湑，正字作與，作醑，湑通醑。《毛》迨，《說文》逮，迨通逮。《毛》暇，P2514 作暇，訛字。

【詮釋】

〔1〕前六句興辭，言求友聲。《詩考》1、清・宋綿初《韓詩內傳徵》引《韓》：「饑者歌食，勞者歌事。」丁丁 zhēngzhēng，杙杙，讀如錚錚，砍木聲。《魯說》《釋訓》：「丁丁、嚶嚶，相切直也。」嚶嚶嚶嚶 yìngyìng，鳥和鳴聲。一二句對偶句。幽，幽深。遷，遷徙。友生，友。《魯》《謬諫注》：同志爲友。相 xiàng，視。猶，尙且。矧 shěn，況且。黃柏《詩疑辯證》：「細玩此詩，專言友生之不可求，『求』字乃一篇大主腦。」之，語詞；神，愼；聽，聽從。此章善用偶句：「伐木丁丁，鳥鳴嚶嚶」，「出自幽谷，遷於喬木。」〔魯傳〕《中論・貴驗》：「言朋友之義務在切直，以陞於善道也。」終和且平，既心地和易又氣靜心平，以平和、平等的心態待友待人。《箋》平、齊等。友，廣義的友，同志爲友，善兄弟爲友，合作爲友，相友愛爲友，相親善爲友。

韻部：谷木，屋部；丁〔杙〕嚶（鸎）鳴聲生聽平，耕部。

〔2〕二、三章分述朋友含諸父、諸舅兄弟，案：從《三家》《說文》所所，許、滸通所，蘇中方言鋸、析木頭稱所所 suǒsuǒ，鋸木聲，《三家》《後漢・朱穆傳》滸，《毛》許，《唐石經》初刻作滸，磨去水旁作許，《說文》所所，《粵東方言續考》寫作蘇，以刀削物曰蘇，木工鋸木則稱所。所所 suǒsuǒ，鋸木聲。案：釃 shī，用筐篩 shāi，過漉濾酒。案：藇藇 xùxù，醑醑 xùxù，醹醹 xùxù，美酒。肥羜，肥嫩的小羊。速，請。由《管・四稱》可知古代國王或諸侯，稱同姓諸侯、同姓大夫的尊長，尊稱爲諸父，稱異姓尊長爲諸舅。寧，願；適，恰。微，無、非；弗，不；顧，顧念，此處是主人自責。於 wū粲，鳴燦，對鮮明美好的讚歎詞。陳，列；饋 kuì，酒食；簋 guǐ，方形容器，八簋食品，宴會的高規格。羜 zhù，出生五個月的小羊羔。寧，竟；適，是。微，非。咎，過失。孔子獨重其自責，《孔子詩論》簡9：「實咎於其（己）也。」

韻部：所（許滸）與（醑醹藇）羜父顧，魚部；掃（埽）簋牡舅咎，幽部。

〔3〕《魯傳》《釋訓》：「善兄弟爲友。」阪 bǎn，山坡上的薄田。有衍 yǎn，衍衍然有餘。有踐，陳列有序。無，勿；遠，疏遠。案：民、人疊韻通借，如《生民》「厥初生民」，《離騷》「哀民生之多艱」。失德，未守信用重然諾。屈萬里《詮釋》：「德，惠也；惠，和也。失德，謂失和。」乾餱，乾糧。慁慁，朱熹：慁，多。《通釋》慁，美。酤 gū，一宿酒，沽通酤。坎通竷，《說文》竷竷 kǎnkǎn，舞曲，邊歌邊舞，伴著樂曲節奏跳舞，僔蹲同墫，cúncún，

很有節奏地跳舞貌。《說文》：墫墫，舞而喜貌。《通論》：我，助詞。《講讀》「我」當讀爲「呵」，猶兮，啊，語尾助詞。逪，趖。酤 gū，一宿酒，雞鳴酒。案：有通久，久釀之酒，酤 gū，無酒，無久釀過濾好的醑酒，還有雞鳴酒。《箋》《疏》：買酒。湑通醑 xǔ，美酒。釃，美酒。

　　韻部：阪衍踐遠愆（愆），元部；醑（湑）酤（沽）鼓舞暇醑（湑），魚部。

【評論】

　　《詩論》簡9，「實（貴）咎於丌（己）也。《天保》丌目錄蔑彊（其得祿蔑疆）矣。巽募（饌寡），惪故（德故）也」即此詩主責己從嚴。案：唯其能責己從嚴，故能多得良友，廣得諍友。「嚶其鳴矣，求其友聲」，誠千古箴言！《經說》4「山中伐木，非一人能獨爲。必與同志者共之，既同其事，則相親好，成朋友之義。伐木之人，尚有此義，況士君子乎？」萬時華《偶箋》：「首章興人之不可以不求友。下詳求友之事。周家明良道合，太和俱從尊俎間流出，須得他一段綢繆繾綣之意。……伐木無不盡其力，興篤友無不盡其情。『微我』二句意最難斡旋。……大都朋友之際常生於遞相責望，故此詩之意，但欲盡其在我者，而不問彼之於我何如？」《詩志》3：「首章空靈警透，道破所以求友神理。後二章則但敘戚黨族類宴樂飲食，而人情公私、風俗厚薄已俱繫乎此矣。故尋常等夷事說來正有絕大關係。」《詩誦》3：「『寧適不來，微我弗顧』，何等自反！『民之失德，乾餱以愆』，何等體貼！自非心性和平，安能理會及此？首章『和平』二字，實此詩之綱。」案：此詩下啓漢・辛延年《羽林郎》、魏・嵇康《贈秀才入軍》、唐・王勃《送杜少府之任蜀州》。《會歸》頁1088：「引申刺不求友之恉，首章變易『矧伊人矣，不求友生』之辭氣，爲落實之明寫；後二章則寄刺意於反面；爲虛實反正錯對之格。」

天　保

天保〔祿〕定爾〔介〕，	國王天祿早定，
亦孔之固。	也很鞏固！
俾爾單〔亶〕厚，	使您忠厚，
何〔胡〕福不除？	何福不賜？
俾爾多益，	使您對國家多有益處，
以莫不庶。〔1〕	沒有不繁榮富庶！

天保定爾，　　　　　　　　　上天安保國王，
俾爾戩〔𢦤〕穀〔穀𥞱〕。　　　使您進祿。
罄無不宜〔冝〕，　　　　　　　一切無不相宜，
受天百祿。　　　　　　　　　　承受上天賜的百福，
降爾遐福，　　　　　　　　　　上天降給你宏遠的福，
維日不足。〔2〕　　　　　　　唯恐不能廣惠民眾國邦。

天保定爾，　　　　　　　　　　上天安保國王，
以莫不興。　　　　　　　　　　千行百業莫不興盛，
如山如阜〔𪤌〕，　　　　　　　如山如高原，
如岡〔𡵓〕如陵〔𨹟〕，　　　如山岡如大陵，
如川之方至，　　　　　　　　　如百川並至，
以莫不增。〔3〕　　　　　　　莫不增益，莫不昌盛！

吉蠲〔圭〕為〔惟〕饎〔喜饎〕，　齋戒，洗滌，酒食齊備，
是用孝享。　　　　　　　　　　獻祭神尸歆嘗，
禴〔礿〕祠〔祀〕烝〔蒸〕嘗〔嘗〕，夏礿，春祀，冬蒸，秋嘗，
于公先王。　　　　　　　　　　虔誠祭祀先公先王。
君曰：「卜爾，萬壽無疆〔彊〕。」〔4〕　先君說：「賜予您，萬壽無疆！」

神之弔矣，　　　　　　　　　　神來了，
詒〔貽〕爾多福。　　　　　　　賜給您種種幸福，
民〔民𡰪〕之質矣，　　　　　　老百姓的根本，
日用飲食。　　　　　　　　　　日用飲食，維生之本，
群黎百姓，　　　　　　　　　　民眾、百官，
徧〔遍〕為爾〔尒〕德。〔5〕　　都被您的大德感化，得到新生。

如月之恒〔恒絚緪緪恆亙〕，　　如同新月漸滿盈，
如日之升，　　　　　　　　　　如同旭日東方昇，
如南山之壽，　　　　　　　　　如終南山永久屹立，
不騫不崩，　　　　　　　　　　永不虧損！永不缺崩！
如松柏之茂。　　　　　　　　　如蒼松翠柏茂茂菁菁，
無不爾或承〔烝〕。〔6〕　　　所有的功業、福報都是由您繼承！

【詩旨】

　　《孔子詩論》簡 9：「《天保》丌得錄葰畺（其得祿葰疆）矣，巽募（饌寡），惪（德）故也。」案：這是前 827 年，顧命大臣邵穆公虎遙承《逸周

書‧度邑》周武王「定天保」，爲周宣王所作的祝禱歌。《編年史》繫於前 827
年。

〔魯說〕《潛夫論‧愼微》：「《詩》曰：『天保定爾，亦孔之固。俾爾單厚，
胡福不除？俾爾多益，以莫不庶』。蓋此言也，言天保佐王者，定其性命，甚
堅固也。使汝信厚，何不治？而多益之，甚庶眾焉。不遵履五常，以保南山
之壽，松柏之茂也？」

〔齊說〕《氾曆樞》：「卯酉之際爲革政。」

《毛序》：「《天保》，下報上也。君能下下以成其政，臣能歸美以報其上
焉。」

【校勘】

〔1〕《潛夫論箋校正》《毛》保，當從《魯》《潛夫論‧愼微》《後箋》
祿。《毛》單、何，《魯》《釋詁》注、《潛夫論‧愼微》《桑柔》《正義》亶、
胡，單通亶，《魯》《風俗通義》胡，何胡古通。

〔2〕C2049 福作福，庶作庻，宜作冝，遐作瑕，異體。P2514 爾作尒，
馨作馨，足作足，俗字。《毛》戠，《魯》《釋詁》戠，《英藏》15/45.P2514 作戜，
異體。《毛》穀，《唐石經》穀，P2514 作榖，聲字之訛，糓同穀，穀通穀 gǔ。

〔3〕《毛》阜，《說文》𠂤，古字。《毛》岡陵，C2049 罡，罡同岡；《漢
石經》、P2514 陵，同。

〔4〕《單疏》吉蠲爲饎，《韓》吉圭，本字作饎，《齊》《士虞禮注》引
作「吉圭爲饎」，《魯》《齊》《蠟氏》注引作「吉圭惟饎」，饎又作喜饎，喜讀
如饎，饎俗字。本字作圭，《魯》《齊》《聲類》圭、惟，蠲、圭雙聲通借，絜
潔古今字，蠲絜言連語，爲通惟。C2049、P2514 禴作礿，嘗作甞，彊作彊，
俗字。《單疏》《毛》禴，《魯》《說文》礿，同。《釋文》：禴，本又作礿。案：
本字作蒸，《五經文字》作蒸。《毛》烝，虞翻《易萃卦注》《東京賦》《南都
賦》注引、《釋天疏》《書抄》88、《白帖》67、江淹《雜體詩》注引蒸，烝讀
如蒸。《毛》甞，《單疏》《唐石經》宋本嘗，俗字。

〔5〕《毛》詒，本字作貽，詒貽古字通。《毛》徧，《毛》爾，P2514 遍
爲尒德。徧古字。

〔6〕案：本字作緪，《說文》古字。《正字通》《集注》亙，《集注》《定
本》《群經治要》恒，《唐石經》恒，P2514 緪，《單疏》絙，《單疏》恒，避唐
睿宗、唐穆宗、宋眞宗、宋欽宗諱，《釋文》小字本、相臺本作恒，同。《考

工記》注引鄭司農、《正字通》P2514、段氏《故訓傳》作緪，恒緪通緪。《毛》承，P2514作烝，烝承字之訛。

【詮釋】

〔1〕天保、天祿義相近，上古歸之天命，詳《逸周書・度邑》。定，安。案：由第四章可知爾（汝），王。《單疏》：「亦孔之固」，亦，語詞。猶不亦宜乎。俾，使。臣子歌頌國王之德，一、忠厚，《集韻》亶或作單，單通亶，亶厚，連語，忠厚。除、餘共余，餘，多。《集疏》：賜予。二、多益，連語，富有。以，因而；莫，無；庶，眾多，豐多。罄，盡。《詩故》：「『以莫不庶』，福蕃庶也。『罄無不宜』，無拂逆也。『以莫不興』，無衰替也。『以莫不增』，無耗損也。『遍爲爾德』，無異心也。」

韻部：固除庶，魚部。

〔2〕三、大善，盡善。《釋詁下》戩，福；《傳》戩，福；穀，祿。戩，晉，進（進）；《釋詁上》穀，善。焦循《補疏》：「『俾爾戩（晉）穀』，直謂予爾福祿；『俾爾遐福』，直謂予爾遠福……『盡無不宜』，橫言之。『維日不足』，縱言之。」穀，祿。《信南山》「既霑既足」。與此章中「百祿」之祿、「遐福」之福避重，實字異義同之例。百，多；遐，xiá，宏，遠。案：維，惟；日，每日；足通浞，沾浞，惠澤，惟恐每日不夠廣惠澤及百姓。

韻部：穀祿足，屋部。

〔3〕興，興盛。此章善用排筆。阜，高地。方，並。莫，無；增，增益。

韻部：興陵增，蒸部。

〔4〕是用，因此。案：蠲 juān，珪圭 guī，雙聲通借，《疏證》：蠲，古讀若圭，圭，潔白。嘉，善。《釋言》樊光注：蠲，蠲除垢穢使令清明。齋戒洗滌。喜讀如饎 chì，熟食，酒食。孝享，爲叶韻而倒文《促殷父簋》「亯（享）考（孝）。」獻祭。爲，惟。夏代商代春祭爲礿，周代夏祭爲礿禴 yuè，春祭爲祠，冬祭爲烝，秋祭爲嘗。公，先公。君，先公先王。案：此處爲叶韻，實爲先王先公，《周書・武臣》稱后稷爲先王，慶節立豳國，慶節、皇僕、差弗、毀隃、公非、高圉、亞圉、公叔祖類爲先公，古公亶父、季歷、周文王爲先王。《韓》：卜，報。《魯》《釋詁》：卜，予（賜予）。

韻部：享嘗（嘗）王疆，陽部。

〔5〕祝頌語。弔讀逷 dì，至。詒、貽，賜給。《釋詁》：質，成。案：質

zhì，本，《易經‧繫辭上》「一陰一陽之謂道，繼之者善也，成之者性也，仁者見之謂之仁，知（智）者見之謂之知（智），百姓日用而不知，故君子之道鮮矣。」百姓日用飲食是爲民眾之本。群黎，眾；百姓，百官。爲通化，感化，全國的人都被你偉大的德行所感化。

韻部：福食德，之部。

〔6〕末章四個排比，與三章合稱「九如」，這是古代頂級的祝禱語。亙恒絚絙通緪緪 gèng，月上弦光漸充盈，盈，旺。上弦，一種月相，月球的黃經比太陽的黃經大 90°時，農曆月初七、初八，太陽與地球的聯線、地球與月亮的聯線成直角時，地球人所見月成 D 形。絙 gèng 升，表示日益興旺發達。升、昇，日升起，如日升之興旺。南山，終南山；壽，永久。騫 qiān，虧損。崩，毀壞。或，結構助詞；承，繼承。《盧諶詩》注引《韓詩章句》：承，受也。

韻部：絙（恒絙）升（昇）崩承，蒸部；壽茂，幽部。

【評論】

《詩論》簡 9：「《天保》，丌导（其得）錄茂畺（祿蔑疆）矣，巽夆（饌夆），惥古（德故）也。」《詩緝》：「詩人祝君，必本之於德：曰單厚，曰多益，曰戩穀，以俾爾言之，皆謂德也。曰除、曰庶、曰興、曰增，皆爲福也。有是德乃有是福，歸美之中有責難者焉。否則全篇皆容悅之詞矣。」鍾惺《詩經》：「章法妙。前後九『如』字，筆端鼓舞，奇妙！」明‧陳鴻謨《合疏》「詞之懇到，意之深摰，不必言，有天馬行空之勢，有蜃樓百尺之妙，是間數個『如』字，筆趣鼓舞。妙甚！」《詩誦》3：「《天保》第三章五『如』字，第六章四『如』字，各分承兩章，此章法之最整齊者。」《原始》9：「故極其頌禱不爲諛，反覆譬喻而非誇。若後世頌中帶諷，未免有意於其間，詎得以是爲名高歟？……全詩以『德』字爲主。」徐立綱《旁訓》：「不以福方福，而以德爲福，不以德言德，而以質爲德，其民耕鑿於下，其君端拱於上，多福孰有加於此哉！」案：《樂記》：「不學博依（博喻），不能安詩。」此詩善用博喻，善用排比，句法有長短參差、錯落有致之妙，四、五言運用得心應手。

采　薇

| 采薇〔微〕采薇〔微〕， | 採薇菜，採薇菜， |
| 薇亦作止， | 薇菜也正在生長， |

「曰歸〔歸〕曰歸〔歸〕，
歲〔歲〕亦莫〔暮〕止，
靡室靡家，
玁狁（獫允）之故。
不遑〔皇〕啓居，
玁狁（獫允）之故。」〔1〕

「說是回鄉，說是回鄉，
又到了歲晚的時光。
有家等於無家呀，
都因爲北狄太囂張！
沒有空暇休息，
都因爲北狄太囂張！」

采薇采薇，
薇亦柔止，
「曰歸〔歸〕曰歸〔歸〕，
心亦憂止，
憂心烈烈〔列列〕，
載飢載渴！
我戍未定，
靡使〔所〕歸聘〔娉〕。」〔2〕

採薇菜，採薇菜，
薇葉兒柔柔嫩嫩，
「說是回鄉，說是回鄉，
內心不免憂傷，
憂心如焚，
又饑又渴，還得打仗，
我戍守邊防未得安穩，
無法探問家人老鄉。」

采薇采薇，
薇亦剛止。
「曰歸曰歸，
歲〔歲〕亦陽〔楊〕止，
王事靡盬，
不遑〔皇〕啓處。
憂心孔疚，
我行不來〔粈〕」〔3〕

採薇菜，採薇菜，
薇菜的莖葉剛硬了，
「說是返鄉，說是返鄉，
又到了十月小陽春的時光，
王事沒完沒了，
沒有空暇休息睡到天亮，
憂心非常痛苦，
我離家還沒返鄉。」

彼爾〔薾尒〕維何？維常〔棠〕之華。
「彼路〔輅〕斯何？
君子之車。
戎〔我〕車既駕，
四牡業業，
豈敢定居？
一月三捷〔接徥〕！」〔4〕

那花是什麼花，是棠棣之花。
「那輅車是什麼車？
是將軍的指揮車。
大戰車已經開動，
四匹公馬高大雄駿，
哪裡敢安安穩穩歇息？
一月多捷，震撼人心！」

駕彼四牡，
四牡騤騤，
「君子所依，
小人所腓〔芘庇菲〕。

駕著那四匹公馬，
四匹公馬威武雄健，
「這是將軍所依憑的戰車，
戰友們一個個得到庇蔭。

四牡翼翼，	四匹公馬整飭嫻習，
象弭魚服〔箙〕，	象骨弓弭、鯊魚箭囊，
豈不日〔曰〕戒〔誡豈敢不戒〕，	哪裡敢不日日警戒，
玁狁〔獫允〕孔棘〔棘熾〕！」〔5〕	北狄太囂張！」
昔我往矣，	當年我出征，
楊柳依依，	楊柳依依好茂盛，
今我來思，	如今我回鄉，
雨雪霏霏〔霺〕。	雪花兒亂紛紛，
「行道遲遲〔遅〕，	「回家的路逶逶迤迤，
載渴載飢〔饑〕，	又渴又饑，
我心傷悲，	我內心傷悲，
莫知〔之〕我哀！」〔6〕	誰知我內心的傷悲！」

【詩旨】

案：周宣王，周代中興之主，周宣王靜（前 827～前 782）幸得召穆公以其子代他死而得脫，得召穆公、周公輔弼而立。《魯傳》《周本紀》：「宣王即位，二相輔之，修政、法文、武、成、康之遺風，諸侯復宗周。」時代需要桂冠詩人（Poetes.laurez），愛國詩歌的壯美，崇高美，則是其首選基因，誓死捍衛祖國，打敗一切侵略者，這是中國文學永恆的母題之一。前 816 年許多血性男兒抗擊玁狁的現實主義史詩，公族詩人、軍旅詩人激於義憤，賦寫了「豈敢定居，一月三捷（一日三接）」，「豈不日戒，玁狁孔棘（熾）」的戰爭生活，是上古時期戰爭歲月文人詩軍旅詩的濫觴，是中國愛國詩篇的傑作之一。

〔魯說〕《史・匈奴傳》繫於周襄王（前 651～前 619）《周本紀》：「懿王之時，王室遂衰，詩人作刺。」《白虎通・征伐》：「……踰時則內有怨女，外有曠夫。《詩》曰：『昔我往矣，楊柳依依。今我來思，雨雪霏霏。』」

〔齊說〕《漢・匈奴傳》：懿王（前 899～前 892）時，戎狄交侵，中國被其害。詩人始作，疾而歌之曰：『靡室靡家，獫允之故。』『豈不日戒？獫允孔棘。』《易林・睽之小過》：「《采薇》《出車》《魚麗》思初，上下促急，君子懷憂。」

《毛序》：「《采薇》，遣戍役也。文王之時，西有昆夷之患，北有玁狁之難。以天子之命，命將率，遣戍役，以守衛中國，故歌《采薇》以遣之，《出車》以勞還，《杕杜》以勤（恩勤，勞徠）歸也。」繫於周文王。以下二首《編年史》繫於前 816 年。

　　毛萇、鄭玄、孔穎達、程頤、范處義、郝敬、何楷、陳啓源、陳奐均主
文王時說，如依《毛序》，則是商代詩，周文王是追諡。誤。蘇轍、朱熹則否
定；《史‧周本紀》《漢‧匈奴傳》主周懿王時；今從《潛夫論》《白虎通義》
《鹽鐵論》陸懋德《中國上古史》講稿、《今注》、《講讀》主周宣王時。繫於
前 823 年。

【校勘】

　　〔1〕《徐氏音》《集注》《定本》《單疏》歲，《唐石經》歲，同，以下不
贅。《毛》莫 P2514、《御覽》799 作暮，莫古字。C2049 微作微，歸（歸）作
帰，古字，犾作允，同。微歲俗字。P2514 薇作薇。《毛》玁狁，《孟》獯鬻，
《釋文》狁，本亦作允，《魯》《齊》《史》《漢》《匈奴傳》《說文》獫允，金
文作嚴狁、厰允，字異音義同。《毛》遑，P2514 作皇，《靈臺碑》匪皇啓居，
匪非不弗義同，皇古字。

　　〔2〕《毛》歸，隋《玉燭寶典》作帰，古簡體。案：本字作所，《毛》《唐
石經》小字本、相臺本使，使當作所，《箋》《考文》P2514 作所，《釋文》「本
又作靡所」。《毛》聘，P2514 騁，異體。《毛》烈烈，P2514 作列列。

　　〔3〕《漢石經》《毛》陽，P2514 楊，陽字之訛。C2049.P2514 剛作罡，
處作雺，俗字，P2514 鹽作鹽，C2049 作鹽，俗字。《毛》來，《魯》《釋訓》麳，
來通麳。

　　〔4〕案：本字作爾。《毛》爾，P2514 作尒，《三家》9《說文》《考文》
《五經文字》爾。尒、爾讀若爾。《毛》常，據《齊》《說文》《春秋繁露‧竹
林》、《晉‧索靖傳》《齊民要術‧種棠》當爲棠，常通棠。《毛》路，路通輅。
《釋文》輅，本亦作路。《唐石經》戎，《考文》我，當爲戎。《說文》《魏都
賦》注引《單疏》《唐石經》《詩集傳》一月三捷，C2049 楗，P2514 挟，《毛》
捷，不體。《眾經音義》7 作「一日三接」，案：則唐代玄應在 664 年所見《詩》
作「一日三接」，月作日，捷作接，異本。

　　〔5〕依通倚。《毛》腓，《魯》《釋言》庇，《箋》作茈，《三家》《說文》
扉，茈，《齊》班固《幽通賦》《字書》茷，茈腓茷通庇、扉。案：本字作箙，
《毛》服，《三家》《說文》《方言》《司弓矢》《子虛賦》《疏》引作箙，服讀
如箙，服通箙。《毛》豈不日戒，《唐石經》初刻作「日」，後改「日」，小字
本、相臺本作「日」，《釋文》音越又音人栗反，即作日又作日。案：由經文
文義似當作日，《易經》魏‧王弼注引、《漢‧匈奴傳》《三家》《箋》《漢》

顏注、《一切經音義》6《詩集傳》都作日。戒，《一切經音義》作誡，《定本》《初刻》8/228.P2514 作「豈敢不戒」，《漢石經》戒，同戒。《毛》棘，《唐石經》棘，《齊》《鹽鐵論·繇役》引作熾，棘通熾。《毛》遲，《唐石經》遲，同。

〔6〕《漢石經》《毛》霏，《經典文字考異》霏。《毛》飢、知，《齊》《鹽鐵論·備胡》作饑、之，饑飢古通，之、知疊韻通借。師受不同。

【詮釋】

〔1〕案：此詩前五章追敘禦侮戰爭的慘烈與中國勇士的英武氣概。薇，野豌豆。作，初生。止，句末語氣詞。莫，暮，說到歸期，又到歲晚。靡，無；室家，公義顧恤不到家庭。玁狁，匈奴。故，緣故。皇遑，暇。啟居（啟，跪），連語，休息。

韻部：薇薇歸歸，微部；作莫，鐸部；家故居故，魚部。魚、鐸通韻。

〔2〕柔，柔嫩。止，語氣詞。烈烈 lièliè，熾盛，如焚。憂憂 lièliè，憂甚。載，又。戍，戍守；定，停息。靡所歸聘，靡，無；使，所；聘 pìn，探問，《魯》《釋言》：聘，聘問，無法聘問鄉親家人。

韻部：薇薇歸歸，微部；柔憂，幽部；烈渴，月部。幽、月通韻。定聘〔娉〕，耕部。

〔3〕剛，莖葉老硬。《單疏》《箋》云：「四月為陽」，《注疏》《箋》：十（當為四）月為陽，案：就上下文義，當是四月為陽，野豌豆 4 月已硬剛。盬，止。孔疚，異常痛苦。《魯》來，來通來，歸。一說勞徠慰問。

韻部：薇薇歸歸，微部；剛陽，陽部；盬處，魚部；疚，來（來），之部。

〔4〕爾通薾 ěr，花繁盛貌。維，是。案：常讀如棠 táng，喬木，分赤棠、白棠，赤棠木理堅韌，果實澀；白棠，甘棠，棠梨，果實似梨而小，甜酸。路，讀為輅 lù，王車，古代帝王、諸侯、將帥之車；斯，是。君子，將帥。戎，戎車，戰車。牡，公馬；業業 yèyè，高大雄駿貌。三，多；捷 jié，一月三捷，一月之內多次戰勝敵寇。一日三接，一日之內多次交戰，言戰爭慘烈之甚。《單疏》：「於一月之中，三有勝功，是其所以勞也。」

韻部：華車，魚部；業捷（接），葉部。

〔5〕說文：騤騤 kuí，當依《釋文》訓強盛。依，依憑。腓𦟀芘通庇，腓胇扉，庇蔭，庇依。翼翼，整飭嫻習貌。弭 mǐ，弓梢末端，象弭，用象牙或象骨製成弓的兩端。魚，某些像魚類的水棲動物如鯊、鱷、鰒等，服通箙，

用白斑星鯊 Mustelus manazo 魚皮或鱷魚皮作箭箙。日戒，時時戒備。棘 jí；熾 chì，棘急慼亟熾古通，很囂張。

韻部：騤依腓（芘葩庇），脂部；翼服（箙）戒棘（熾），職部。

〔6〕昔，始。楊柳，蒲柳。《三輔黃圖》記載中國有「折柳贈別」的傳統習俗。《韓詩章句》：依依（yīyī，讀如殷），盛貌。思、矣，句末語氣詞。霏霏，雪盛貌。遲遲，遠貌。載，又。之通知。余師（1963）《關於改詩問題》：《詩經》裡有幾個套子，反覆運用，此章《出車》、《小明》都用。

韻部：矣思，之部。依霏遲饑悲哀，脂部。之、脂合韻。

【評論】

《魯傳》《白虎通·征伐》：「古者師出不踰時者，爲怨思也。」《世說新語·文學》：「謝公（安）因子弟集聚，問《毛詩》何句最佳？遏（謝玄小字）稱曰：『昔我往矣，楊柳依依；今我來思，雨雪霏霏。』」朱熹引程子云：「此皆極道其勞苦憂傷之情也。上能察其情，則雖勞而不怨，雖憂而能勵矣。」明·王夫之《薑齋詩話》：「〔末章前四句〕以樂景寫哀，以哀景寫樂，一倍增其哀樂。」《詩志》3「悲壯淒婉，古盛世上下間恩義相結至於如此，以視後世出塞曲專訴傷殘，相去多少。」《原始》9「首章重言事故，以見義不容辭，非上所苦；〔二章〕不問家事；〔三章〕誓無生還；〔四章〕戰勝；〔五章〕守嚴。以上五章皆追述之詞。末乃言歸途景物，並回憶來時風光，不禁暗然神傷。絕世文情，千古常新。」案：這是《滄浪詩話》中所論的「悲壯派」。周宣王作爲一代中興之主，爲確保國家安全，攘除邊患，用精銳之師，征伐獫狁。軍旅詩人用仄聲韻，抒寫滿堂壯烈的愛國情懷，又惜墨如金，刻畫細節，如薇「之作」、「之柔」、「之剛」，「載饑載渴」，「豈敢定居，一月三捷」，「豈不日戒，獫狁孔棘」，誠所謂於細微處見精神，那些爲國家安全而浴血奮戰的英烈之士永垂青史，全詩音韻鏗鏘，意象具足，全詩乃千古傑作，蘊涵淵永的「昔我往矣，楊柳依依。今我來思，雨雪霏霏」是扇面對，是格律詩的兆端，這一天籟之聲成千古名句。下啓漢·王粲、晉·陸機《從軍行》、北朝民歌《木蘭詩》、唐·楊炯、王昌齡《從軍行》、明·戚繼光《馬上作》。

出　車

「我出我車〔輿〕，　　　　　　　　〔夫〕「戰車開動，雄師出動，何等威風！

于彼牧矣，　　　　　　我們來到郊外的牧場中！
自天子所，　　　　　　從周王領受命令，
謂我來矣，　　　　　　命令我們鐵軍出動！
召彼僕夫，　　　　　　召喚御車手們，
謂之載矣，　　　　　　命令裝載軍械出征，
王事多難，　　　　　　國家此日多難，
維其棘〔棘〕矣！」〔1〕　都因爲北狄其勢洶洶！」

「我出我車〔輿〕，　　　〔夫〕「戰車開動，雄師出動，何等威風！

于彼郊矣，　　　　　　我們來到遠郊集中，
設此旐〔旐〕矣，　　　　樹起畫有龜蛇的旌旗，
建彼旄矣，　　　　　　建起飾有氂牛尾的旗幢，
彼旟旐斯，　　　　　　車上有畫有鳥隼的旌旗，
胡不旆旆〔旆〕？　　　　無不飄揚，戰旗獵獵。
憂心悄悄，　　　　　　鏖戰中不免憂心忡忡，
僕夫況〔況疣怳〕瘁〔瘁萃悴〕。」〔2〕　御夫們憔悴，全都盡力。」

「王命南仲〔中〕，　　　〔夫〕「宣王任命大將南仲，
往城于方，　　　　　　去朔方築城，
出車〔輿〕彭彭〔騯〕，　眾多戰車騯騯，
旂旐〔旐〕央央〔英英〕，旌旗鮮明，
天子命我，　　　　　　國王命令我等，
城彼朔方，　　　　　　在朔方築城堅守，
赫赫南仲，　　　　　　威風凜凜的南仲將軍，
獫〔厰玁〕狁于襄〔攘〕。」〔3〕攘除了玁狁！」

「昔我往矣，　　　　　　〔夫〕「當年我參軍時，
黍稷方華，　　　　　　黍子稷子剛開花秀穗，
今我來思，　　　　　　而今我歸來了，
雨雪載塗，　　　　　　下雪下雪解凍泥濘難邁腿。
王事多難，　　　　　　國家多難，
不遑〔皇〕啓居，　　　　沒空兒安居，
豈不懷歸，　　　　　　難道不想回歸？
畏此簡書。」〔4〕　　　　只因敬畏國家的簡書。」

喓喓草蟲，趯趯阜螽，　　　　　　　〔妻〕喓喓草蟲鳴叫，阜螽在跳躍，
「未見君子，　　　　　　　　　　　　　「沒見夫君，
憂心忡忡，　　　　　　　　　　　　　　憂心忡忡，
既見君子，　　　　　　　　　　　　　　已見夫君，
我心則降。　　　　　　　　　　　　　　我的心平，
赫赫南仲，　　　　　　　　　　　　　　威風凜凜的南仲將軍，
薄〔博搏韯〕伐西戎。」〔5〕　　　　　　率領雄師討伐西戎。」

「春日遲遲〔遲〕，　　　　　　　　　　〔夫〕「春日暄妍日頭長，
卉木萋萋，　　　　　　　　　　　　　　草木萋萋百花香，
倉庚〔鶬蒼鵹〕喈喈，　　　　　　　　　黃鶯歌唱尤動聽，
采蘩〔繁〕祁祁。　　　　　　　　　　　妻子採蘩定很忙。
執訊〔訊唊訐誶〕獲醜〔首〕，　　　　　押著俘虜帶著截耳報軍功，
薄言還〔旋〕歸。　　　　　　　　　　　如今喜洋洋回家鄉。
赫赫南仲，　　　　　　　　　　　　　　威風凜凜的南仲將軍，
玁〔厰獫〕狁于夷。」〔6〕　　　　　　　平定玁狁英名遠揚！」

【詩旨】

孔穎達、呂祖謙繫之於周文王世。《後漢‧龐參傳》引馬融上《書》《鹽鐵論‧繇役》《詩補傳》《詩古微》《觀堂集林‧鬼方昆夷玁狁考》繫之於周宣王世，此說較確。《史‧匈奴列傳》繫於周襄王時。

前816年，隨從南仲將軍北伐玁狁的軍旅詩人在凱旋時所作頌美周宣王、南仲將軍赫赫戰功的詩歌。今從《魯說》漢‧蔡邕《諫伐鮮卑議》「周宣王命南仲、吉甫攘玁狁，威蠻荊。」《釋誨》《古今人表》、《虢季子白盤》「唯十又二年正月初吉丁亥……薄伐玁狁於洛之陽」。《詩補傳》16繫於周宣王時。

〔齊說〕《易林‧咸之渙》：「《采薇》《出車》，上下役急。何以爲勞，還率之詩。」《睽之小過》：「《采薇》《出車》《魚麗》思初。上下促急，君子懷憂。」《漢‧匈奴傳》「宣王興師命將，以征伐之。詩人美大其功，曰：『薄伐玁允，至於太原』；『出車彭彭』，『城彼朔方』。是時四夷賓服，稱爲中興。」詳《鹽鐵論‧繇役》《豐鎬考信錄》、《詩古微‧小雅宣王詩發微》、《觀堂集林‧鬼方昆夷玁狁考》。

《毛序》：「《出車》，勞還率（同帥，南仲將軍）也。」繫於文王時，誤。

【校勘】

〔1〕《毛》車,《魯》《荀・大略》《史・匈奴傳》輿,同。下同。

〔2〕《竹書紀年》《毛》仲,《齊》《漢・古今人表》《周無專鼎》中,仲、中古通。《毛》旐,P2514作姚,姚旐字之訛。《唐石經》況瘁,金文況作况,《少司命注》悅,失意貌。瘁,P2514作痒,俗字。《說文》萃,讀若瘁。《易林・大過之損》憔悴,《釋文》瘁本亦作萃,依注作悴,正字應作况瘁,或作悅悴。《詩集傳》況或作悅。《毛》旐,C2049.P2514誂,異體。《定本》《單疏》《唐石經》旆,旆,俗體。

〔3〕《毛》仲《齊》《古今人表》中,同。《毛》彭,《三家》《說文》《玉篇》騯。《毛》央央,C2049.P2514英英,央央、英英,《釋文》央,本亦作英,重言形況詞。《魯》《釋言》《單疏》《唐石經》P2514襄,古字。《魯》《釋誨》《潛夫論・救邊》《齊》《漢・敘傳》《出師表》注引《毛》《定本》攘,《釋文》襄,本或作攘。襄讀同攘。《毛》獫,《齊》《漢》玁,《虢季子白盤》廠,同。

〔4〕《毛》遑,P2570皇,皇古字。

〔5〕《毛》薄伐,案:本字金文作尃又作搏、戟,後隸釋通作搏,《宗周鐘》戟伐,《虢季子白盤》「搏伐厰狁,于洛之陽。」《逨盤》「搏伐楚荊」。案:薄搏同為鐸部,並幫相轉。

〔6〕《毛》遲,《唐石經》遲,同。《毛》倉庚,《文選注》19、29鶬鶊、蒼庚,C2049.P2517.P2570蒼鶊,古本作倉庚,後作鶬鶊。《毛》蘩,《魏都賦》注、《初刻》18/914作蕃,蕃是蘩字之形省。《唐石經》訊,《虢季盤》噯,C2049.P2517.P2570作計,噯古字,六朝人寫作訐或計。《毛》醜,《校官碑》執訊獲首。《毛》還、狁,P.2578旋、允,C2049作允,還讀如旋,狁允古通。

【詮釋】

《單疏》:「六章皆勞辭也。」

〔1〕《魯傳》蔡邕《諫伐鮮卑議》:「周宣王命南仲吉甫攘獫允,威蠻荊。」我,助詞。車、輿同,戰車。牧,遠郊,放牧處。天子,周宣王;所,處所。謂,命,徵召。僕夫,御車手。謂之載矣,命令裝載軍械軍需品。難,危難。維,發聲詞。棘通亟,危急。

韻部:牧,職部;來載棘,之部。陰入通韻中的之、職通韻。車〔輿〕所夫,魚部。

〔2〕郊,城郊外。旐zhào,畫有龜蛇圖案的旗。建彼旄矣,樹起裝飾有

氂牛尾的旗竿，旄 máo，氂牛尾。旟 yú，畫有鳥隼圖案的旗。斯，語助詞。胡，何。旆旆 pèipèi，飄揚貌。況瘁悴痒瘁，悅悴 huǎngcuì，悅瘁，盡瘁，盡力。

韻部：郊旐旄旟悄，宵部；旆，月部；瘁（萃悴），微部。月、微通韻。

〔3〕三章列出名將南仲。王國維《鬼方昆夷玁狁考》繫之於周宣王。南仲，《周無專鼎》《齊》《漢·古今人表》南中，當是周文王時名將南仲後裔，或周宣王時中興大將，官至司徒。城，築城。方，朔方，在今陝西、寧夏回族自治區和今甘肅省固原、平涼、慶陽，鎮原一帶。彭彭，騯騯 péngpéng，眾多貌，壯盛貌。央央讀如英英 yīngyīng，鮮明貌。赫赫，威武出眾貌。襄讀如攘 rǎng，除；於，是，用於動賓結構，賓語前置，此句爲協韻，攘除玁狁。

韻部：彭（騯）央（英）方襄（攘），陽部。

〔4〕華、花古今字，華 huā，開花。《詩集傳》詮爲盛，則音 huá。雨 yù，下雨；雪，飛雪；塗，途，載塗，滿路，一說解凍。簡書，周代寫在竹簡、木牘上的邦國間的盟約，一致對外，相救急。《左傳·閔二》管仲云：簡書，同惡相恤之謂也。」《魯傳》《蔡中郎集·獨斷》：「御其命令：一曰策書，二曰制書，三曰詔書，四曰戒書。」（《第二批國家珍貴古籍名家目錄》7/182）《台》122/158、P2570 引「鄰國有急，以簡策相召，則奔命救之」，當是周朝有盟約在先，一邦有危難，周王有策命，飛兵相援救。畏 wèi，敬畏。

韻部：華塗（途）居書，魚部。

〔5〕喓喓，擬聲詞。趯趯，擬狀詞。降 jiàng，下。赫赫，軍功卓著。案：《毛傳》訓「薄」爲「辭」，《詩集傳》「薄之爲言聊也。」俱誤。薄，《虢季子白盤》《宗周鐘》博伐、膊伐、歟伐、博伐、搏伐，連語，是說周宣王、南仲所統帥的軍旅敢於搏擊一時強大、侵略的矛頭深入中國腹地的北狄、西戎所部，不當訓釋爲語詞，後人不明此訓，遂於《出車》《六月》《車攻》等都易博、搏爲薄，唐代《初學記》《詩經》六朝、唐寫本同作薄，《采芑》「顯允方叔，征伐玁狁」尙有此博伐、搏伐的鐵證，薄博搏 bó，疊韻通借，薄讀若博、搏。

韻部：蟲螽忡降仲戎，冬部。

〔6〕遲遲，暄妍日麗貌。卉，花草，萋萋，花木榮發貌。倉庚，鶬鶊，黃鶯；喈喈，和鳴聲。蘩，蒿，祁祁，眾多貌。案：《虢季子盤》「執訊五十，是以先行」，執訊。獲醜是兩個動賓詞組，執，生俘，唌、訊古今字，俘虜。即審訊俘虜。獲 huò 聝〔馘〕guó 聲近通假，代割敵左耳；醜，眾多。一說醜

通首，俘獲敵酋。薄言，語詞。還歸，《虢季子白盤》記載正月受賞。末章舉出主帥，是名將方叔。于，是；夷，平，平定了北狄的寇亂。還音義同旋。宋·歐陽修：「述其歸時，春日暄妍，草木榮茂，而禽鳥和鳴。於此之時，執訊獲醜而歸，豈不樂哉！」

韻部：遲萋喈祁夷，脂部；歸，微部。脂、微合韻。

【評論】

《齊傳》《易林·節之訟》：「雲龍集會，征討西戎；招邊定亂，誰敢當鋒？」《後漢·龐參傳》引馬融《上書》：昔周宣獫狁侵鎬及方……，而宣王立中興之功……，是以南仲赫赫，列在《周詩》。《詩本義》「詩文雖簡易，然能曲盡人事而古今人情一也。」《名物抄》5「一章受命而出；二章臨事戒懼；三章奮揚威武，皆主於出而言也；四章敘其歸期；五章室家之望；六章振旅凱旋，皆主于歸而言也。」明·孫月峰：「狀景物濃麗，以致美凱還，饒有風致，襯貼得恰好。」王夫之《薑齋詩話》上，「征人歸矣，度其婦方采蘩，而聞歸師之凱旋。故遲遲之日，萋萋之草，鳥鳴之和，皆為助喜。而南仲之功，震於閨閣，室室之欣幸，遙想其然，而征人之意暢可知矣。」《詩誦》3 引顧兆麟云：「《出車篇》或一章中敘述兼行，或詩人自言，或述其人之言，《三百篇》別是一格」，「《出車》於西戎之捷，只一點，遂事之效也。《采芑》於獫狁之役，只一點，先聲之震也。若後人為之，不知費幾許鋪張。」《原始》9「唯全詩一城獫狁，一伐西戎，一歸獻俘，皆以南仲為束筆。不唯見功歸將帥之美，而且有制局整嚴之妙。此作者匠心獨運處，故能使繁者理而散者齊也。……獫狁是正意，西戎乃餘波，故曰『薄伐』。〔六章〕須看他處處帶定南仲，章法自能融成一片。末仍歸重獫狁，完密之至。」羅馬·朗加納斯《論崇高》提出崇高的五條藝術要求：莊嚴偉大的思想，強勁而激動的情感，用藻飾的技術，高雅的措辭，結構的堂皇卓越。案：與同年吉金《虢季子白盤》的作者以溢於言表的豪情，高華宏朗的韻文歌頌一代中興之主周宣王與名將「經維四方，薄伐獫狁於洛之陽……用征蠻方，子子孫孫萬壽無疆」相輝映，《出車》從宣王到御車者，從名將南仲到軍旅詩人夫婦，從邊患孔亟到凱旋回來，備述而形象俱見，繪寫出北伐聲勢不可阻遏，誠所謂為祖邦禦敵，無敵不克。《楚語上》：楚國大夫申叔時對楚莊王云：「教之《詩》，而為之導廣顯德，以耀明其志。」《常棣》「外禦其侮」，《采薇》「豈敢定居，一月三捷」，《出車》「赫赫南仲，獫狁于襄，一內一表，英氣逼人。」

杕　杜

有杕〔杖折〕之杜，有睆〔睕睕〕其實。　　孤獨的杜梨，四月結了圓圓果實。
「王事靡盬，　　　　　　　　　　　　　「王事沒完沒了，
繼嗣我日。　　　　　　　　　　　　　我繼續服徭役，
日月陽止，　　　　　　　　　　　　　夏曆十月尚未回，
女心傷止，　　　　　　　　　　　　　妻子怎能不悲悲切切？
征夫遑〔皇〕止？」〔1〕　　　　　　　　征夫哪有空暇休息？」

有杕之杜，其葉〔葉葉〕萋萋。　　　　孤獨的杜梨，綠葉萋萋。
「王事靡盬，　　　　　　　　　　　　「春來了，王事沒完沒了，
我心傷悲。　　　　　　　　　　　　　我的心兒傷悲，
卉木萋止，　　　　　　　　　　　　　草木萋萋百花開，
女〔汝〕心悲止，　　　　　　　　　　妻子我怎能不傷悲，
征夫歸止？」〔2〕　　　　　　　　　　征夫該回歸。」

陟彼北山，言采其杞〔杞〕。　　　　　登上北山，採集枸杞葉，
「王事靡盬，　　　　　　　　　　　　「夏天到了，王事沒完沒了，
憂我父母。　　　　　　　　　　　　　憂慮我年邁的父母。
檀車幝幝〔綫憚嘽輼〕，　　　　　　　檀木兵車車馬疲乏，
四牡痯痯〔㾓縮管〕，　　　　　　　　四匹公馬也疲憊，
征夫不遠。」〔3〕　　　　　　　　　　征夫回家該不遠。」

「匪載匪來，　　　　　　　　　　　　「沒見車上載他，沒見他回來，
憂心孔疚〔攰〕，　　　　　　　　　　我心憂很痛，家又貧困，
期〔胡〕逝〔誓〕不至，　　　　　　　為什麼約好的歸期不回來？
而多為恤〔卹〕。　　　　　　　　　　卻更多地為你憂心？
卜筮偕〔皆〕止！」　　　　　　　　　占卜筮卦請神示知都道嘉好！」
「會言近止，　　　　　　　　　　　　「都說是歸期就在近日，
征夫邇〔爾〕止！」〔4〕　　　　　　　夫君的腳步近了！」

【詩旨】

　　《詩論》簡 18「《杕（杕）杜》，則情熹（喜）兀（其）至也。」案：當是一位貴族女子，征夫之妻的思夫情歌。《編年史》繫於前 816 年。

　　〔齊說〕《鹽鐵論‧繇役》「古者無過年之繇，無逾時之役。今近者數千里，遠者過萬里，歷二期。長子不還，父母愁憂，妻子詠歎，憤懣之恨發動

於心，慕思之積痛於骨髓。此《杕杜》、《采薇》之所爲作也。」此爲刺詩，這是今文家的評說。

《毛序》「《杕杜》，勞還役也。」《稽古編》：《采薇》《出車》《杕杜》三詩一遣二勞，語意相應。《原始》9「此詩本室家思其夫歸而未歸之詞。」

屈萬里《詮釋》：「此征人思歸之詩。乃假家人思念征夫之語氣，以抒其懷歸之情也。」

【校勘】

〔1〕《單疏》杕睆，《詩論》簡18作杝，P2570作杖，疑杝、杖都是杕字之訛。至於C2049杜作村，俗字。本字作睆，《說文》有睍無睆，P2570睆，當作睆，小字本《傳疏》作睆。睆睆通睆。《毛》遑，P2570.C2049皇，皇古字。

〔2〕案：本作葉，《毛》葉，《唐石經》C2049萋，萋萋，避唐廟諱。《毛》《唐石經》小字本、相臺本女，閩本、明監本作汝，《毛》初刻誤作汝，後改女。

〔3〕《單疏》杞，《唐石經》杞，當作杞。《九經字樣》《單疏》嶂，《釋文》引《韓》綟，范氏引《石經》幝，P2570.P2514.C2049作幝，《玉海》載《釋文》引《韓》綣，《後漢·劉陶傳》注作嘽，通作幝，作綟是異本，幝嘽幝異體，師受不同，重言摹狀詞。C2049、《毛》痯，《說文》無痯有寙，P2570.P2514作管，痯痯，病也。古寫本作痯，管俗字，本字作寙，通作痯。

〔4〕本字作疚。《毛》疧，《說文》、P2514.P2570作疚。本字作誓，《毛》逝，《齊》《易林·益之鼎》誓，逝通誓。《毛》恤，《魯》《中說·述史》《五經文字》衂，同。《毛》偕，P2570.P2514作皆，偕通皆。言，語詞。《毛》邇，P2570尒，P4949爾，爾古字。

《毛》逝，《齊》誓，逝通誓。

【詮釋】

〔1〕杕，有杕，杕杕 dìdì，孤特貌。丈夫久在繇役，妻子孤獨撐持。杜 dù，杜梨，棠梨，赤而澀的甘棠，四月結實果似梨而小，甜酸。睆睆睆同，睆睆 huàn huàn，飽圓鮮亮貌。盬，止。繼嗣，連語，繼續。陽，陽月，農曆十月。俗說「十月小陽春」，《齊說》《故苑》引漢·董仲舒《雨雹對》「十月陰雖用事，而陰不孤立，此月純陰，疑於無陽，故謂之『陽月』，詩人所謂『日月陽止』者也。」以物紀時，秋、冬之際。傷，憂傷。皇遑，暇，何暇。止，

語氣詞。《稽古編》:「古人行役，未有不念父母者，《汝墳》《鴇羽》《陟岵》《北山》諸詩皆是。或自念之，或室家代念之，唯《四牡》《杕杜》詩則上之人探其情而專念之，所以為正雅也。」

韻部:杜盬，魚部;實日，脂部;陽傷皇（遑），陽部。

〔2〕萋萋，茂盛貌。又是一春。歸，期冀之詞。

韻部:杜盬，魚部;萋，脂部。悲悲歸，微部。脂、微合韻。

〔3〕陟 zhì，升，登。言，我。杞，枸杞 gǒuqǐ（Lycium chinense），其葉、嫩莖、果均可食，春三月採葉，秋採實，冬採根，葉、根皮、莖、果為中藥材。根皮主治虛勞咳嗽、腰酸膝痛。有補腎益精、清熱止渴、袪風養肝明目、延年益壽等功用。嘽嘽 tāntān;幝幝 chǎnchǎn，車敝貌。綫綫 chǎnchǎn，繟嘽幝憚幝綫字異義同。疼疼 tāntān，痯痯 guǎnguǎn，疲憊貌。管繯悹悹癉，字異音義同。

韻部:杞母，之部;嘽（綫）痯（悹繟悹癉縮）遠，元部。

〔4〕匪，非，不。疚、艽 jiù，疚通艽，貧病。《毛》逝，《齊》作誓，逝誓讀如祇，適，為何你所約的歸期不回?而，就;多，只;恤 xù，憂。卜，占卜;筮 shì，用筮草決疑。案:偕、嘉同為見母，偕通嘉，說卜辭嘉好吉利。《箋》偕，具（俱）。會言，卜筮的卦辭都說是近日回家。爾，邇，近了。

韻部:載來疚〔艽〕，之部;至恤偕（皆）爾（邇），之部。

【評論】

《詩論》簡 18「《杕杜》，則情憙丌（喜其）至也」。唐‧高適《燕歌行》、陳陶《隴西行》本此。宋‧輔廣:「征夫不遠，料想之辭也。『征夫邇止』，決定之辭也。歸期近而思復切者，人情也。期逝不至而後憂孔疚焉，行者過期而不至，則居者之憂百端焉。」《詩傳大全》:「王氏曰:出而用兵，則均服同食，一眾心也。入而振旅，殊尊卑，辨貴賤，定眾志也。范氏曰:《出車》勞率，故美其功。《杕杜》勞眾，故極其情。先王以己之心為人之心，故能曲盡其情，使民忘其死以忠於上也。」（台《四庫》詩經 78-579）

案:前三章寫秋、春、夏相思歌。第四章極寫其刻骨相思之情，決以卜筮以自我安慰。鍾惺《詩經》:「詩以物記時，妙筆後人不能。」清‧吳喬《圍爐詩話》4 引賀黃公云:「《毛詩》《采薇》《出車》《杕杜》三篇，一氣貫串，意斷意聯，妙有次第。千載後得其遺意者，唯少陵（杜甫）《出塞》數詩，節節相生，必不可刪。《後出塞》五章，亦佚第，不可刪。」《會歸》頁 1118，「前三章皆前述征夫之勞苦，後寫征夫之心情，章法齊一;末章敘到實歸，先憂

後喜，整中有變。前二章以踰期長短推斷，三章以器物弊壞為推斷，四章以卜筮卦兆為推斷，此全篇先後之次第也。」

魚 麗

魚麗〔離〕于罶〔罢罠罝〕， 鱨〔鰭〕鯊〔鮂鮂鮀〕。 君子有酒， 旨〔言〕且多。〔1〕	魚兒溜進了笱， 鱨魚黃黃吹沙魚。 主人宴客備美酒， 美味而且又多。
魚麗于罶〔罢罠罝〕， 魴鱧〔鱻鯬〕。 君子有酒， 多且旨〔言〕！〔2〕	魚兒溜進了笱， 鯿魚青青，烏魚黑黑。 主人宴客備好了酒， 酒多而且美味。
魚麗〔離〕于罶〔罢罠罝〕， 鰋〔鰻〕鯉。 君子有酒， 旨〔言〕且有！〔3〕	魚兒溜進了笱， 鯰魚白白，鯉魚赤色， 主人請客備美酒， 美味而且多有。
物其多矣， 維其嘉矣！〔4〕	食物如此豐盛啊， 又是如此香醇啊。
物其旨〔言指〕矣， 維〔惟〕其偕〔皆〕矣！〔5〕	食品如此美味啊！ 惟其如此齊備啊！
物其有矣， 維〔唯〕其時矣！〔6〕	食品如此富有啊！ 又是一一時鮮啊！

【詩旨】

案：以下三篇是前 816 年，中興之年萬物盛多能備禮，此周宣王宴飲諸侯大臣賓客的樂歌。

〔齊說〕《易林‧睽之小過》：「《采薇》《出車》《魚麗》思初，上下促急，君子懷憂。」《鄉飲酒》鄭注：「《魚麗》，言太平年，豐物多也。物多酒旨，所以優賢也。」

《毛序》：「《魚麗》，美萬物盛多，能備禮也。文、武以《天保》以上治內，《采薇》以下治外，始於憂勤（《法藏》16/35 作愛勤，當作憂懃），終於

逸（《考文》作佚）樂。故美萬物盛多，可以告於神明矣。」朱熹《詩集傳》
9：「此燕饗通用之樂歌。」李光地《詩所》「此必薦魚宗廟之後燕飲之詩，後
乃通用爲燕京之樂歌。」以下三首，《編年史》繫於前 816 年。

　　斷句從《箋》《詩集傳》，不從《釋文》。

【校勘】

　　〔1〕《毛》麗，《齊》《鄉飲酒》《釋文》作離，音義同。本字作𦅩。《毛》
罶，《字書》𦊓，又作𥥮，《爾雅》《釋文》本或作𦊓，𥥮或體。案：《毛》鱨，
《唐石經》鱨，同。本字作鯋，《說文》《釋文》《魯》《歸田賦》《正字通》古
抄本作鯋，《毛》鯊，作鯊是淺人傳寫之訛，字又作鯋，《法藏》15/48.P4994
鯋，16/35 鮑，都因該字讀如鮀，故寫作鮑鯋鯋。《釋文》：「有酒旨。絕句且多，
此二字爲句，後章放此。異此讀，則非。」《毛》旨，《唐石經》言，旨言同。
下同。

　　〔2〕《毛》鱧，《爾雅》郭舍人注鯇，《字林》古寫本鯁，《說文》鱻，同。

　　〔3〕《毛》鰋，《說文》鰻，字異音義同。

　　〔4〕《毛》旨、偕，《魯》《荀·大略》指、偕，《漢石經》指，P2570
皆，同；指古字，《唐石經》言，同。《毛》維，《魯》《荀·不苟》《說苑·辨
物》唯，音義同。

【詮釋】

　　〔1〕全詩用賦。麗離罹同爲來母，附麗，附著，遭，溜入。𦊓罶 liǔ，俗
稱寡婦筍，用曲簿爲梁，漸小，進捕魚筍，能進不能出。鱨 cháng，黃色，黃
頰魚，鱤 gǎn，亞圓筒形，專食小魚。鯊 shā，石鮀魚，吹沙小魚。旨 zhǐ，美
味。

　　韻部：罶酒，幽部；鯋多，歌部。

　　〔2〕魴 fáng，鯿 biān，青色。鱧 lǐ，烏魚，黑色。

　　韻部：罶酒，幽部；鱧旨，脂部。

　　〔3〕鰋 yǎn，鯰 nián 魚。鯉 lǐ，赤色。有，齊備，富有。

　　韻部：罶酒，幽部；鯉有，之部。

　　〔4〕物，魚類，食物；其，猶；多，富有。嘉，美味。

　　韻部：多嘉，歌部。

　　〔5〕五、六章如樂歌中的「亂」。指通旨，美好。皆、偕通嘉，美味。

　　韻部：旨（指）偕，脂部。

〔6〕有，富有。時，時鮮。

韻部：有時，之部。

【評論】

《法藏》33/345.P4994「太平盛世，微物眾多，取之有時，用之有道，則萬物莫不多矣。」宋・蘇轍：「多則患其不嘉，旨則患其不齊，有則患其不時。今多而能嘉，旨而能齊，有而能時，言曲全也。」《毛鄭詩考正》：「後三章曰嘉、曰旨，皆美也。曰偕、曰有，皆備也。多貴其美，美貴其備，備貴其時。酒之備，謂諸酒；物之備，謂水、陸之饈。」《詩志》3「不必侈陳太平之盛，只就物產點逗自見，自是高手。連紆疊複，若不可了，別是一格。」案：此詩以字數長短多變的句式、章法，錯落有致，簡易的詩句中透出主人禮遇來賓的殷勤，顯示太平盛世的富有氣象。

南 陔

笙詩，有聲無歌辭。原在《魚麗》之後，朱熹《詩集傳》移至《杕杜》後。

白 華

笙詩，有譜無歌辭。

華 黍

有譜無歌辭。

卷十七　小雅二

南有嘉魚

南有嘉魚

南有嘉魚，烝〔蒸〕然罩罩〔鰽淖〕。 江漢有美味的魚，群魚自由自在地游。
君子有酒， 國王有美酒，
嘉賓〔賓〕式燕〔讌宴〕以樂。〔1〕 嘉賓們歡宴樂悠悠。

南有嘉魚，烝〔蒸〕然汕汕〔灡窯趣〕。 江漢有美味的魚，群魚游得很舒坦。
君子有酒， 國王有美酒，
嘉賓〔賓〕式燕〔讌宴〕以衎〔侃〕。〔2〕 嘉賓們歡宴而且樂侃侃。

南有樛木，甘瓠〔瓟〕纍〔藟〕之。 江南有高樹，甜葫蘆蔓延其間，
君子有酒， 國王有美酒，
嘉賓〔賓〕式燕綏之。〔3〕 嘉賓們歡宴心兒安。

翩翩者雛〔佳〕，烝然來思。 翩翩飛來勃鴣鳥，眾鳥飛來了。
君子有酒， 國王有美酒，
嘉賓式燕又〔侑〕思。〔4〕 嘉賓們歡宴勸酒樂陶陶。

【詩旨】

〔齊說〕《鄉飲酒》鄭注：「《南有嘉魚》，言太平（「平」下當有「之」字），君子至誠，樂與賢者共之也。能以禮下賢者，賢者纍蔓而歸之，與之燕樂也。」

《氾厤樞》：「嘉魚在巳，火始也。」

　　《毛序》：「《南有嘉魚》，樂與賢也。太平〔之〕（由《疏》可見脫「之」字。《唐石經》有「之」字。）君子至誠，樂與賢者共之也。」《編年史》繫於前 816 年。

　　案：這是周宣王樂與賢相交，宴飲臣、賓時的樂歌。

【校勘】

　　〔1〕《漢石經》《毛》烝，《韓》蒸，蒸通烝。《毛》罩，《三家》《說文》鮇，《釋器》槮，《石鼓文》逴，《韓》《廣雅》淖，淖罩通鮇，罩槮同。《毛鄭詩考證》2 通掉，魚搖掉。《毛》賓，《唐石經》賓，同。《毛》燕，《魯》《列女傳・魯季敬姜》讌，燕讌古今字，《韓》《玉篇》宴，燕讌通宴。

　　〔2〕《毛》汕，《齊》《韓》《廣雅》潹，《魯》《釋器》𥔻 chāo，《石鼓文》《說文》趖。《毛》燕，《韓》《玉篇》宴，燕通宴。《毛》衎，金文作侃。

　　〔3〕《毛》瓠，《唐石經》瓡。《毛》、蘇轍本纍，古寫本作蘽，《釋文》纍，本亦作蘽，蘽增益字。

　　〔4〕《毛》雖，《釋文》本亦作隹。《毛》又，通侑。《箋》又，復。

【詮釋】

　　〔1〕南，江漢。嘉，美味。烝，烝烝然，眾多貌。案：罩罩 zhāozhāo、淖淖通鮇鮇 zhuó，淖淖 chuōchuō，雙聲疊韻詞，群魚自在游或掉尾游貌。《段注》同罩，毛傳訓罩爲筆，罩槮，捕魚小網。《韓》《廣雅》淖淖，眾也，可備一說。式，用。燕讌通宴，宴飲。式，語詞。以，而。

　　韻部：罩（淖鮇）樂，宵部。

　　〔2〕案：汕汕𥔻槮通，趖趖 sān sān，眾魚扇尾貌，緩慢游動貌。《說文》汕汕 shànshàn，魚游水貌。宋・黃震東《讀詩一得》引王雪山：「汕，魚上水貌，皆群行自得之意。」《疏證》：潹與汕汕同。燕通宴。侃讀如衎，衎，樂。

　　韻部：汕（潹偏）侃（衎），元部。

　　〔3〕甘瓠 hù，甜葫蘆瓜，纍蔓於高木。綏 suī，安舒。

　　韻部：纍（蘽）綏，微部。

　　〔4〕翩翩然，飛翔貌。雖 zhuī，鵻鴣，鵓鳩，布穀布穀，象其鳴聲，火斑鳩。徐鳳朵：雖性專一。烝然，眾多貌。思通之，代詞。朱熹訓思爲語詞。

　　《箋》：又，復。又、侑 yòu，同爲匣母之部，又讀若侑，勸酒勸食以助歡。

　　韻部：來又，之部。

【評論】

案：前二章用賦兼比，寫魚的自由自在游貌，兼比主賓歡洽氣氛，後二章用興，寫甘瓠蔓高木，眾雛翩翩來，以興眾賓怡然，寫主賓間綢繆繾綣的融洽之情。晉・孫毓：「在位朝廷之求賢。」（《四庫》經 72/578）《原始》9「〔《魚麗》〕專言餚酒之美，此兼敘賓主綢繆之情。故下二章文格一變，參用比興之法⋯⋯」

崇　丘

笙歌。有譜無詞。

南山有臺

南山有臺〔薹〕，北山有萊。	南山有莎草，北山有藜菜。
樂只〔旨〕君子，	和易哉！國王，
邦家之基。	邦國的基石。
樂只〔旨〕君子，	和易哉！國王，
萬壽無期〔諆〕！〔1〕	祝禱您萬壽無極。
南山有桑，北山有楊。	南山有桑，北山有楊。
樂只〔旨〕君子，	和易哉！國王，
邦家之光。	邦國的榮光。
樂只〔旨〕君子，	和易哉！國王，
萬壽無疆！〔2〕	祝禱您萬壽無疆！
南山有杞〔梓〕，北山有李。	南山有梓杞，北山有李子。
樂只〔旨愷凱悌〕君子，	德心寬厚的國王，
民〔尸〕之父母。	百姓的父母，
樂只〔旨凱悌〕君子，	和易哉！國王，
德音不已〔巳〕！〔3〕	美名真無止。
南山有栲，北山有杻。	南山有山樗，北山有檍樹。
樂只〔旨〕君子，	和易哉！國王，
遐〔叚瑕胡〕不眉壽？	怎能不高壽？
樂只〔旨〕君子，	和易哉！國王，
德音是茂〔懋〕！〔4〕	德音勉勉久。

南山有枸。　　　　　　　南山上有枸枳，
北山有楰〔梄〕。　　　　北山上有女貞。
樂只〔旨〕君子，　　　　和易哉！國王，
遐〔叚胡〕不黃耇〔耉〕？　怎能不長壽永生。
樂只〔旨〕君子，　　　　和易哉！國王，
保艾〔乂艾保〕爾後。〔5〕　管治好您的後代子孫！

【詩旨】

案：大約是周宣王樂於得賢良，得賢時的樂歌，宴飲群臣與貴賓時的樂歌與祝禱詞。核心句：「樂只君子，邦家之光。」《編年史》繫於前 816 年。

〔齊說〕《儀禮‧鄉飲酒》鄭注：「《南山有臺》言太平之治以賢者爲本，愛友賢者，爲邦家之基，民之父母，既欲其身之壽考，又欲其民德之長也。」

《毛序》：「《南山有臺》，樂得賢也。得賢則能爲邦家立太平之基矣。」

【校勘】

〔1〕《毛》臺，薹，臺通薹。《穆天子傳》作𦯈。《毛》只，《魯》《漢石經》《左傳》《襄公 24》《昭 13》等《衡方碑》904 年抄《玉篇》《唐石經》作旨，下同，只旨音義同。

〔2〕《毛》「樂只君子，民之父母」，《金文編》作諆。當從《魯》《荀‧禮論》《唐石經》𢘓，作「愷悌」，《齊傳》《白虎通‧號》《魯說》《韓說》《說苑‧政理》引作「愷悌」。

〔3〕《毛》杞，《唐石經》杞，當作杞。《傳》《箋》遐，金文作叚，遐、叚通瑕、嘏，胡。《毛》茂，《定聲》茂通懋，勉也。《毛》《詩集傳》已，《唐石經》巳，當作已。

〔4〕《單疏》者，《說文》耇耉，二字同。《唐石經》保艾，據《傳》《釋文》，段玉裁：當爲「艾保」，案：《釋文》：「艾，養；保，安也，」則當爲艾保，《唐石經》作保艾已訛，當從段之說。

〔5〕《毛》遐，《魯伯濲簋》「叚不黃耇萬年」，叚，古遐字，叚、遐讀如胡。《毛》楰，《唐石經》梄，當作楰。

【詮釋】

〔1〕臺，讀如薹 tái（Carex displata），莎草科，多年生草本，莖、葉可製蓑衣、斗笠。萊，藜荣，嫩葉可食，兗州人蒸以爲茹。樂，愷悌，樂易；《左

傳・襄11》《傳疏》旨，美。904年抄《玉篇》引《韓詩》：旨，樂也。君子，國王。邦國，國家。賢者，邦國的根本。《疏證》：期，極。

韻部：臺（薹）萊基期，之部。

〔2〕光，榮光。疆，境。

韻部：桑楊光疆，陽部。

〔3〕杞，林兆阿《多識編》「梓杞。李，李子樹，其仁、根、皮可入藥。凱讀若愷，愷悌kǎitì，德心仁厚、和易。德音，好聲譽；已，止。

韻部：杞李母已，之部。

〔4〕栲kǎo，山樗，常綠喬木，木質堅實緻密，供建築、木枕、車船用。可做車輻。杻niǔ，檍yì樹，又名萬年木，可作弓材、車，嫩葉可喂牛。遐不，《曾伯簠簠》「叚不黃耇萬年」，胡不，何不，《隰桑》「心乎愛矣，遐不謂矣？」《棫樸》：「周王壽考，遐不作人？」或釋不爲語詞。遐，遠，長。眉壽，高壽。《箋》：茂，盛也。茂懋mao同爲明紐侯部，勉，《皋陶謨》「懋哉！懋哉！」《皇矣》「貊其德音。」案：茂疑爲秀字，秀在幽部，當是避劉秀諱。茂在侯部，秀在幽部，茂、秀，唇音明、齒頭音心准鄰紐，侯幽通轉，秀，榮，美。

韻部：栲杻壽秀，幽部；茂，侯部。幽、侯合韻。

〔5〕枸jù，枳枸，羊桃，八月果熟。楰yú，苦楸，女貞。叚遐胡同在魚部，叚、遐讀如胡，胡不。黃，黃髮；耇（考），老人面凍若垢，壽徵。《毛傳》9、《釋文》先艾後保，案：艾，乂yì，《魯》《釋詁下》：乂，相也。乂，治也。輔助，輔佐，管理教育好。《堯典》：「下民其諮，有能俾乂。」《康誥》「用保乂民作求。」艾保，乂保，連語，相保，相助。高本漢：艾讀乂，管治。希望你保持並且管治好你的後代。（《詩經譯注》頁454）

韻部：枸楰耇（考）後，侯部。

【評論】

《箋》：「人君得賢，則其德廣大堅固如南山之有基址。」鍾惺：「通詩『德』、『壽』二字相錯，似亂似整，亦非後人筆端。」沈守正《說通》：「首三章曰『邦家之基』，『邦家之光』，『民之父母』，是美其已然之德也；曰『萬壽無期』，『萬壽無疆』，『德音不已』，祝其將然之壽也；下二章曰『遐不眉壽』，『遐不黃耇』，美其必然之壽也；曰『德音是茂』，『保艾爾後』，又美其名德以保是壽也；曰『保艾』，有引翼之道寓焉，亦德也，通是讚美之詞，而未嘗不諷之以惠迪感召之理，是之謂盛世之雅也。」（轉引自《欽定詩經傳說匯纂》

十)《會歸》頁 1137，「全詩皆美賢者，而皆自人君得賢之樂演出，辭氣一貫，故與詩旨樂得賢吻合，此運意之工妙。又全詩體格整肅，而次第疊進，由邦國而人民，而自身，而後嗣，皆自德之一義展敷而成，以推明其德足樂之深義，即所謂『一線連文，則珠聯璧合』，此取境之深妙。」

由 庚

　　笙歌，有譜無詞。

蓼 蕭

蓼彼蕭斯，零〔霝〕露湑兮。　　　　長長青青那香蒿，露珠兒眞盛。
「既見君子，　　　　　　　　　　　「我已經看見了國王，
我心寫兮。　　　　　　　　　　　　我的心兒如此歡欣。
燕笑語兮，　　　　　　　　　　　　安然地快意談論，
是以有譽處兮。」〔1〕　　　　　　　因此，咱們快樂紛紛。」

蓼彼蕭斯，零露瀼瀼。　　　　　　　長長青青那香蒿，露珠兒濃濃。
既見君子，　　　　　　　　　　　　我們已經看見國王，
爲龍〔寵〕爲光！　　　　　　　　　爲寵如日光榮無比！
其德不爽，　　　　　　　　　　　　他的仁德沒有差失，
壽考不忘〔亡〕！。〔2〕　　　　　　他高壽不止！

蓼彼蕭斯，零露泥泥。　　　　　　　長長青青那香蒿，露珠濃濃在香蒿。
「既見君子，　　　　　　　　　　　「我已經看見國王，
孔燕豈弟〔愷悌敳俤〕，　　　　　　設盛宴，和樂陶陶，
宜〔宐〕兄宜〔宐〕弟，　　　　　　祝願您們兄弟般友愛，
令德壽豈〔愷〕。」〔3〕　　　　　　有美德有高壽，和易歡笑。」

蓼彼蕭斯，零露濃濃。　　　　　　　長長青青那香蒿，露珠兒濃濃在香蒿上。
「既見君子，　　　　　　　　　　　「我已經看見國王，
鞗〔鋚〕革〔勒〕忡忡〔沖〕，　　　金勒下垂沖沖亮，
和、鸞〔鑾〕雝雝〔雍噰〕，　　　　和鈴鑾聲叮噹響，
萬福攸同！」〔4〕　　　　　　　　　萬福全民一起享！」

【詩旨】

　　諸侯在宴會中頌美周王令德壽愷的詩。以下四首，《編年史》繫於前 782 年。

〔齊說〕《易林・恒之泰》：「《蓼蕭》露瀼，君子龍光。鳴鸞嚯嚯，福祿來同。」

《毛序》「《蓼蕭》，澤及四海也。」朱熹《詩集傳》9「諸侯朝於天子，天子與之燕，以示慈惠，故歌此詩。」元江《雅頌類詩新解》：「這是一首在歡迎戎、狄、蠻、夷之邦國君時演奏歌詠的樂歌的歌詞。」這大約是推衍《毛序》宣導中國各民族相互融攝，增益國邦的旨意。

【校勘】

〔1〕《毛》零，《石鼓文》《說文》霝，零通霝。《唐石經》笑，同笑。

〔2〕《毛》龍，《箋》寵，古文作龍，龍古字。《毛》忘，忘通亡。

〔3〕《毛》宜，《唐石經》《單疏》冝，同。《單疏》豈弟，《考文》、《御覽》514愷悌，《定本》凱，《左傳・昭12》愷，《釋文》豈，本亦作愷，下同，後豈弟放此。豈弟、愷悌古今字。

〔4〕本字作鋚勒，《單疏》鞗革，《毛公鼎》攸勒，焦山周鼎作『攸勒』，《說文》《玉篇》鋚，攸攸是鋚之省，鞗通鋚，革勒，古今字，《寅簋》作鋚勒。《單疏》鸞雝，《韓》《魯》《後漢・輿服志》注、《唐石經》作雍，《魯》《新書・容經》《齊》《易林・恒之蹇》作嚯，鸞通鑾，雝雝、雍雍、嚯嚯擬音詞。《毛》、相臺本忡，何焯《校》：忡，《釋文》《單疏》《唐石經》、小字本、十行本、《詩集傳》、阮《校》沖。

【詮釋】

〔1〕各章上興下賦。蓼，蓼蓼 lùlù，長大貌。蕭 xiāo，香蒿。斯，語詞。案：霝零古今字 líng，降落；湑，湑湑 xǔxǔ，盛。君子，國王（周宣王）。案：寫 xiè，（古）心魚，愜 qiè，（古）溪葉，心、溪準鄰紐，寫通愜，歡快。朱熹訓：寫 xiě，輸寫（傾述）。燕，安然。宋・蘇轍：「譽、豫通。凡詩之譽皆言樂也。」《裳裳者華》「是以有譽處」，《車轄》「式燕且譽」，《常武》「不留不處」。《新證》：譽通與，相處。

韻部：湑寫語處，魚部。

〔2〕瀼瀼 ráng，露盛多貌。龍、日代指國王，則諸侯見周王以爲寵遇，詳《易經》《遲父鐘銘》《古書疑義舉例》此處以光代日，變文協韻。一說龍，通寵，榮耀。爽，差失。忘通亡，止，已。

韻部：瀼光爽忘（亡），陽部。

　　〔3〕泥泥 nǐnǐ，露濃貌。孔，甚；燕，安詳；豈弟愷悌 kǎitì，和易，這是中國古代傳統的中和思想。《齊傳》《中庸》提倡致中和，「中也者，天下之大平也。和也者，天下之達道也。」壽 shòu，久；豈 kǎi，愷。樂，美德久宜，大德久宜，快樂。

　　韻部：泥弟弟，脂部；豈，微部。脂、微合韻。

　　〔4〕鞗革通鋚勒，鋚 tiáo，馬嚼子的銅製飾物；勒，皮革製的馬轡頭。忡忡沖沖 chōng chōng，下垂飾貌。這是周王鑾輅的裝備：和，掛在車軾的鈴；鸞通鑾，掛在車衡的鈴。雝雝（嗈嗈、雍雍 yōng）擬聲詞。《魯》《新書·容經》：「登車則馬行，馬行則鑾鳴，鑾鳴則和應。聲曰和，和則敬。故《詩》曰：『和鑾嗈嗈，萬福攸同。』言動有紀度則萬福之所聚也。」攸，所。同，聚。

　　韻部：濃，冬部；沖（忡）同，東部。冬、東合韻。

【評論】

　　《魯傳》《新書·容經》引末二句，「言動以紀度，則萬福之所聚也。」孫月峰：「寫一時歡樂光景，藹然可味。首章點得透快。二、三章歸之德，是詩骨。末章借車馬寫意，陡發而緩收，正是頓挫。」《詩經傳說匯纂》10引邵泉：「此詩見至治之世，諸侯漸有常期，而天子之禮遇有常典，又拳拳惟德之勸誡，此同道之所以為泰也。」《詩志》3「高朗和平，頌諷合併，淵然含蓄。」

<h2 style="text-align:center">湛　露</h2>

湛湛〔湛〕露〔寀零〕斯，匪陽〔暘〕不晞〔睎晞〕。	露水重重，太陽不出曬不乾。
「厭厭〔懕懕〕夜飲， 不醉〔酔〕無歸。」〔1〕	「暢飲安和宵達旦， 人不盡醉筵不散。」
湛湛〔湛〕露斯，在彼豐草。	露水沉沉濕鞋早，露水壓那豐草。
「厭厭〔懕懕〕夜飲， 在宗載考。」〔2〕	「酣然通宵都飲酒， 祭祀宗廟盡孝道。」
湛湛〔湛〕露斯，在彼杞〔杞〕棘〔棘〕。	露水沉沉濕漉漉，露珠掛滿杞棗木。
「顯允〔明允〕君子， 莫不令德。」〔3〕	「光明公平的諸侯們， 人人莫不有令德！」

其桐其椅，其實離離。	那株桐樹那梓樹，滿樹果實掛累累。
「豈弟〔愷歕悌〕君子，	「和易諸侯人人敬，
莫不令儀！」〔4〕	無人沒有好威儀！」

【詩旨】

《詩論》簡 21「《宋零（湛露）》之賹（益）也，丌（其）猷（猶）鉈（酡）與？」由「在宗載考」可見是周王在宗廟宴飲姬姓諸侯時的樂歌。繫於前 782 年。

〔齊說〕《易林‧訟之既濟》：「白雉群雊，慕德貢朝。《湛露》之恩，使我得歡。」《屯之鼎》：「《湛露》之歡，三爵畢恩。」

《毛序》：「《湛露》，天子燕諸侯也。」

案：這是周王宴飲臣子、嘉賓時的樂歌，歌詞中十分重視「令德令儀」。

【校勘】

〔1〕《單疏》湛晞，《唐石經》湁晞，避唐敬宗諱，下同。《詩論》宋零。《毛》陽，《定本》暘，陽通暘。案：本字作晞，《三家》《少司命》注《說文》《建寧碑》《廣雅》《方言》《玉篇》《廣韻》作晞，《漢石經》羅振玉《集錄》晞，《毛》晞，《唐石經》晞，俗字。案：本字作懕，《單疏》厭，《魯》《釋訓》《說文》懕，《慧琳音義》引《毛》作懕，《魏都賦》《琴賦》注引《韓》愔，厭懕古今字，愔、懕形異義同。厭是懕的形省，愔或體。《毛》醉，義熙寫本作酔，異體。

〔2〕《毛》顯允，《初學記》明允，避唐中宗諱。顯明義同。

〔3〕《毛》離，《初學記》蘺《毛》豈弟，信陽楚簡 108 作「歕（凱）弟君子」，豈弟、歕（凱）弟通愷悌。《吐蕃文書》義熙寫本作凱悌，凱通愷。《毛》杞棘，《唐石經》棘，義熙本作棘，俗字，棘字之訛，《單疏》《初學記》杞，案：杞當依《唐石經》作杞。

〔4〕《毛》桐、離，《初學記》引《韓》作同，桐的形省，義熙本作難，俗字。《毛》豈弟，義熙本作凱悌。

【詮釋】

〔1〕前三章美國王，湛湛 zhàn zhàn，露盛。《魯說》《悲回風章句》湛湛，厚。《少司命章句》：晞 xī，乾（曬乾）。《說文》暘 yáng，日出。《單疏》厭厭 yànyàn，安閒之夜（疑「夜」為「貌」）。愔厭通懕，和悅貌。無歸，飲酒盡興。

韻部：晞歸，微部。

〔2〕在，於；宗，朱熹：宗室爲路寢之屬。宗廟同姓，姬姓。載，則；考 kǎo，享孝，祭祀。《新證》『在宗載考』載孝於宗。《曼龏父盨》，『用亯孝於宗室』。

韻部：草考，幽部。

〔3〕杞，枸杞；棘，棗。明允、顯允，既光明正大又公允公平。一說誠實可信。君子，諸侯。莫，無；令，善；德，德行。

韻部：棘德，之部。

〔4〕四章頌美諸侯禮儀美。其，那些。桐，梧桐。椅，梓。離離 lí lí，累累，果實飽滿紛紛垂下貌。《初學記》28 引《韓說》：長貌。豈（敳、凱）弟，愷悌，和易。莫，無；令，善；儀，舉止；縱然微醉，絕不失禮。

韻部：離儀，歌部。

【評論】

《齊》、《易林・屯之鼎》：「區脫康居，慕仁入朝；湛露之歡，三爵畢恩，復歸野廬，與母相候。」朱熹引曾氏：「前兩章言厭厭夜飲，後兩章言令德令儀。雖過三爵，亦可謂不繼以淫矣。」《原解》18：「前篇來朝，此篇賜燕，朝則禮嚴，燕則情洽。」《原始》9：「故醉中可以觀德，尤足以知蘊蓄之有素。……《詩》曰『莫不令儀』，『莫不令德』者，蓋美中寓戒耳。」蔣見元：勸酒詩之祖。

彤 弓

彤弓弨兮，	朱弓鬆弛了，國王賞賜我，
受言藏之，	接受它，珍藏它。
我有嘉賓（賓），	我有這一群嘉賓，
中心貺〔兄皇況〕之，	我衷心讚美諸侯功臣們。
鐘〔鍾〕鼓既設，	陳設了鐘鼓，
一朝饗之。〔1〕	設饗禮宴請諸侯功臣們。
彤弓弨兮，	朱弓鬆弛了，
受言載之，	接受它，珍藏它。
我有嘉賓（賓），	我有這一群嘉賓，
中心喜之，	衷心喜愛諸侯功臣們，
鐘〔鍾〕鼓既設，	奏鐘擊鼓，
一朝右〔侑〕之。〔2〕	設饗禮勸飲諸侯功臣們。

彤弓弨兮，　　　　　　　　朱弓鬆弛了，
受言櫜〔韜弢〕之，　　　　接受它，藏在弓衣。
我有嘉賓（賔），　　　　　我有這一群嘉賓，
中心好之，　　　　　　　　衷心愛好諸侯功臣們，
鐘〔鍾〕鼓既設，　　　　　敲鐘擊鼓陳設好，
一朝醻〔疇酬〕之。〔3〕　設饗禮酬謝諸侯功臣們。

【詩旨】

案：賦體詩。周宣王賜征伐有功的諸侯或武將以彤弓，對嘉賓以隆重的宴禮款待。此爲設饗禮時的樂歌。繫年於前 782 年。《孔叢子‧記義》引孔子去：「於《彤弓》，見有功之必報也。」《毛序》「《彤弓》，天子錫有功諸侯也。」

【校勘】

〔1〕段氏《故訓傳》本作兄，俗作貺，又作況，《毛》貺，義熙寫本作況，《說文》無貺，《毛》《箋》《疏》貺。《釋文》《毛詩音》：「貺，俗，古作兄」，《新證中》：況與兄均係借字，本字應作皇。……『中心況之』，即『中心皇之』，『中心讚美之』，與『中心喜之』、『中心好之』，義均相仿。《廣韻》：況，善之。首章「我」是周王，賜以彤弓，賜以饗宴。二、三章則從嘉賓的口吻詠歎。《毛》賓，《單疏》《唐石經》賔，同。下同。《毛》鐘，《說文》《唐石經》鍾，同。下同。

〔2〕《毛》右，訓勸，《毛詩音》：右即侑，則本字必爲侑，右通侑。義熙寫本：右，勸也。

〔3〕《毛》櫜，《釋文》：櫜，韜，本又作弢。《單疏》、《唐石經》、《毛》蘇轍本醻，《說文》醻，義熙寫本作疇，《釋文》醻，本又作酬，同，疇通酬。

【詮釋】

〔1〕周王賜有功的諸侯弓矢以後，則諸侯可以專征伐。《籀廎述林》頁70：首章饗，即謂主人獻賓；次章右，即謂賓酢主人；三章酬，即謂主人酬賓。《詩》《禮》互證，差次甚明。彤弓，朱弓，周王用彤弓，或賞賜諸侯、或賞賜功臣的弓。《公羊‧定 4》：「天子雕弓，諸侯彤弓，大夫嬰弓，士盧弓。」弨 chāo，鬆弛貌。言，而。受言藏之，接受而珍藏之。兄，皇，讚美。一說貺兄況 kuàng，賜與。饗 xiǎng，盛禮大飲賓，主人獻賓。一朝，早朝，設，陳設。鐘鍾，編鐘，鍾，敲鐘；鼓，擊鼓；設，設置。寫宮廷宴筵的排場。

韻部：藏貺（兄況皇）饗，陽部。

〔2〕載 zài，案：載藏櫜 gāo，趁韻，爲協韻用載。劉瑾：載，抗 kàng，抗弓體使正，言其藏之謹也。喜 xǐ，喜悅。右通侑 yòu，勸酒食，或陪侍飲酒飲食。

韻部：載喜右（侑），之部。

〔3〕鐘 zhōng，古樂器。櫜 gāo，韜弢，用弓袋珍藏。好 hào，喜愛。醻 chóu，報。主人敬賓客酒。設，陳設。

韻部：櫜（韜弢）好醻（酬），幽部。

【評論】

《讀詩記》：「受言藏之」，言其重也。弓人所獻，藏之王府，以待有功，不敢輕與人也。「中心貺之」，言其誠也。中心實欲貺之，非由外也。「一朝饗之」，言其速也。以王府寶藏之弓，一朝舉以畀人，未嘗有遲留顧惜之意也。」《詩傳注疏》：「饗之未足而右之，右之未足而醻之，此亦中心喜好之實也。」《原始》9：「其詞甚莊雅而意亦深厚。」《會歸》頁 1152，「各章皆分三截，而順逆溯洄，迴環逶迤，構體新奇，在雅歌中別饒輕靈之致云。」

菁菁者莪

菁菁〔靖薄蓁〕者莪〔義〕，在彼中阿。　　莪蒿菁菁長得旺，長在大陵中，
「既見君子，　　　　　　　　　　　　　「已經拜見周宣王，
樂且有儀。」〔1〕　　　　　　　　　　　歡樂而且情誼濃。」

菁菁〔靖薄蓁〕者莪，在彼中沚，　　　　莪蒿菁菁葉萋萋，長在於沚，
「既見君子，　　　　　　　　　　　　　「已經拜見周宣王，
我心則喜。」〔2〕　　　　　　　　　　　咱的心兒滿欣喜。」

菁菁〔靖薄蓁〕者莪，在彼中陵。　　　　莪蒿菁菁正興旺，長在陵中。
「既見君子，　　　　　　　　　　　　　「已經拜見周宣王，
錫〔賜〕我百朋〔崩〕。」〔3〕　　　　　賜五百貝樂在心中。」

汎汎楊〔揚〕舟，載沈載浮，　　　　　　楊木船兒泛泛遊，乍沈乍浮，
「既見君子，　　　　　　　　　　　　　「已經拜見周宣王，
我心則休。」〔4〕　　　　　　　　　　　咱心喜悅樂悠悠。」

【詩旨】

《詩論》簡 9「《靖靖（菁菁）者莪》，則曰（以）人萟（益）也。」

〔魯說〕《中論・藝紀》：「先王之欲人之爲君子也，故立保氏掌教六藝：……。教六儀：……不解於時。故《詩》曰：『菁菁者莪，在彼中阿。既見君子，樂且有儀。』美育群材，其猶人之於藝乎？」頌美樂育人材。繫於前 782 年，或周成王時（前 1035〜前 1026）。

《毛序》：「《菁菁者莪》，樂育材也。君子能長育人材，則天下喜樂之矣。」

【校勘】

〔1〕《單疏》菁，《詩論》簡 9「靖靖者莪」，《魯》「青青者莪」，《東都賦》注引《韓》蓁蓁，《集韻》14 薄薄，重言擬況詞。《毛》莪，《魯峻碑》義，《孔耽神祠碑》儀。《毛》儀，《毛詩音》：「莪，音俄，儀當作義」，則樂而有儀，本作樂而有義。

〔3〕《毛》錫，義熙寫本作賜，錫讀若賜。《毛》朋，義熙寫本作崩，傳寫之誤，《六韜》作百馮，聲近。

〔4〕《毛》《疏》楊，《唐石經》揚，揚通楊。

【詮釋】

〔1〕青青、菁菁、靖靖、蓁蓁、薄薄，茂盛貌。《東都賦》注引《韓詩章句》蓁蓁，盛貌。「樂而有儀」，快樂而且有儀禮相待。莪 é，蘿蒿，可生食，可蒸食。中阿 ē，大陵中。中沚、中陵，趁韻。君子，周王。儀誼禮義宜古通，儀，有禮儀，有善心。

韻部：莪阿儀（義），歌部。

〔2〕韻部：喜，悅。沚喜，之部。

〔3〕中陵，陵中。錫，賜。朋 péng，五貝爲朋。

韻部：陵、朋，蒸部。

〔4〕汎汎，泛泛然漂流。楊舟，楊木爲舟。載，乃，乍。休，休休然喜悅。

韻部：舟浮休，幽部。

【評論】

《詩論》簡 9「《靖靖者莪》則レ（以）人萟（益）也。」《魯傳》皇甫謐曰：「詩人歌武王之德，今《小雅》自《魚麗》至《菁菁者莪》，七篇是也。」

晉·孫楚《羊祜碑》:「雖《泮宮》之詠魯侯,《菁莪》之美育材,無以過也。」
宋·劉克《詩說》:「詳味詩辭,但若喻人才眾多,皆願立於王朝,周王能大
受之,無一棄遺。」《詩經傳說匯纂》10引鄒泉:「此詩宴賓,道見既見而喜,
喜而追反其昔日之思,其悅賢之至藹然見於歌詠也。」

六　月

六月棲棲〔悽悽〕,　　　　　　　六月北征檢閱忙,
戎車既飭〔飾餝〕,　　　　　　　戰車齊整向前方,
四牡騤騤,　　　　　　　　　　　四匹公馬都雄強,
載是常服。　　　　　　　　　　　一式軍服鬥志昂。
玁(玃)狁(允)孔熾,　　　　　　北狄寇邊兇焰囂張,
我是用急〔戒愾棘〕,　　　　　　我軍因此戒備忙,
王于〔曰〕:「出征,　　　　　　　宣王命令「速出征」,
以匡王國。」〔1〕　　　　　　　　匡救邊患保國防。

比物四〔駟〕驪,　　　　　　　　選齊四匹鐵驪馬,
閑之維則。　　　　　　　　　　　訓練有素都嫻習,
維此六月,　　　　　　　　　　　宣王五年夏六月,
既成我服;　　　　　　　　　　　全軍一齊穿軍服,
我服既成,　　　　　　　　　　　軍服一齊穿上身,
于三十〔卅〕里。〔2〕　　　　　　初行一日三十里。

王于出征,　　　　　　　　　　　宣王興師征玁狁,
以佐〔左〕天子。　　　　　　　　輔弼國王樹勳績。
四牡脩廣,　　　　　　　　　　　四匹公馬高又大,
其大有顒〔顴〕,　　　　　　　　大馬一一都嚴整,
薄〔慱博〕伐玁〔玃〕狁,　　　　搏伐北狄奮向前,
以奏膚〔臚〕公〔功工〕,　　　　人人奮勇建大功。
有嚴有翼,　　　　　　　　　　　嚴正謹肅軍紀明,
共武之服;　　　　　　　　　　　齊心禦寇忙戰事,
共武之服,　　　　　　　　　　　齊心禦寇忙戰事,
以定王國。〔3〕　　　　　　　　　安定邦國不惜力。

玁狁匪茹〔度〕,　　　　　　　　玁狁兇暴不自量,
正居焦穫〔護〕,　　　　　　　　正占焦護逞兇狂。

侵鎬及方，	侵佔鎬京與豐京，
至于〔乎〕涇陽。〔4〕	前鋒已達涇水陽。
織〔識幟〕文鳥章，	幟徽繡著鷹隼飛之迅，
白〔帛〕斾〔斾筏〕央央〔英英〕；	帛旗英英眞鮮明，
元戎十乘，	大戰車十乘無所懼，
以先啓行。〔5〕	開路先鋒揚威名。
戎車既安，	兵車一一得安穩，
如輊〔輊輊輊輟〕如軒，	輕軒調適或低或昂氣如山，
四牡既佶，	四匹公馬都整齊，
既佶且閑。	雄偉嫻習自無前。
薄〔愽〕伐玁狁〔厰軟玁允〕，	愽伐北狄氣勢雄，
至于大〔太〕原〔原瘰〕，	收復太原建大功，
文武吉甫，	文武兼資尹吉甫，
萬邦爲〔是〕憲〔6〕。	他是全國好儀型。
吉甫燕〔宴〕喜〔饎〕，	吉甫設宴備酒食，
既多受祉，	宣王此日多賞賜。
來歸自鎬，	自從鎬豐班師回，
我行永久。	我軍迢遙行已久。
飲御諸友，	宴享敬奉諸位老朋友，
炰〔缶炰炮〕鱉膾鯉，	蒸鱉膾鯉多美味，
侯誰在矣？	有誰在這筵席上？
張仲〔中〕孝友！〔7〕	孝友張仲大謀士！

【詩旨】

　　〔齊說〕《漢·匈奴傳》：「〔宣王〕興師命將以征伐之，詩人美大其功。」
《韋玄成傳》引劉歆《議》：「周室既衰，四夷並侵，玁狁最強，至宣王而伐
之，詩人美而頌之曰：『薄伐玁狁，至於太原』，又曰：『嘽嘽推推，如霆如雷，
顯允方叔，征伐玁狁，蠻荊來威』，故稱中興。」《左傳·僖29》《史·匈奴傳》
繫之於周襄王、晉文公世（前635年）。據《竹書紀年集證》當繫年於前823
年。《編年史》認爲作者是張仲。

　　《毛序》：「《六月》，宣王北伐也。」《單疏》《稽古編》11否定毛萇、王肅、
孔晁親征說，而主《箋》遣尹吉甫說。以下二首，《編年史》繫於前816年。

【校勘】

〔1〕《毛》棲棲，俗本作棲棲又作悽悽，棲俗體字，重言形況詞。本字作飭，《釋文音》《單疏》、葉抄本、p2506 飭，古寫本、《法藏》14/373 作餚，義熙寫本、《金石文字記》《唐石經》《箋》、王肅、《四子講德論》注引作飭，當是飭。《毛》玁狁，《齊》《漢》獫允，p2506 作狁，義熙本作嚴允。《齊》《鹽鐵論‧徭役》《詩經小學》戒，《毛》《唐石經》《初刻》8/249 小字本、相臺本作急，《釋文》急，當作棘，《魯》《釋言》悈，謝靈運《述徵賦》作棘，從文義、從韻部則當依《魯》作悈，戒是悈字之省，急戒棘亟與悈古聲近通用。《毛》于，《考文》曰，于通曰。

〔2〕《毛》《詩集傳》三十，《唐石經》、《台》139/57 作卅。《唐石經》《毛》四，《考文》作駟，案：古作四。《毛》佐，《說文》左，左古字。

〔3〕《注疏》顒，避清仁宗諱，本作顒，《唐石經》顒。《單疏》薄伐嚴允，當依金文作戁伐、尃伐、搏伐亦即征伐。《毛》公，《魯》《九章注》工，《齊》《漢‧劉歆傳》功工公通功。《毛》膚，義熙本作膚，俗字。

〔4〕《毛》茹，《齊》《易林‧未濟之睽》度。《唐石經》穫，《魯》《爾雅》注、義熙本護，《單疏》護、穫，穫通護。《毛》於，義熙寫本作乎。案：正字作識，《毛》、鄭作織，《周禮‧司常》《疏》《箋》《說文》《釋文》《御覽》680、阮《校》、臧琳《經文雜記》作識（幟），織通識，俗作幟。本字作帛，白通帛。案：本字作斾，《毛》斾，《釋文》筏，本又作斾，《群經音辨》伐，p2506 作筏。伐通筏。《毛》白斾央央，《魯》《公羊‧宣 12》《疏》引《爾雅》孫炎注帛斾英英，義熙寫本作白筏英英，《釋文》央音英，本字作英，重言形況詞。央讀同英。

〔5〕《唐石經》《單疏》織，《周禮‧司常》《疏》織，《單疏》引《史》《漢》作熾。織、熾讀如識，志。本字作𢃇。《毛》軽，《射雉賦》作轂，《考工記》鄭注、《繫傳》𢁒，一作軝轂。案：薄讀如搏周宣王十二年（前 816 年）《虢季子白盤》「薄伐玁狁，于洛之陽」，薄作博博，搏擊之搏，本字作太原，《漢石經》原，《單疏》《毛》大原，《穀梁‧昭 1》作大原、大鹵，《魯》《史記》《衛將軍傳》《匈奴傳》《齊》《漢》p2506 獫允、大原。《鹽鐵論‧繇役》、《奏彈曹景宗》注引《毛》〈台〉121 / 232 作太原。義熙寫本作大瘝。大音太。《毛》薄伐玁狁，《史》《漢》獫狁允，《虢季子白盤》作「博伐廠靴」，《兮甲

盤》作「格伐廠㦸」，字異音義同。案：本字作帛㫃，《毛》《詩集傳》白、㫃，P2506、古寫本、《釋文》筏，《正義》帛筏，《魯》帛㫃，《釋文》筏，本又作㫃，《公羊·宣12》《疏》引作帛，白通帛。

〔6〕《毛》燕，《漢·陳湯傳》作宴，燕通宴。《釋文》、《單疏》、《唐石經》炰，《文選注》炮，《大射禮》注引作炰，《五經文字》缶，炰古字，缶是炰字之省，炰炰同，炮是隸省變字。

〔7〕《毛》繁，《唐石經》鼉，俗字。案：本字作仲，《齊》《易林·小過之未濟》仲，《博古圖·張仲簠》仲，《漢·古今人表》中。《毛》輶，《說文》軽，《玉篇》轋，又作軽，軽輶古今字，轋輶同，軽軽別體。

【詮釋】

〔1〕六月，棲棲，栖栖 qīqī，遑遑，忙碌不止貌，急切選擇士卒、軍械、車馬加以簡閱的急切的樣子。飭 chì，整飭。騤騤，奔馳不息貌。常服，軍服。孔熾，很猖獗。是用，因此；急，急速。嚴允，狹允，夏曰獫鬻。戒棘恆亟急通恆，恆 jiè，急也，戒備。《單疏》於，往。案：于 yú，（古）匣魚；曰 yuē，（古）匣月，同爲匣母，魚月通轉，讀如曰，命令。匡，匡救。

韻部：急，緝部。棲騤，脂部。飭服幟幟（識幟同屬之部）國，職部，恆戒，之部；棘，職部。緝職，之通韻。

〔2〕比，齊同。駟，四。騧 lí，鐵騧馬。閑，嫻習；維，有，一說是；則，法，訓練有素。維，發語詞。服，統一著裝。初，日行三十里，古代300步爲里。于，聿，王于出征，王于興師。

韻部：則服，職部。里，之部。職、之合韻。成征，耕部。

〔3〕脩廣，高大。有顒，顒顒 yóngyóng，大，昂昂然，威猛、嚴正貌。薄伐，搏伐，征伐。奏，成；《魯傳》《孟·離婁上》趙注：膚 fū，大；公工讀若功。有，助詞；有，又。有嚴，嚴嚴，嚴正；有翼，翼翼，謹肅貌。共，恭；武，武裝；服，職事。嚴翼共武事，盡心伐戎。一說服，服馬。定，安定。

韻部：顒公（功），東部；翼服服國，職部。

〔4〕案：據《今本竹書紀年》《漢·匈奴傳》，前893年西戎侵鎬，蠶食到周的腹地。匪，非；茹 rú，度，自量。整居，佔據。《新證》：整，正。焦護 hù，中國古代十澤之一，在今陝西省涇陽縣西北。侵，侵佔。據王國維《周方京考》、郭沫若《臣辰盉》《麥尊》《遹段》《考釋》、黃盛璋《周都豐鎬與金文中的蒿京》鎬 hào，鎬京，在今西安西南，一說鎬邑，在陝西涇陽一帶；方，

蒿，豐京。《辰方盉》「唯王大禴于宗周祫饗蒿京年」，現藏於法國吉美博物館的《鮮簋》「王在蒿京，禘于邵王（昭王）」。一說方在陝、甘一帶。涇陽，涇水北岸，今甘肅平涼市西。元戎，大兵車。此章寫戎狄侵入腹地，我師出討的盛況，禦侮匡國，頌美中興大業。

韻部：方，陽部；茹，魚部；護（穫），鐸部；魚、鐸通韻。

〔5〕此章繪寫主帥，織識幟 zhì 古今字，徽識。軍旗畫有鳥隼圖案，以示行軍征伐的迅速。白通帛；筏通旆 pèi，古代旐 zhào 這種有龜蛇的圖像的旗末有狀如燕尾的垂旒；央央、英英 yīng yīng，鮮明貌。《史‧三王世家》《集解》引《韓嬰章句》：「元戎，大戎，謂兵車也。車有大戎十乘，謂車縵輪，馬披甲，衡軛之上，畫有劍戟，名曰陷陣之車，所以冒突，先啟敵家三行伍也。」行 xíng，行程。

韻部：章央（英）行，陽部。

〔6〕六章舉出主帥尹吉甫、名臣名士張仲。安，安穩。轅輊（輊），墊 zhì，車前重向下；軒 xuān，車後重向下，整個兵車調適。屈萬里《詮釋》：「如，或也。如軒如輊，言或低或昂也。」佶佶 jì jì，齊整貌；閑，嫻熟。大原，太原，今甘肅平涼。文武，文武兼資。吉甫，宣王中興時的功臣尹吉甫。《中國歷史文化名城續編》：周宣王命尹吉甫北伐玁狁，駐兵於此，築〔平遙古城〕西北兩面京陵城，東南有尹吉甫將臺，尹氏墓在太和門外路北。太和門內有尹公祠。為，是；憲，典範。案：詩人對將帥功臣的頌美，有功於邦國則是楷範。

韻部：安軒閑（嫻）原憲，元部。

〔7〕燕通宴。喜讀如饎 chī，酒食。祉 zhǐ，福祉，受賜多。行，行軍；鎬 hào，故址在今寧夏寧武市。從鎬至雒，路途頗遠，故行永久。飲，宴；御，進。炰炮烋 fǒu，蒸煮。膾，細切。案：侯 hóu；有 yǒu，同聲通借；矣 yǐ，疑問語氣詞。張仲，《古今人表》注：「張中，又作張仲，周宣王大臣尹吉父之友。」以孝順父母、善待兄弟聞名全國，《張仲簠銘》：「張仲受無疆福，必友殄飼，鼎寶張仲畀受」，善待父母為孝，善待兄弟為友。蔡邕《為陳縣上孝子狀》：「張仲孝友，侯在左右，周室之興，實始於此。」《編年史》認為張仲作此詩。張仲，遠不僅以孝友名，當是名臣，又是尹吉甫的重要謀士與幕佐。孔融《漢衛尉張儉碑》「其先張仲，實以孝友，左右（佐佑）周室。」（《漢魏石刻文字考釋》頁 426）

韻部：喜祉久友鯉在友，之部。

【評論】

　　《齊傳》《鹽鐵論‧徭役》：「周宣王、仲山甫式遏寇虐，《詩》云：『薄伐獫狁，至于太原。』『出車彭彭，城彼朔方』。自古明王不能無征伐而服不義，不能無城壘而禦強暴也。」孫月峰「嚴整宏壯，儼然節制之師氣象，語不濃卻勁色照人，蓋自古質中煉出。」明‧姚舜牧《重訂詩經疑問》4「此詩章法極整，首章是總敍盛夏出師之由；次章則申其所爲車服就道者，以見行師之有度；三章則申其所爲嚴翼共武者，以見制勝之有本；四章則申其所云『孔熾』者，蓋若斯之急，故選鋒銳進之奮揚；五章則申其所爲『薄伐』者，不事於窮追，故文、武並用之可法。末章則道其歸至燕喜，有賢者與事，以見一時中興功烈之可稱。蓋此詩不獨美吉甫，實以美宣王也。」「『獫狁孔熾，我是用急』，是一詩大主意。」勞孝與：「詞旨雅令，擷詩志腴。」（《春秋詩話》2）清‧方志誠《說詩章義》：「音節豪壯，興會淋漓。」《會歸》頁1164：「全詩序次井井，雍容肅重，敍戰事而無殺伐之象，寫將帥而無奮張之容，斯所以爲中興之戰功，變雅之母音也。」案：此詩首章寫事態意象，寫出緊張備戰的英武氣概，「以匡王國」的宏偉目的，倒寫「獫狁孔熾」的背景；二章描繪物態意象、事態意象，寫出輔弼中興之主的中興虎將的雄姿；三章描摹物態意象，敍寫事態意象，寫出爲國家安全而奮戰的將士們的精神風貌，追敍敵寇已迫心腹之地的險惡環境，描寫「元戎十乘，以啓先行」的所向無敵的戰鬥態勢，戰馬顯顯昂昂的勃勃英姿；四章寫追討至甘肅平涼，大將軍尹吉甫成爲舉國效法的典範；末章寫事態意象，凱旋宴飲，「侯誰在矣，張仲孝友」，還有誰與宴慶功？以孝友聞名的大臣張仲，有名士風流，側面烘托了周宣王、尹吉甫的道德規範與善用名士，開啓了以名士襯托英雄的篇章，全文栩栩欲生，歷歷如繪。宋‧蘇軾《念奴嬌‧赤壁懷古》胎息於此。宋‧楊萬里《誠齋詩話》：「詩已盡而味方永，乃善之善也。」

采　芑

薄言采芑〔芑〕，于彼新田， 于此菑〔菑置〕畝〔畝〕。 方叔涖〔蒞莅隶〕止， 其車三千，	採白粱粟，在那開墾兩年的田， 在那開墾一年的田間， 大將方叔來臨了， 戰車就多達三千乘。

師干〔扞〕之試。
方叔率〔衛〕止，
乘其四〔駟〕騏，
四騏翼翼。
路〔輅〕車有奭〔奭艴〕，
簟茀〔笰〕魚服〔箙〕，
鉤膺鞗革〔鞗鑾勒〕。〔1〕

大家忙著歷練作戰的本領。
方大將軍帥領大軍。
駕著四匹駿馬，
四匹駿馬多雄健。
輅車紅漆閃閃亮，
竹簾車蔽魚皮車護，
馬腹帶馬絡頭銅飾光閃閃。

薄言采芑〔芑〕，于彼新田，
于此中鄉〔鄉〕。
方叔涖〔竦蒞蒞〕止，
其車三千，
旂旐央央〔英英〕，
方叔率〔衛〕止〔之〕，
約軝〔軧軧〕錯衡，
八鸞〔鑾〕瑲瑲〔鎗鏘鎗〕，
服其命服，
朱芾〔緋黻〕斯皇，
有瑲蔥珩〔衡〕。〔2〕

採白梁粟，採白梁粟，在那開墾兩年的田，
在此處所中，
方將軍蒞臨了，
戰車多達三千，
戰旗迎風招展。
方將軍統帥大軍，
綑牢車轂轅木有文，
鑾鈴聲聲響鄉間。
方將軍穿上命服，
紅色蔽膝明煌煌。
瑲瑲然青玉佩腰間。

鴥〔鴥〕彼飛隼〔隼鶉〕，
其飛戾天，
亦集爰止。
方叔涖止，
其車三千，
師干之試。
方叔率〔衛〕止，
鉦〔征〕人伐鼓，
陳師鞠〔鞫〕旅，
顯允方叔。
伐鼓淵淵〔嚻嚻淠〕，
振旅闐闐〔嗔輑〕。〔3〕

鶚鷹飛快地掠過，
一飛飛到長天，
有時停在樹中間。
方將軍蒞臨了，
戰車就有三千，
指揮部下演練。
方將軍統領我們，
鉦人擊鉦，鼓人伐鼓，
佈陣，嚴令軍旅共同宣誓，
英明誠信的方叔。
擊鼓淵淵聲響，
凱旋時大部隊整飭且雄壯。

蠢爾蠻荊〔荊蠻〕，
大邦為讎〔仇〕。
方叔元老，

蠢蠢欲動的荊人，
竟以中國為仇人，
方將軍是元老級重臣，

克壯其猶〔猷〕。	擅長兵法克敵致勝。
方叔率止〔之〕，	方將軍帥領大家，
執訊〔計嗛信〕獲〔馘〕醜。	押著俘虜，截耳計功。
戎車嘽嘽，	戰車很有軍威，
嘽嘽〔戎車〕焞焞〔推轄啍〕，	軍威強盛，
如霆如雷。	如疾雷，
顯允方叔，	英名昭著的方將軍，
征伐玁狁〔獫允〕，	北伐玁狁已有前功，
蠻荊〔荊蠻〕來威。〔4〕	荊人畏服威武之師。

【詩旨】

案：前 816 年，詩人爲驅逐玁狁後，方叔南征荊人與軍屯所寫的樂歌。

〔齊說〕《詩氾曆樞》：「午，采芑也。」據《古今人表》《後漢·南蠻傳》《虢季子白盤》《豐鎬考信錄》。《竹書紀年集證》繫年於前 823 年。《編年史》繫於前 816 年。

《毛序》：「《采芑》，宣王南征也。」

聶師主編《新注》云：「據蒙文通《周秦少數民族研究》，宣王時期，西北大旱而『江域雨澤獨豐』，因此宣、幽之際周人繼世南遷。……觀兵耀武，即可以收到成效。因此，在此詩中就看不到《六月》那般的軍情緊急，措辭急迫，而是處處在軍容軍威方面著意鋪陳。」

【校勘】

〔1〕《單疏》《毛》芑畝，《唐石經》芑畝，芑當是芑字之訛，畝同畝。《釋文》《單疏》《毛》菑，《唐石經》《單疏》引《釋地》作菑，p2506 作薔，菑同菑，薔當是菑字之誤。《毛》沴，p2506 菑，《說文》無沴有淶，又作淶，淶沴菑菑同，通淶。《毛》干、試，《毛詩音》干讀扞。《箋》訓扡。《台》139/61 干、式。《毛》率，《說文》《群經正字》衛，率是衛之形省。《毛》四，《考文》駟，古今字。路通輅。《魯》《齊》《白虎通·爵》《說文新附》《蜀都賦》《魏都賦》《大招》王逸注、等注引《毛》奭，今本作奭。《毛》、古寫本作奭，案：古奭字通赫，《說文》奭（奭），奭，故奭，《單疏》、《唐石經》奭。案：本字作奭，作奭奭避漢元帝諱，《周華嶽頌》奭，《台》139/61奭。茀當作第，服通箙。《白文》鞗，《毛》鞗革，《台》121／232 作鞗，當依《說文》作鋚勒。

〔2〕《毛》鄉，《唐石經》鄉，俗字。《毛》沇，《爾雅》《說文》隸，隸沇古今字。《毛》央央，《魯》英英，央讀如英。牽是衛之省。本字作軝，也作軹，《毛》閩本、明監本軝，《說文》《單疏》《唐石經》、《法藏》14/374 小字本、相臺本《白文》軝，《考工記》軹，軝軹同，軹通軝。鸞通鑾。《唐石經》《單疏》瑲蔥珩，《考文》創蔥珩，古字。《說文》《釋文》《五經文字》《五經異義》《台》139/63 作鎗。《三家》《月令章句》作衡，衡通珩。《毛》芾，《齊》江淹《雜體詩》注引、《晉・文苑》韍韨，《魯》《白虎通・紼冕》紼。《韓》、P2506 作芾，芾芾韍韨紼同。

〔3〕《單疏》駚，《考文》P2509 作鴥，何焯《讀書記》同。《單疏》隼，正字作隼，《一切經音義》6 作鶽，或體。正字作鞙，《單疏》鞙旐，《法藏》14/375、《御覽》338 作鞙，鞙通鞙。《漢石經》《文選》43 引班固《涿邪山祝文》作征，征讀如鉦。《單疏》淵淵，《說文》《集注》《五經文字》鼘，又作鼙，《東京賦》鼘，淵是鼘之省，《唐石經》沇，避唐諱。同爲重言擬音詞。《單疏》《唐石經》《毛》闐闐，《蒼頡》軥軥，《齊》《易林・頤之大有》《魏都賦》輷輷，《韓》《說文》嗔嗔，擬聲詞。

〔4〕案：本字作荊蠻。《唐石經》蠻荊，從漢代已誤倒爲蠻荊，《漢》《陳湯傳》《賈捐之傳》蠻荊，《經》《傳》《箋》《疏》都沿襲此種蔑稱。《三家》《晉語》《漢・韋賢傳》《九歎・惜賢注》荊蠻。《釋文》《毛詩音》：「荊蠻，今作蠻荊，誤倒。」《毛》p2506 讎，《後漢・西南夷傳》作仇，同。案：本字作猷，《唐石經》猶，由《書・蔡仲之命》「克愼厥猷」與《三家》《胡公碑》《傳》《箋》《玉篇》《鹽鐵論・未通》可知當作猷，猶通猷。《毛》訊，古寫本、P2506 作信，信讀如訊。《毛》獲，《釋文》《毛詩音》：獲即馘。馘爲本字，獲通馘。案：正字《韓》《玉篇》轈轈，《單疏》《唐石經》嘽、焞，《南都賦》注引「戎車焞焞」，《魯》《漢・韋玄成傳》嘽嘽推推，《詩本音》燀燀推推，《釋文》焞，本又作啍。《陳湯傳》作焞，焞、推一聲之轉，《韓》《玉篇》作轈，焞焞啍啍、推推、轈轈，重言形況詞。《毛》玁狁，《漢石經》《衛青傳》獫允。

【詮釋】

〔1〕一章興而賦。首尾二章寫方叔所部車甲之盛，首章舉出名將方叔。薄言，語詞。今依《魯》《釋草》《說文》《集韻》、《五經文字》和《生民》「維穈維芑」，芑 qǐ，白粱粟。(《毛傳》、《玉篇》、陸、孔《疏》芑，芑菜。朱熹《詩集傳》馬氏《通釋》：苦蕒菜，又名苦菜，苦苣，是最養人的一種野菜，

蘆，菊科，經多歷春，葉、莖有白汁，全草入藥，《綱目》27 主治五臟邪氣，安心益氣，耐飢寒，治血淋，惡瘡，赤白痢。）新田，開墾二年的田。菑畝，菑田此處爲叶韻改畝，開墾一年的田返草還田。方叔，卿士，周宣王中興賢臣。涖通蒞 lì，臨。師，眾，軍隊；干，扞；式、試，用，試練，平日加強軍事訓練。率通衛 shuài，帥領；止通之。騏 qí，鐵青色花紋如棋格的馬；翼翼，壯健貌，以下周宣王賜方叔以公侯的禮遇，路通輅，帝王用的大車。有奭，奭奭 shìshì，赩赩 xìxì，赫赫然，紅漆紅亮貌。簟茀，竹席爲車蔽；魚箙，鯊魚皮作弓袋。鉤膺 gōuyīng，帶有銅製鉤飾的馬胸帶。鞗革讀如鋚勒 tiáolè，馬籠頭的銅飾。

韻部：芑畝止（之），之部；田千，眞部；試翼奭服革（勒），職部。

〔2〕鄉 xiāng，處所。新田，二年耕田。涖，親臨。旂，畫有交龍圖案的旗；旐，畫有龜蛇圖案的旗。約，用紅漆的皮革綑束好，軝軝，車轂上的飾物。錯衡，用金銀戴黃銅作爲錯鏤衡軛的文飾，有文采的車轅橫木。鎗鎗 chēngchēng 擬聲詞。服，穿；命服，國王賜予朝廷命服；朱芾，紅的蔽膝；斯，語詞；皇，煌煌然。有瑲（瑲），瑲瑲 qiāngqiāng，擬聲詞。蔥珩 cōngbéng，蔥綠色橫玉，也是符信。《韓傳》：「佩玉上有蔥衡，下有雙璜、衝牙、蠙珠，以納其間。」《原始》10「〔方叔涖止〕以下即極力描寫軍容之盛，紀律之嚴，早已爲攝（懾）服蠻荊張本。」

韻部：鄉央（英）衡瑲（鎗鏘）皇珩，陽部。

〔3〕鴥鴥 yùyù，疾飛貌。隼 sǔn，遊隼，中型猛禽 Falco peregrinus。比喻行軍之速。戾 lì，至。亦集爰止與上二句形容軍隊令行禁止。爰，乃。一說於。「其車三千」，75000 人，軍、屯兼顧。鉦 zhēng，鐃，似鈴，用以節制部屬，鼓，用以鼓舞士氣。鉦人伐鼓，鉦人擊鉦者，伐鼓擊鼓者，以一句說兩事，其然自明。（《四庫》經 65/91），即用鐃、鈸、鼓。陳，佈陣。鞫通鞠，嚴令。一說告誡。顯允，賞罰分明，很有威信；《齊說》《古今人表》：方叔，宣王時大臣，曾率兵攻敗楚國，又曾進攻玁允。伐，擊。蕭蕭 yuānyuān，鼓聲。振旅，嚴飭、整頓部隊回師，《虞夏書・大禹謨》：「班師振旅。」闐闐 tiántián，盛大貌。《稗疏》：群行聲。一說輇輇 tiántián，眾兵車聲。

韻部：天千，眞部；止止（之），之部；試，職部；之、職通韻。鼓旅，魚部；蕭（淵），闐（嗔輇），眞部。

〔4〕蠢爾，惷惷、蠢蠢 chǔnchǔn，不遜，無禮節。荊蠻，當時對荊人的

蔑稱。大邦，中國；讎，仇；以中國爲對頭爲仇敵。元老，重臣。克，能；壯，大；猶猷 yóu，謀略。《書·蔡仲之命》「克愼其猷。」嘛、訊，西周時稱俘虜；獲通馘，截耳計軍功；醜，多。嘽嘽 tān tān，擬聲詞；焞焞 tūntūn（推推，雖雖），強盛貌。霆，疾雷。來，乃；威通畏，畏服。《易·大有》：「厥孚威，威如」，《常棣》：「死喪之威」。

韻部：讎（仇）猶（允），醜，幽部；焞，文部；雷威（畏），微部。文、微合韻。

【評論】

〔魯傳〕《漢·趙充國傳》、漢·揚雄《趙充國頌》：「昔周之宣，有方有虎，詩人歌功，乃列於《雅》。」在《大雅·江漢》亦有歌頌。輔廣：上二章但言其車馬服飾之盛而已，故此章（三章）又以鳥之急疾興其猛鷙，又以『亦集爰止』興其進退有節也，其進退之有節者，蓋以將戰而誓眾有法，既戰而鼓聲不暴，戰罷振旅而入，又齊一而無先後也。」項安世《項氏家說》：「《采芑》之遣方叔，爲蠻荊也，而其《詩》曰：『顯允方叔，征伐玁狁』，命將者必道其前功，所以壯軍威而必後效也。」孫月峰：「敘述軍容處，華而不堆，壯而有度，此《小戎》所不及。」案：生活、時代需要桂冠詩人（Poetes Laurez），無論從思想美還是藝術美，愛國詩歌的壯美、崇高美是重要內容之一。《采薇》、《采芑》同仇敵愾，擅長描摹境界闊大，《小雅》中史詩。《原始》10：「全篇前路閒閒，後乃警策動人。然制勝全在先爲不可勝以待敵之可勝，故不戰而已屈人之師。文之局陣如之。」此詩善於狀寫不可遏止的氣勢、場景，歸結爲「征伐玁狁，荊蠻來威。」《會歸》頁 1170，「一述方叔率此眾以用武；二述方叔以鉦、鼓習動靜，而後誓師，三述方叔擊鼓進戰，戰罷而振旅歸營。此章正寫戰勝之事。末章始揭所征者爲蠻荊，由方叔大獻而克勝。乃率勝兵俘其可訊之人，敗殘之眾。整軍旋歸，眾盛之戎車，餘威猶如霆如雷，爲以聲比威之正比；然後舉方叔前伐玁狁，今服荊蠻，並頌其功業，總結全篇。以逆敘構體，以映寫傳神，爲寫戰諸詩之一變體也。」此詩與《采薇》《六月》諸英概沉雄之詠，文筆雄快，開啓了屈原《九章》、劉邦《大風歌》、曹植《贈白馬王彪》、楊炯、王昌齡《從軍行》、高適《燕歌行》，在中國詩歌藝術的長河中，卷起一股沛然莫之能禦的雄風。

車　攻

我〔㪇〕車〔輿〕既攻〔工〕，
我〔㪇〕馬既同，
四牡龐龐〔厖驦〕，
「駕言徂東！」〔1〕

田〔我〕車既好〔孜〕，
四牡孔阜〔騎〕。
東有甫〔圃〕草，
「駕言行狩！」〔2〕

之子于苗，
選徒囂囂。
「建旐設旄，
搏 bó〔搏薄〕獸〔狩〕于敖！」〔3〕

駕彼四牡，
四牡奕奕〔鴛鴛〕。
赤芾〔緋芾〕金舄，
會同有繹〔驛〕。〔4〕

決〔夬夬決〕拾既佽〔次〕，
弓矢既調。
射夫既同，
助我舉柴〔呰掌〕。〔5〕

四黃既駕，
兩驂不猗〔倚〕。
不失其馳，
舍矢如破。〔6〕

蕭蕭〔肅〕馬鳴，
悠悠〔攸〕旆〔斾〕旌〔旂〕。
徒御不驚〔警〕？
大庖不盈？〔7〕

之子于征，

田車都已堅固精緻，
馬兒齊整，氣宇軒昂，
四匹公馬高大矯健，
「駕著獵車一齊往洛陽！」

田車都已齊備完好，
四匹公馬很大雄駿，
東有廣大的圃田澤，
「駕車迅速一齊開進！」

有司準備夏季田獵，
點數徒眾只聽囂囂，
「樹起旐旗，升起高旄，
奮勇搏殺禽獸於敖！」

駕御那四匹公馬，
四匹公馬都嫻習。
諸侯們紅色蔽膝金色重底鞋，
會合列陣繁盛整齊劃一。

用板指順次調試便利，
一張張弓都已調適。
射手們都已集中，
幫我積聚禽獸的呰。

四匹黃驃馬既然出發，
兩匹驂馬從不偏倚。
御手們不失馳驅之法，
射手們發射而能射破！

〔夏季田獵罷〕，
只聞馬兒蕭蕭聲，
只見旌旗悠悠影，
步卒御手加強警戒，
御廚獵物已充盈。

周宣王征獵，

有聞〔問〕無聲。　　　　　　　有問並不聞喧嘩之聲，
允〔躬㠯〕矣〔也〕君子，　　　公允的周宣公，
展〔㠯㦼〕也大成〔壁〕。〔8〕　實在事業是大有所成。

【詩旨】

案：《竹書紀年集證》33〔前 819 年〕，周宣王善於治軍，率諸侯於敖，夏季狩獵（幾乎是軍事演習）於圃田澤，眾望所歸，眾諸侯讚美周宣王「允矣君子，展也大成」的中興之主的樂歌。如據《墨·明鬼下》則當繫於前 782 年。然涵泳《車攻》，一派歌頌之情，故當繫於前 819 年。以下二首，《編年史》繫於前 819 年。

〔齊說〕《易林·履之夬》：「《吉日》、《車攻》，田弋獲禽。宣王飲酒，以告嘉功。」

《毛序》：「《車攻》，宣王復古也。宣王能內脩政事，外攘夷狄，復文武之境土；修車馬，備器械，復會諸侯於東都（洛陽），因田獵而選車徒焉。」
《經說》4「此詩美其修政事、治車甲，因田狩而簡（選）車徒，諸侯順從，軍法肅治如此，故能成中興之功。」

【校勘】

〔1〕《毛》車攻，《後漢·馬融傳》《圃草》。案：《馬融傳》又作《車攻》。《毛》車，《魯》《荀·大略》作輿。《毛》攻，《石鼓文》作工。本字作厖，《魯》《釋詁》《淮南·俶其》《說文》厖。《單疏》龐，《說文》有厖無龐，《宄盉壺》作㶸㶸，《魯》《釋言》《說文》《周語》《九章注》《集韻》《廣韻》厖，《玉篇》厖，又作驉驉。後作龐，不作龐，《說文》又作骉骉，案：古作厖；後作龐，龐異體。彭彭、骉骉、㶸㶸、厖厖、龐龐，重言擬況字。《石鼓詩》我作避，攻作工，古今字。

〔2〕案：《毛》田，《後漢》《馬融傳》《班固傳》「我」，馬融《廣成頌》又作田，當作田，詩旨亦是田獵讚美詩。《穆天子傳》《單疏》《唐石經》《群書音義》《後漢·班固傳》《群經音辨》《毛》《台》139/68 甫，《三家》《白虎通義》12、《九歎注》《周語》《周禮·閽人》疏、《廣韻》《御覽》196、《初學記》8《後漢·馬融傳》《班固傳》《箋》《東都賦》注、《釋文》《楚辭·加歎注》《水經注》《韓》圃，甫是圃之省。《石鼓詩》好作孜，阜作駍，古字。

〔3〕本字作撰，《毛》選。《說文》《廣韻》巽。古字作獸 shòu，《單疏》《唐石經》搏獸，《初學記》22、《釋文》《箋》《考文》《魯》《御覽》340 小字

本、相臺本狩，金文作猼、《說文》《廣雅》搏；《魯》《東京賦》《濟水注》《御覽》196.340、《後漢書》《安帝紀》注、《馬融傳》薄狩，獸、狩古今字。案：當從金文作猼，薄鐸部並紐、猼搏鐸部幫紐，同為鐸部，唇音并、幫鄰紐，薄通猼搏，是用干、戈搏擊，搏取獸，搏是猼字之誤。《詩經小學》《校勘記》薄，以為語詞，俱誤。獸、狩古通，《曲禮疏》「獸者，狩也」。

〔4〕《毛》奕，p2506 作弈，古通。《齊》《說文》鷊，異本。《毛》芾，《魯》《齊》《白虎通·紼冕》紼，芾又作茀，《初刻》8/524、P2506 作茀，芾、茀通紼。《甘泉賦》《秋懷詩》注引《韓》《石鼓文》繹，《魯》《漢石經》驛，繹通驛。

〔5〕案：本字作夬，《毛》《唐石經》決，《漢石經》史，《法藏》14/375、《繕人注》《集韻》夬，《魯》《天問注》決，《釋文》夬，本又作決，或作抉。《唐石經》伏，《魯》《繕人》《東京賦》《齊》《士喪禮》作次，次伏同。案：本字作觜，《單疏》《唐石經》柴，《齊》《韓》《說文》《玉篇》觜，《說文》《釋文》又作柴，《魯》《淮南·說林》《月令章句》《後漢·孝明八王傳》《西京賦》《廣韻》觜。柴觜柴讀如觜。

〔6〕《毛》猗，據《釋文》當作倚，猗通倚。

〔7〕《毛》蕭，《唐石經》初刻作肅，古蕭肅同音，肅然安靜。蕭蕭，擬聲詞，似當作蕭蕭。《毛》旆旌，《法藏》14/576 作旆旌，當是旆旌傳寫之訛。《群書治要》頁 33、《御覽》頁 1562 旆作旆，異體。《魏都賦》、《答盧諶詩》注引旌作旂，《台》139/70 旆旂，《五經文字》：作旂字訛。《文選·西征賦》李注引《毛》、《唐石經》驚，《考文》《疏》作警，驚通警。

〔8〕《毛》聞，《釋文》《法藏》14/376 問。聞讀如問。《毛》「允矣君子，展也大成」，案：矣當作也，《魯》《漢石經》《齊》《緇衣》允也，楚竹書《緇衣》簡 18 作「夋也君子，叟也大叟」，郭店楚簡《緇衣》簡 36 作「䟗也君子，聖也大成。」可作都作大成，夋䟗允夋，夋允夋喻紐，䟗 shēn，真部審紐，與文部喻紐，審喻旁紐，真文旁轉，䟗夋允通，叟厠通則，則也大成。

【詮釋】

〔1〕我，助詞。攻通工，鞏，堅固精緻。同，會同。厖厖 máng，高大雄健貌。言，而。東，東向國都洛陽。

韻部：攻同厖東，東部。

〔2〕田通畋 tián，田獵。阜 fù，高。甫圃 pǔ，圃田澤在今河南省中牟縣

西，後淤為田。《韓》：圃，博。《墨・明鬼下》「周宣王合諸侯而田於圃，田車數百乘，從數千人，滿野。」

韻部：好阜狩，幽部。

韻部：好阜狩，幽部。

〔3〕案：于讀如為，為，準備。《傳疏》：于，往。苗 miáo，夏獵。一說春季田獵，詳《公羊傳・桓4》。之子，主管狩獵的長官。案：選，通僎 zhuàn，僎，數 shǔ，點數。囂囂 xiāoxiāo，擬聲詞。建、設，樹立，旐 zhào，長8尺繡有龜蛇圖案的旗。旄 máo，懸氂牛尾於竿首為飾的旗幢。案：薄讀如博搏 bó，搏擊，搏取。《箋》：獸 shòu，田獵搏獸也。薄狩通搏獸，獵取搏殺野獸，敖山，在今河南榮陽東北。

韻部：苗囂旄敖，宵部。

〔4〕奕奕驛驛 yì，嫻習貌。鶯鶯 wòwò，馬行迅速貌。赤紱〔芾茀黻〕，國王禮服，紅色蔽膝；金舄，加以銅飾的雙層底鞋，禮服中的赤舄，服飾。會同，連語，會合。有繹，繹繹，驛驛 yìyì，整飭壯觀聯續不斷貌。

韻部：奕舄繹，鐸部。

〔5〕案：五六章先彰明結果，後倒敘射藝精準，五六章刻畫射、御非常精當。夬史（決決抉）jué，鉤弦器。板指、象骨或玉製的套在右手大拇指上，用以鉤弦；拾，射遂，臂鞴，古代射箭時用的皮製護套。伙次 cì，順次調利，便利。案：舉通取，《管・牧民》：「務在天時，地辟舉。則民留處。」調 tiáo，調適。射夫既同，射手們比賽射藝，柴掌與觜同聲通借，《魯》《西京賦》《月令》《釋文》引蔡邕曰：觜 zì，有肉。觜 zì，聚肉。《毛》柴，《韓》《說文》掌 zī，積。《魯說》於義為長。

韻部：伙（次），脂部；調，幽部。脂、幽合韻。觜（柴掌），支部。脂、幽、支合韻。

〔6〕黃，黃驃馬。猗通倚，無偏倚。《魯傳》《孟・滕文公下章句》：「言御者不失其馳驅之法，則射者必中之，順毛而入，順毛而出，一發貫髒，應矢而死者如破矣。」如，而，射手則發箭都射中，而且從左髀進，達於右髃（yǎo，右腰虛肉處）順毛而射入，順毛而射出，射藝人人皆上乘。

韻部：猗（倚）破，歌部。

〔7〕獵罷嚴肅而安靜，絕無喧嘩嘈雜聲，只聞馬鳴蕭蕭聲，只見旌旗悠揚招展影。徒，眾；御，御手。不，結構助詞；不警，戒備森嚴，不驚，不

驚亂喧嘩。盈，充盈。《桑扈》「不戢不一難，受福不那」，《文王》「有周不顯，帝命不時」，《生民》「上帝不寧，不康禋祀」，《卷阿》「矢詩不多」。大庖 páo，御廚領罷，餘下的分賜諸侯。明・胡廣《詩傳大全》：「不盈，取之有度。」（台四庫《詩經》78／598）朱熹：「言取有度，不極欲也。」杜甫《出塞》：「落日照大旗，馬鳴風蕭蕭。」胚胎於此。

韻部：鳴旌驚（驚）盈，耕部。

〔8〕案：末章歸美中興之主周宣王。之子，周王。於，往。聞通問，即使有問，只見手語，低語，不聞喧嘩聲。允矣妟躬，公允。案：本字作也，楚竹書、《漢石經》作也，矣讀如也，《論語・里仁》朝聞道夕死可矣。《漢石經》矣作也。矣、也，語氣詞。君子，國王。塈、厠厠，則；展，精誠。大成，中興之主在大業上有大成就。朱熹：「此章總序其事之始終，而深美之也。」

韻部：征聲成，耕部。

【評論】

《顏氏家訓・文學》：「王籍《入若耶溪》詩云：『蟬噪林逾靜，鳥鳴山更幽』……《詩》云：『蕭蕭馬鳴，悠悠旆旌』，《毛傳》曰：『言不喧嘩也。』吾每歎此解有情致，籍詩生於此意耳。」《程氏經說》4「此詩美其修政事治車甲，因田狩而簡車徒，諸侯順從，軍法肅治如此，故能成中興之功。」宋・張戒《歲寒堂詩話》上，「『蕭蕭馬鳴，悠悠旆旌』，以蕭蕭、悠悠字，而出師整暇之情狀宛在目前。此語非惟創始之爲難，乃中的之爲工也。」《集解》：「《車攻》之詩，其形容宣王之美，可謂備矣，既見其車馬之修，又見其曰械之備，與夫諸侯之服、射御之良，此詩人之善形容也。」虞景璜《讀詩瑣言》：「《車攻》八章，首三章泛言其車馬之盛，至第四章『駕彼四牡』一提，始補出會朝諸侯，所謂插敘法也。下二章即接寫行狩，直截了當，卻寫得有儀容，有聲勢。『蕭蕭』二章，收束一篇，盛得水住，太史公敘事，最得此法。若《羽獵》、《長楊》等賦，便費却許多氣力。」案：文章爾雅，用詞深厚，貴於煉格煉意，狀寫軍紀，詩成警遒。七章暗寓治軍有方，又觸處成韻，千古名句。

吉　日

吉日維戊，	選個吉日戊辰日，
既伯〔禡〕既禱〔禱禂〕。	祭祀馬祖作祈禱，
田車既好，	田獵之車準備好，

四牡孔阜〔皁〕，　　　　　四匹公馬駿又高，
升彼大阜〔皁〕，　　　　　登上大山作圍獵，
從〔迡〕其群醜。〔1〕　　　三面驅趕群獸與群鳥！

吉日庚午，　　　　　　　　選個吉日庚午日，
既差我馬。　　　　　　　　選擇良馬田獵去！
獸之所同，　　　　　　　　三面驅趕獸群已聚攏，
麀鹿〔牡〕虞虞〔嚧〕，　　眾多母鹿嚧嚧相聚。
漆〔瀳〕沮之從〔迡〕，　　驅趕眾獸沮漆岸，
天子之所。〔2〕　　　　　　正是周王田獵處。

瞻彼中原，　　　　　　　　瞻望原中眾禽獸，
其祁〔震愼〕孔有，　　　　五歲母鹿也很多，
儦儦〔任爐鹿駋駋〕俟俟〔騃〕，有的驚跑，有的慢走，
或群或友。　　　　　　　　或者三五結群，或者兩個成友，
悉率左右，　　　　　　　　統統驅趕到附近，
以燕天子。〔3〕　　　　　　以便周王打獵夠！

既〔又〕張我弓，　　　　　張開了我的彤弓，
既〔又〕挾我矢，　　　　　搭上了我的金鏃，
發彼小豝〔巴〕，　　　　　一箭射中小公豬，
殪此大兕〔㲋〕，　　　　　一箭射死大兕牛，
以御賓〔賨〕客，　　　　　進獻宴飲賓客們，
且以酌醴。〔4〕　　　　　　且把甜酒喝個夠！

【詩旨】

　　案：《竹書紀年集證》繫於周成王六年。這是一首關於周宣王在前819年田獵前後宴飲賓客的樂歌。

　　《齊說》《易林·未濟之鼎》：「龍渴求飲，黑雲影從。河伯捧醴，跪進酒泉，流漆滂滂。」

　　《毛序》：「《吉日》，美宣（《唐石經》同。小字本、相臺本作「幽」。敦煌本作「刺幽王」）王田也。能慎微接下，無不自盡以奉其上焉。」

【校勘】

　　〔1〕《魯》《釋天》《後漢·馬融傳》《單疏》《唐石經》伯、禱，《說文》《單疏》《齊》《漢·敘傳》禱、禍，《說文繫傳》「既禱既禍」，《周禮·甸祝》

禱作裯，伯通禡。裯，通禱。P2526 禱作禂，皁作旱，從作徔，俗字。

〔2〕案：據《說文》《釋文》《十三經注疏及校勘記》頁 428、430、《考文》小字本、相臺本，當作麀牡噳噳或麀鹿噳噳或麀牡虞虞。《單疏》《魯》《孔叢子》《西京賦》《唐石經》《正字》《毛》虞虞，《說文》《釋文》噳噳，虞是噳之形省。《毛》漆，《法藏》14/376 作潩，誤。

〔3〕案：本字作震。《唐石經》祁，《三家》《漢石經》《箋》《疏》引《釋獸》邢《疏》引、《說文》《法藏》14/376、《玉篇》《釋文》《群經音辨》7《疏》引某氏作震，《大司馬》《箋》又作愼。祁愼通震。本字作麃，《釋文》本亦作麃、駓，《毛》儦俟，《說文》伾俟，《韓》《西京賦》李注引作駓駓，《馬融傳》李注引《韓》作駓駓駓駓，《初刻》8/925. P2506 作麃俟，《魯》《招魂注》作駓。《齊》《說文》伾伾俟俟。案：麃儦 biāo，（古）幫宵；伾駓駓邳 pī，（古）滂之，俟駓，雙聲通借，伾駓駓邳雙聲通借，俟伾疊韻通借。

〔4〕《單疏》《唐石經》犯，省作巴。《毛》兕，《釋文》本又作兇，兇兕古今字。《毛》既，p2506 作又，《唐石經》初刻作「又」，後改成「既」。《毛》賓，《唐石經》P2506 作賓，俗字。

【詮釋】

〔1〕《曲禮》：「外事以剛日，內事以柔日。」古時田獵擇吉日，天干地支紀日，天干中甲、丙、戊、庚、壬是吉日，午辰火盛故吉。《齊傳》《漢·翼奉傳》：「南方之情惡也。惡行廉貞，寅午主之。西方之情，喜也。喜行寬大，巳酉主之。二陽並行，是以王者吉午酉也。《詩》曰：『吉日庚午』。伯通禡，祭馬祖，已祭馬祖，天駟房星之神，又禱馬無病，馬繁庶，田獵中獲禽獸多。孔阜，很高大。大阜，大土山。案：從 cóng，田獵中從三面驅趕。群醜，眾多。

韻部：裯（禱）好阜阜醜，幽部。

〔2〕戊 wù，天干第五位，《齊傳》《漢》《律曆志》《翼奉傳》戊，中宮。戊諧武，古人田獵即演練武事，戊日、庚日是剛日，火盛於午，金盛於酉，午時火盛，是出獵的吉日良辰，《穆天子傳》：「天子命吉日庚午。」庚午日吉，剛日。《月令》鄭注：「戊之言茂也。」既，乃；差 chāi，選擇。同，聚合。麀 yōu 牡 mǔ，母鹿公鹿。虞虞噳噳 yǔyǔ，鳴聲，《孔叢子·廣訓》：語其眾也。從，驅趕。上游漆水，下游沮水，田獵之處。天子之所，周王預定的射獵處。

韻部：午馬噳（虞）所，魚部；同從，東部。

〔3〕案：三章彰明西周英主周成王，瞻，瞻望，尋伺。原，圍獵地。案：祁 qí，（古）群脂；慎 shèn（古）禪眞；震 chén（古）禪諄，群、禪準鄰紐，祁讀如震，五歲獸爲愼，五歲母麋。案：祁、頎、岐、騏都有大的義項，上承鹿，故訓爲五歲大的母鹿。孔有，很多。三面驅趕中，儦儦 biāobiāo 驚奔，俟俟，騃騃 sìsì，行。《西征賦》李注引《韓詩章句》：「趨爲駃，行爲騃。」或，有的，三個爲群，兩個爲友。悉率，連語，全驅逐到，左右，附近。燕，宴，樂。《今注》：安，保護（保護宣王打獵）。

韻部：有騃（俟）友右子，之部。

〔4〕張、開。挾，搭，發；矢，箭頭。發，發箭射中。案：巴犯，野公豬，犯犯 bā，殪 yì，射死。即一箭射死大兕牛，形容周王能文能武。御，進獻。且，又；醴 lǐ，甜酒。

韻部：矢兕（兕）醴，脂部。

【評論】

《讀詩記》19：「《車攻》《吉日》，皆以蒐狩爲言，何也？蓋蒐狩之禮所以見王賦之後焉，所以見軍實之盛焉，所以見師律之嚴焉，所以見上下之情焉，所以見綜理之周焉。欲明文、武之功業者，觀諸此足矣。」「《講意》：「《車攻》、《吉日》所言田獵之事，舂容爾雅，有典有則，有質有文，後世《長楊》、《羽獵》、《上林》、《廣成》，未足窺其藩籬也。」案：詩四章，樂歌體，賦體詩，在相當於軍事演習的狩獵中，以古意濃而出以簡古的筆致，寫禡祭，寫擇馬並狩獵漆水流域的山區，寫野鹿之盛與翼從中興之主，寫射御技高實頌美中興之主嚴於治軍，末二句才寫中興之主的御宴，餘味曲包，君臣愉悅之情，頌美之情自在其中。故詩不在長短，貴於綜理、章法。

卷十八　小雅三

鴻鴈之什

鴻　鴈

鴻〔瑪隺〕鴈〔雁〕于飛，肅肅〔翻翻〕　　鴻雁翩翩飛來，翩翩聲響。
其羽。

之子于征，　　　　　　　　　　　　卿士出征了，
劬勞于野。　　　　　　　　　　　　辛辛苦苦在大野上，
「爰及矜〔矝〕人，　　　　　　　　「賙救那些窮苦的人，
哀此鰥寡〔矝宲〕。」〔1〕　　　　　憐憫孤寡的大爺大娘！」

鴻雁于飛，集于中澤；　　　　　　　鴻雁翩翩飛來，聚集在大澤上；
之子于垣〔垣〕，　　　　　　　　　卿士經營建築，
百堵皆作。　　　　　　　　　　　　百堵一齊砌上，
「雖則劬勞，　　　　　　　　　　　「雖說千辛萬苦，
其究安宅！」〔2〕　　　　　　　　　流民終於有安身之房！」

鴻雁于飛，哀鳴嗸嗸〔嗷嗷〕，　　　鴻雁翩翩飛來，不忍聽哀鳴嗷嗷，
「維此哲人，　　　　　　　　　　　「只有有良心的人，
謂我劬勞。　　　　　　　　　　　　才說我總是辛勞。
維彼愚人，　　　　　　　　　　　　只有那不明事理的愚人，
謂我宣驕。」〔3〕　　　　　　　　　反說我驕傲。」

【詩旨】

案：《韓詩》「勞者歌其事。」這是一個沉重的社會話題，民眾籲請良知社會，這大約是周宣王所委任的使臣勞來安撫賙濟流民與鰥寡孤獨，砌新房安流民，本是德政，卻遭來非議。此是使臣在前 827 年抒寫心中的歌，不免鬱憤。《詩切》：流民謠。

〔齊傳〕《漢・蕭望之傳》「古者藏於民，不足則取，有餘則予。《詩》曰：『爰及矜人，哀此鰥寡。』上惠下也。」

《毛序》：「《鴻雁》，美宣王也。萬民離散，不安其居，而能勞來還定安集之，至於鰥（《唐石經》作矜，矜讀如鰥）寡，無不得其所焉。」《序》《詩補傳》《通論》認為使臣作詩。朱熹《詩集傳》10、陳子展《直解》、屈萬里《詮釋》：流民作。《編年史》繫於前 827 年。

【校勘】

〔1〕《單疏》《唐石經》鴻鴈、肅肅，《釋文》肅，本或作翩，《廣雅》《玉篇》《博雅》《類篇》翩翩，肅肅、翩翩，擬聲詞。案：本字作矜，《華嚴經音義》22 引《毛》作矜，《齊》《蕭望之傳》矜，《說文》《字統》《玉篇》《漢石經論語》《校官碑》宋本《爾雅疏・釋言》引、《高郵王氏父子手稿》頁 287 作矜。《單疏》《唐石經》鰥寡，《釋文》矜，本又作鰥。矜鰥古通。《景君碑》寡作冥，寡是冥的隸變。

〔2〕《唐石經》垣，《單疏》垣，避宋眞宗、宋欽宗諱。《毛》于，《考文》於。于於古通。本字作佝，《毛》劬，《說文》佝，《魯》《思古注》《眾經音義》23、《韓》、《說文新附》作劬。

〔3〕《毛》嗸，《左傳・襄 16》嗸，《齊》《魯》《說文》《九歎》《釋文》嗷嗷，同。

【詮釋】

〔1〕流民自比哀鳴嗷嗷的鴻雁。翩翩、肅肅 sùsù，鳥羽聲。鴻雁興流民。之子，卿士，或訓國王所派救濟災民，負責建房的使臣。一訓流民。佝勞，劬勞，辛勞。爰，于焉，於此。及，連及。《釋言》「矜，苦也。」矜讀如矜，《十駕齋養新錄》1：矜憐古今字。哀矜，哀憐。案：矜 jīn 寡 guǎ，雙聲詞。貧苦人。哀，憐憫；鰥，老而無妻；寡，老而無夫。

韻部：羽野寡，魚部。

〔2〕中澤，澤中。案：于 yú；爲 wéi，雙聲通借，《定之方中》：「作于楚宮」，《崧高》：「于邑于謝。」《正義》引《韓說》：「八尺爲板（版），五板爲堵，五堵爲雉。板廣二尺，積高五板爲一丈，五堵爲雉，雉長四丈。」皆作，偕起，一齊砌起。雖則我千辛萬苦，終究流民得到安身的房屋，我也心安。宅，居。《箋》：「此功萬民之辭，女今雖病勞，終有安居。」

　　韻部：澤作宅，鐸部。

〔3〕哀，哀哀，悲傷不已；嗷嗷（嗸嗸）áoáo，代指眾哀鳴聲。維，惟。哲通智。謂，稱說，讚揚。愚人，愚昧淺陋的人。《述聞》6「宣驕與劬勞相對爲文，劬亦勞也。宣，亦驕也。……宣驕，猶言驕奢，非謂宣示其驕也。《箋》曰：『謂我役作眾民爲驕奢』，於義爲長。」朱熹「大抵歌多出於勞苦，而不知者常以爲驕也。」《原始》10「說透民情」黃焯《平議》：反謂我好大喜功。《新證》：宣驕，連語，疑宣驕當讀作喧囂。

　　韻部：嗷勞驕，宵部。

【評論】

　　《後漢・劉陶傳》劉陶：「臣嘗誦詩，至於《鴻雁》于野之勞，哀勤百堵之事，每喟爾長懷，中篇而歎。」明・沈守正《詩經說通》：「詩作於安定之日，痛定思痛，其志則喜，其情則哀，故劬勞凡三見。」《原始》10「三章說透民情。」此詩下啓唐・杜甫《三吏三別》、宋・鄭獬《道旁稚子》、王令《餓者行》等。

庭　燎

「夜如何其〔期〕？」	宣王問：「此時夜到何時哉？」
「夜未央！」	司烜答：「長夜未盡。
庭燎〔竂〕之光。	那是庭中火炬在發明。」
君子至止，	國王到此，
鸞〔鑾〕聲將將〔鏘鏘璐璐〕。〔1〕	鑾鈴聲聲。
「夜如何其〔期〕？」	宣王問：「此時夜到啥時哉？」
「夜未艾！」	司烜答：「夜色迷蒙未終，
庭燎晰晰〔晢晢〕，	庭中火炬如月。」
君子至止，	國王到此，
鸞聲噦噦〔鉞鉞噦〕。〔2〕	鑾鈴會聚聲宏。

「夜如何其〔期〕？」　　　　宣王問：「此時夜到啥時哉？」
「夜鄉〔鄉嚮向〕晨！」　　　司烜答：「長夜將盡天即將亮。
庭燎有輝，　　　　　　　　　庭中火炬尚有光！」
君子至止，　　　　　　　　　國王到此了，
言觀其旂〔旂〕。〔3〕　　　　我觀旌旗在飄揚。

【詩旨】

案：勵精圖治是周宣王中興與 55 歲以前唐玄宗開創開元盛世的成功經驗，全詩用設問句，暗寫周代中興之主周宣王勵精圖治，勤於政事，從他與雞人（報時官）的問答中，可見他勤於朝政，專心於中興大業。《編年史》繫於前 808 年。

〔魯說〕《史·周本紀》：宣王即位，二相（周公、召公）輔之，修政，法文、武、成、康之遺風，諸侯復宗周。《魯說》《韓說》《列女傳》：「周宣姜后賢而有德，事非禮不言，行非禮不動。宣王嘗夜臥晏起，后夫人不出房。姜后脫簪珥，待罪於永巷，使其傅母通言於王曰：『妾之不才，妾之淫心見矣，至使君王失禮而晏（晚）朝，以見君王樂色而忘德也。夫苟樂色，必好奢窮欲，亂之所興也。原亂之興，從婢子起，敢請婢子之罪。』宣王曰：『寡人不德，實自生過，非夫人之罪也。』遂復姜后，而勤於政事，早朝晏退，卒成中興之名。」《通鑑外紀》繫於前 806 年。

〔齊說〕《易林·頤之損》：「庭燎夜明，追古傷今，陽弱不制，陰雄坐戾。」陳喬樅《齊說考》大致同《列女傳》。

《毛序》：「《庭燎》，美宣王也。因以箴之。」

【校勘】

〔1〕《毛》其，S3330/1 期，案：作其、期，其、期、居句末語氣詞。下同。《毛》燎，《說文》《九經字樣》《詩說》《四庫》本、曾氏舊抄本作尞，古字。《毛》鸞將，《魯》《東京賦》《說文》鑾，鸞通鑾，《釋文》將本或作鏘，《單疏》《魯》《韓》《應詔詩》注、《說文》《考文》《類聚》80、《白帖》36、《釋文》鏘，S3330/1將別體。

〔2〕《毛》晣，《釋文》晰，本又作晢，《魯》《東京賦》作晢，作晢是，晣異體，晰、晢通晢。本字作鉞，《毛》鸞、噦，《廣雅》《玉篇》《廣韻》《文苑英華》、喬譚《賦》《說文繫傳》鐬，《齊》《韓》《說文》鉞，《唐石經》噦，《應詔詩》注引《韓》《集韻》《東京賦》引《毛》鑾，鸞鑾通。

〔３〕《唐石經》《毛》鄉 xiàng，《考文》《釋文》嚮，S3330/1 向，案：鄉通嚮，嚮俗體，向簡體。《唐石經》《毛》旂，S3330／1 斯，旂字之誤。煇，古本、《四家》《說文》《責躬詩》注引《毛》煇，古字。

【詮釋】

〔１〕其期音基，每章中興之主宣王問司烜答。何居，何其，表示疑問的語氣詞。《魯》《離騷注》：央，盡。時間，夜未央已勤政。庭燎，在庭院中徹夜燃燎用以照明。君子，周宣王。下同。止通此。鸞通鑾。將通鏘 qiāng，鑾鈴聲。《原始》10「起得超妙」。

韻部：央光鏘（將），陽部。

〔２〕艾 ài，盡。《單疏》：艾，久。晢（晣）zhé，明。鐬，鐬鐬、噦噦、鉞鉞 huìhuì，車鈴聲，鑾鈴聲徐而有節。

韻部：艾晢（晣）噦（鉞鐬），月部。

〔３〕鄉向古今字，鄉嚮曏向 xiàng，嚮是俗字，近，將要，臨近。有煇，煇煇 xūnxūn，光明貌。言，發語詞。旂，繪有交龍的旌旗。

韻部：晨旂，文部；煇，諄部。文諄合韻。

【評論】

案：周宣王中興，豐碑永駐，詩人選擇了一個中興之主勤政的細節，以細節見長，詩人頌美中興之主周宣王勤政。《單疏》：三章皆美其（周宣王）勤於政事，譏其不正其官，是美而因箴之事也。《經說》4「方美其勤而遂之以箴也。」《齊說》《魯說》、毛、鄭、《詩補傳》《田間詩學》：箴晏朝。明・唐汝諤《毛詩微言》「三章，一章緊一節，惟其心愈不安，故其言愈警惕，夫就所聞所見，不過揣度其時而據此心之汲汲皇皇則儼然信以為然者，若專為料想億度之詞，即非勵精之旨。」明・王夫之《薑齋詩話》1，「『庭燎有煇』，向晨之景，美妙於此。晨色漸明，赤光雜煙而靉靆，但以『有煇』二字寫之。……蓋歎《三百篇》之不可及也。」《詩誦》3，「《庭燎》即《齊・雞鳴》前二章意也。特顛倒出之耳，此端直而莊重，彼曲折而婀娜，則《風》、《雅》之別也。」

沔　水〔河水〕

沔〔汚〕彼流水，朝〔鞗淖潮〕宗于海。　　那流水漫溢，滔滔滾滾流向大海。
鴥〔鳶馼〕彼飛隼〔鶽鵻〕，載飛載止。　　鴥鴥然那鶻鷹，欲飛則飛，欲止則止。

「嗟我兄弟，
邦〔邦〕人諸友。
莫肯念〔念〕亂，
誰無父母！」〔1〕

「悲嗟我同姓諸侯們，
國人異姓大臣卿士。
不能顧念由治而亂的危險，
想想吧誰能沒有父母！」

沔〔汙〕彼流水，其流湯湯〔蕩〕。
鴥〔鴥鴥〕彼飛隼〔隼鷻〕，載飛載揚。
「念〔念〕彼不蹟〔跡〕，
載起載行。
心之憂矣，
不可弭忘〔亡〕！」〔2〕

瀰瀰然那流水，浩浩蕩蕩。
鴥鴥然那鷻鷹，則向高天飛翔。
「每念有些諸侯不循法度，
胡作非爲，無忌橫行，
我內心憂傷啊，
我不能忘！」

鴥〔鴥鴥〕彼飛隼〔鷻〕，率彼中陵。
「民〔目〕之訛〔譌譌僞〕言，
寧莫之懲？
我友敬〔警〕矣！
讒言其興。」〔3〕

鴥鴥然那鷻鷹，沿著那大陵，
「人的遊談無根之論，
豈肯停？
朋友警戒！謠言止於智者，
讒言將興起，誤國誤民！」

附注：朱熹：疑當作三章，章八句，卒章脫兩前句耳。

【詩旨】

案：這是一首政治詩，中華民族本有大團結而無敵不克的優良傳統，《夏書・禹貢》：「江漢朝宗於海」。周厲王（前 877～前 842）時已成頹勢，共和（前841～前828），周宣王執政（前 827～前 782）前諸侯們尾大不掉，詩人開篇明旨「朝宗於海」，痛恨於「讒言其興」的政治局面，而提出警誡之旨，戒諸侯尾大不掉。據《周語》、《稽古編》，繫於前 796 年。然綜合全詩，又是戒友之詠。

《齊說》《易林・蒙之乾》：「海爲水王，聰聖臣明。百流歸海，無有畔逆。常饒優足。」

《毛序》「《沔（S3330/1 作汙，同沔）水》，規宣王也。」《詩故》「非規宣王也，諸侯相戒宗周也。」朱熹《詩集傳》10「此憂亂之詩。」曾運乾《毛詩說》：刺諸侯之跋扈。

【校勘】

〔1〕正字作沔，《唐石經》沔水，《左傳・僖23》《詩論》簡 26《晉語》作《河水》，據《國語》韋昭注，江永《群經補義》「河」當作「沔」。《夏書・

禹貢》沔《廣韻》《古寫本〈史記〉殘卷》S3330／1 作汚，俗字。《四家詩》
《水經注》《單疏》作《沔水》。《說文》淖，鞧，古朝作潮、隸作潮，通作朝，
《集韻》淖，《禹貢》《毛》《單疏》《正字通》作朝。《單疏》鴥，《毛》鴥，
又作鴜，鴥、鴜同。何焯：鴥當作鴥。下同。《毛》邦，S.3330/1 作邦，《論語·
季氏》《釋文》邦，鄭本作封，邦、封讀如邦，封、邦同爲東部幫母，雙聲疊
韻通假，《玄鳥》：「邦畿千里」。《西京賦》李注引作封。通作邦。

〔2〕《毛》湯，《釋文》湯即蕩，通作湯。《唐石經》《單疏》S3330/1 隼，
《毛》集，非。《毛》念蹟，《說文》跡，跡、蹟或體。《漢石經》《禮器碑》《唐
石經》念，同念。《毛》忘，忘又訓亡，亡又訓止，忘亡同。

〔3〕《毛》S3330 號、《詩故》6 作隼，當作隼。《毛》訛，本字作譌，《齊》
《漢·成帝紀》、《宋書·五行志》注引、《說文》《韓》《廣雅》譌。《說文》
有譌無訛，《毛傳》《廣韻》訛，訛後出字。訛譌僞音義同。《韓》《毛》敬，
敬通警。《毛》民，《唐石經》尸。

【詮釋】

〔1〕案：沔，沔沔 miǎnmiǎn，滿貌。據《史》《漢》《後漢》《廣韻》沔
水，漢水。淖潮朝 cháo，歸附，共尊。《書·禹貢》「江、漢朝宗於海」，這是
中華民族大團結的重要思想。此處用喻，朝，聚向；宗，尊。比喻諸侯及全
國共尊國王。鴥 yù，疾飛貌。隼 sǔn，鷂鷹。載，則。止，棲息。欲飛則飛，
欲止則止，況諸侯們尾大不掉。嗟，悲歎。兄弟，同姓諸侯。我，周王；友，
諸侯。邦人，國人。《傳》：天子謂諸侯爲友。莫，不。《魯說》《潛夫論·釋
難》「《詩》云：『莫肯念亂，誰無父母！』言將皆爲害，然有親者憂將深也。」

韻部：水，微部；隼，諄部；海止弟友母，之部。

〔2〕湯湯 shǎng shǎng，放恣。《魯說》、《淮南·精神》高注：「飛揚，不
依軌度也。」不跡（蹟 jì），不循法規。弭忘，連語，弭，止；忘通亡，亡，
已，止。《周語》韋注：「弭，忘也。」

韻部：湯揚行忘（亡），陽部；水，微部；隼，諄部。

〔3〕案：末章戒友。隼 sǔn 遊隼、燕隼、紅腳隼等鷹鷂等鷙鳥。率 shuāi，
沿。中陵，陵中。訛譌僞 é，奸詐荒誕之言，謠言。《單疏》：「小人爲作僞之
言。」譌訛，諠，欺詐之言，辱罵之語。甯，安，焉，微責之詞。懲，止。
難道不該懲辦、阻止。敬通警，警戒。矣，了。讒言，讒毀之言。止於智者。
其通此；興，起。《傳》：疾王不能察讒也。范蔚宗《宦者傳論》注引《韓詩》：

「讒言緣間而起。」《原解》19「水，無情之物，流則不定；隼，急疾之鳥，飛則不止。皆諸侯不朝之比。」案：詩人觀周宣王末年讒毀之言，訛誤之論太多，這是何以周幽王十一年而亡國的原因之一。

韻部：陵懲敬（警）興，蒸部。

附注：明・豐坊《魯詩世學》有「沔彼流水，東灌於瀛」，（《存目》經 61/50）不知出自何書，諸本所無。

【評論】

《詩論》簡 28「《河水》智（智）。」《魯傳》、《潛夫論・愛日》「《詩》云：『莫肯念亂，誰無父母！』今民力不暇，穀何以生？百姓不足，君孰與足？嗟哉！可無思乎！」《單疏》：「此篇主責諸侯之自恣，因疾王之不察讒者，先責下而後刺上，欲規王令禁察之。」宋・劉克《詩說》「詩之憂亂甚切，故其旨甚微。」呂祖謙《讀詩記》「諸侯之於天子，如沔水之朝宗，其常理也。」元・朱公遷《詩傳疏義》：「一章，今人皆不知憂亂；二章，言已獨憂人之造亂；三章言在位者，敬（警）以自持，則可止讒而息亂。」《名物抄》：「末章，憂而戒之之辭也。讒言固可憂，惟敬足以勝之，知所本也。」鍾惺《詩經》：「『誰無父母』四字，詞微意苦，可思可涕。」《會通》引舊評：「暮鼓晨鐘，發人深省。」

鶴　鳴

鶴鳴〔于〕九皋〔臭臭皋罩澤〕，聲聞于野。　　　丹頂鶴在大澤鳴叫，大野也能聽到。

魚潛在淵〔渆淲〕，或在于渚。　　　魚兒潛藏於深淵，或在小洲內嬉鬧。

樂彼之園，爰有樹檀，　　　我喜歡那山野田園，有堅韌的香檀，

其下維蘀〔檡樸〕。　　　檀下有柯棗樹陪襯。

它〔他〕山之石，可以爲錯〔厝〕。〔1〕　　　其它山的石，可用治玉也很方便。

鶴鳴〔于〕九皋〔臭臭皋罩澤〕，聲聞于天。　　　丹頂鶴在大澤鳴叫，天上也聽得分明。

魚在于渚，或潛在淵〔淲〕。　　　魚兒游在小洲裡，有時潛游到深淵。

樂彼之園，爰有樹檀，　　　那山野田園，有堅韌的香檀，

其下維穀〔構穀〕。　　　檀下有楮樹做紙入藥。

它〔佗他〕山之石，可以攻玉。〔2〕　　　他山之石，可以琢磨美玉。

【詩旨】

案：前 827 年中興賢臣召穆公虎以政治戰略家的遠大目光，力主招賢用賢以復興邦國，高明處全用比興，雋永可味地用比體詩，是寫野有遺賢、國有聖賢則於國可用，「他山之石，可以攻玉」等婉而有辯的哲理詩。《編年史》繫於前 827 年。

〔魯說〕《荀·儒效》：「故君子務修其內而讓之於外，務積德於身而處之以遵道。如是，則貴名起之如日月，天下應之如雷霆。故曰：君子隱而顯，微而明，辭讓而勝。《詩》曰：『鶴鳴于九天，聲聞於天。』此之謂也。」《後漢·楊震傳》：「野無《鶴鳴》之歎。」《楊賜傳》：「速徵鶴鳴之士。」

〔齊說〕《易林·師之艮》：「鶴鳴九皋，避世隱居，抱道守貞，竟不隨時。」

《毛序》：「《鶴鳴》，誨宣王也。」《箋》：求賢。朱熹《詩集傳》10：陳善納誨之詞。

【校勘】

〔1〕《荀·儒效》《單疏》《離騷注》《唐石經》鶴鳴于九皋，案：其一，一、二章四言詩；其二，《齊》《易林》《漢·張湯傳》《魯》《史·滑稽傳》《左傳·昭28》《九章注》《風俗通·聲音》《韓詩外傳》7《論衡·藝增》《後漢注》59《文選·月賦》李注3《初學記》1《唐抄文選集注匯存》《類聚》1《白帖》94《群經音辯》4都無「於」字，如求整飭當無「於」字。西夏本有「於」字，有「於」當爲異本。兩說並存。《十三經》皋，《說文》臯、皋，《兩漢全書》《列子》作睪，《史·天官書》作澤，皋睪皋古今字，澤是增形字。《毛》淵，《單疏》淵，《唐石經》渊，避唐廟諱，下同。《單疏》擇，《廣雅》《夏官·繕人》《釋文》檡，擇通檡。《說文》《考文》《事類賦》《後漢·王符傳》注引、蘇轍本作它，《段注》S3330/1作佗，俗本作他，它古字。本字作厝，《單疏》錯，《魯》《齊》《說文》《字林》《淮南·修務》高注《眾經音義》10S 3330/1《五經文字》作厝，厝古字。

〔2〕《說文》《唐石經》《單疏》相臺本作穀，古作㱿，《埤雅》、蘇轍本明監本《毛》作穀，穀通穀。《箋》它，s3330號/1作佗，它古字。

【詮釋】

〔1〕此詩全用託興，詩人以鶴、魚、檀、石比喻賢人。皋臯澤睪同 gāo，澤。《魯傳》《離騷注》：澤曲曰皋。于，到。聞，聞徹于大野。或，有時；渚，小洲。爰，發語詞。檀樹，堅韌木。擇通檡，檡 zhái，檡棘，木理細密

堅韌，可作射箭用的扳指。他山，比喻他國、賢良。厝錯 cuò 古今字，磨刀石，治。

韻部：野渚，魚部；檡石錯，鐸部。魚、鐸通韻。園檀，元部。淵，眞部。元、眞合韻。

〔2〕樂，喜樂。一說樂通鑠，《酌》「於鑠王師，」，鑠，美。穀 gǔ，楮樹，皮可造紙，子可煮食，枝葉入藥利小便，治喉痺血痢血崩等。攻，錯，治。《原始》10「名句」。案：末句具有普遍性哲理。借鑒他邦、他方。

韻部：天淵，眞部；園檀，元部；穀玉，屋部。

【評論】

〔魯傳〕《論衡·藝增》：「《詩》云：『鶴鳴九皋，聲聞於天，』言鶴鳴九折之澤，聲猶聞於天，比喻君子修德窮僻，名猶達朝廷也。晉·陸雲《鳴鶴詩序》：「鳴鶴，美君子也。太平之世，君子猶有退而窮居者，樂天知命，無憂無欲，……」朱熹《語類》：「《鶴鳴》做得巧，含蓄意思全不發露。」《經義考》11「《鶴鳴》專於興也，其義達於《風》矣。」明·鍾惺《詩經》：「胸中圓透，目擊道存。此詩如《易》之取象，非譬喻也。」王夫之《夕堂永日緒論》：「詩全用比體，不道破一句，《三百篇》中創調也。」案：亞里斯多德《詩學》：詩是一切文學形式中最富有哲學正味的。這是政治詩、招賢詩的佳什，用詩歌藝術重申了中國傳統的政治哲學，《書·大禹謨》：「任賢不貳，」「侮慢自賢，反道敗德，君子在野，小人在位，民棄不保，天降之咎。」《鶴鳴》《白駒》寫天性向善向聖，下啓《荀·佹詩》漢《四皓詩》劉安《八公操》梁鴻《適吳》《思友》張衡《怨詩》劉楨《贈從弟》等。這是一首非常獨特的委婉曲折、喻義深刻的比體詩，展示給讀者們以幽靜誘人的動人畫面與純粹而美麗的仙鶴、鮮魚、檀樹的意象，將原生性哲理啓示寫得形象生動，美麗感人而興寄深微，詩人善用喻，將賢良比之於「鶴」、「魚」、「檀」，具有深遠的象徵意義，並用誇飾技法，比稍後的雅典詩人梭倫的詩《許多壞人有錢》更有內涵，更形象，更有藝術張力與藝術的愉悅美，啓屈原《離騷》《天問》司馬遷《悲士不遇賦》董仲舒《士不遇賦》陶淵明《形影神》《雜詩》唐太宗《贈蕭瑀》。又因為此詩善喻、歷歷如貫珠，從而開啓了漢代後被《文心雕龍·雜文》稱之連珠體的班固、賈逵的連珠體文與晉·陸機的《演連珠》及擬連珠、暢連珠、廣連珠等。《會歸》頁 1206，「此蓋詩人見宣王晚年求賢之意，不復副其初心，因詠賢者隱居之事象，高尚之德能，應物之變化，其道猶龍，

寄其意於深隱之純興，爲婉而多風之誨教，明其非求而不可得，此詩之所爲作也。」

祈　父

祈〔圻畿誶頎〕父〔甫〕！	祈父！
予〔維〕王之爪牙。	爲國王近衛的武衛將士，
胡轉予于恤？	爲什麼我們轉徙於憂患之境，
靡所止居？〔1〕	無所安寧休止？

祈〔圻畿誶頎〕父〔甫〕！	祈父！
予〔維〕王之爪士。	爲國王近衛的武衛將士，
胡轉予于恤，	怎麼我們轉徙於優恤之境，
靡所底〔底〕止？〔2〕	無所休息？

祈〔圻畿頎〕父〔甫〕！	祈父！
亶不聰！	確實指揮無能！
胡轉予于恤，	怎麼我們轉徙於優恤之境，
有母〔毋〕之尸饔〔饗耆雍〕？〔3〕	何以陳設熟食奉養母親？

【詩旨】

《孔子詩論》《詩序》簡9：「誶（祈）之賕（責，）亦又（有）昌（以）也。」案：據《周語》《周紀》《左傳・襄16》杜注、《竹書紀年》，前789年，周宣王的軍隊在千畝一戰，敗於姜氏之戎，曾是宣王虎賁之士的近衛也有參戰，敗後轉徙，優恤不已，怨恨武臣司馬一將無謀累死千軍，不能奉養老母，間接諷諭周宣王用人不當。

〔魯說〕《周紀》：「宣王不脩籍於千畝，虢文公諫曰：『不可！』王弗聽。三十九年，戰於千畝，王師敗績於姜氏之戎。」

〔齊說〕《易林・謙之歸妹》：「爪牙之士，怨毒祈父。轉憂與己，傷不及母。」

《毛序》：「《祈父》，刺宣王也。」《單疏》：「三章皆勇力之士責祈父之辭，舉此以刺王也。」《詩補傳》16「首篇乃爪牙之士怨司馬軍政之不脩，致我於優恤。夫以宿衛之士而從徵役，使不得養其父母，豈非王政之缺歟？」《編年史》繫於前789年。

【校勘】

〔1〕正字作畿，祈頎圻通畿。《單疏》《齊》《易林》《書》《韓》《玉篇》祈，《酒誥》《兵書》《左傳‧襄16》《御覽》209圻父，《楊著碑》頎甫，又作畿jī，《詩論》簡9作《諲父》。《單疏》當作畿。父讀甫。《箋》予，《韓》、《玉篇》維，師受不同，維予同為喻母，予通維。

〔2〕案：本字作厎，《魯》《爾雅》《毛詩音》《釋文》《唐石經》《蜀石經》厎，S3330/1、蘇轍本、《集解》、朱熹本、閩本、明監本作底，底通厎。

〔3〕《韓詩外傳》7許慎《五經異義》《單疏》《唐石經》母，《新證》：「有又，母毋古通，毋，無；之猶以；言胡移我於優恤，又無以陳饔以供養也。有母之尸饔，讀為又毋從於尸饔，則上下義訓一貫。」案：于說可備一說，然似有破字解經之疑，《單疏》頁187，引《五經異義》引此詩曰：「有母之尸饔。」則漢代《詩經》則為「有母之尸饔」，饔同饔yōng，此句本有「于」字，從上句「胡轉予于恤」之「于」省，有，語詞。之通以。尸猶陳。《傳》《單疏》《唐石經》饔，《說文》饔，隸變為饔。《韓詩外傳》7「有母之尸雍」，雍，讀如饔。

【詮釋】

〔1〕周宣王36年，伐條戎、奔戎，王師敗績。39年，千畝一戰，敗於姜氏之戎。諲祈頎疊韻通借，圻祈頎讀如畿jī，京畿方千里之地，祈父，武臣，職掌封畿兵甲。《箋》：「刺其用祈父不得其人也。」維，為，為國王的近衛。爪牙，勇士，衛士，國王的近衛部隊的長官。胡，怎麼。《全漢文》：漢武帝《報李廣》：「將軍者，國之爪牙也。」轉，轉徙不止。予，我。恤衁 xù，憂。高本漢譯為：你為何把我們（轉運）遷到憂患之中。止居、厎 dǐ 止，連語，休息。《詩故》6「《傳》稱宣王之末，司馬職廢，姜戎為敗。」

韻部：父牙（古讀如吾）居，魚部。

〔2〕爪士，士軍士虎賁之士。牙士，趁韻。

韻部：士止，之部。

〔3〕亶 dǎn，實在。不聰，不體恤下情，將與士不同心，古語：一將無能，累死千軍。案：「胡轉予于恤，有母之尸饔」，據古本《毛》《韓詩外傳》7、《易林‧謙之歸妹》，《齊》《韓》《毛》三家，必定為「母」而非「毋」，古文多省略，當是「胡轉予于恤，于有母之（以）尸饔」。有，名詞詞頭。母如《疏證》「婦女長老之稱，亦謂之母」。案：之 zhī；以 yǐ，之、以同為之部，之通以，《荀‧榮辱》「傷人之言」，《離騷》：「夫以聖哲之茂行也」，之一作以。

尸 shī，陳列。雍讀同饔饗，熟食。此句是說以奉進熟食於父母、長老（或祭祖妣、考妣）。《後箋》「則必從軍者爲無父之人。」

　　韻部：聰饗（雍），東部。

【評論】

　　《詩論》簡9「《誶父》之賕（責）亦又吕（有以）也。」唐·白居易《白帖》「司馬非其人，故《詩》刺之。」蘇轍《詩集傳》「宣王之末，敗於姜氏之戎，爪牙之士爲是怨之歟」？（《四庫》經70/420）明·鍾惺《古詩歸》：「三呼坼父，已見其不聰矣。」《詩志》3，「語急氣咽，故是苦調」。《通論》：「三呼而責之，末始露情。」

白　駒

皎皎〔晈晈〕白駒，　　〔夏季您尤其徜徉於天然氧吧，回來喲！〕
食我塲〔場〕苗。　　　皎皎潔潔的白駒，
縶〔𦊨〕之維之，　　　飼以我家場圃苗。
以永〔久〕今朝。　　　繫絆馬駒兩前腿，
所謂伊〔繄〕人，　　　挽留賢人過今朝。
於焉〔以〕逍遙〔消搖〕。〔1〕　殷勤恤問這一大賢人，
　　　　　　　　　　　　留他在此且逍遙。

皎皎〔晈晈〕白駒，　　〔您爲何總眷戀大自然的懷抱？回來喲！〕
食我塲〔場〕藿〔蘿〕。　潔潔白白的白駒，
縶〔𦊨〕之維之，　　　吃著我家場圃嫩豆葉，
以永〔久〕今夕。　　　繫絆馬駒兩前腿，
所謂伊〔繄〕人，　　　挽留賢人過今宵，
於焉〔以〕嘉客？〔2〕　殷勤恤問這一大隱士，
　　　　　　　　　　　　君在何處得逍遙？

皎皎〔晈晈〕白駒，　　〔您爲何總是跳出三界外，回來喲！〕
賁〔奔〕然來思。　　　皎皎白白的白駒，
「爾公爾侯，　　　　飛奔來到咱這裡啦，
逸豫〔𢓶〕無期。　　「您可以爲公，您可以爲侯，
愼爾優〔憂憂〕遊，　　那麼，您安逸無期止。
勉爾遁〔遯〕思！」〔3〕　我憂慮您的優遊逍遙，
　　　　　　　　　　　　勉勉不已，您的遁逸！」

〔如百鳥戀山林，您為何總懷戀大自然，回來喲！〕

皎皎〔晈晈〕白駒，　　　皎皎潔潔的白駒，

在彼空〔穹〕谷。　　　　馳騁在那宏大的山谷，

生芻一束。　　　　　　牠自由自在地吃著青草一束，

其人如玉！　　　　　　這賢人美德果真如玉。

毋〔曰〕〔無〕金玉爾音，　莫要說太珍惜您的音訊如金玉，

而有遐心。〔4〕　　　　　時常捎個信兒來，我企盼著，

　　　　　　　　　　　莫要有疏遠我的心曲。

【詩旨】

《竹書紀年集證》：箕子來朝。《編年史》繫於前 1044 年。

〔魯說〕蔡邕《琴操》：「《白駒操》者，失朋友之所作也。其友賢，居仕〔地〕（《續修》，1201/228，「仕地」作「任地」，下有「諫不見受」）也（《御覽》578 引作「俱仕乎」），衰亂之世。君無道，不可匡輔，依違成風，諫不見受（《御覽》引作依違風諒不見受）。國士詠而思之，援琴而長歌。」

《箋》、《集疏》：刺王不能留賢。《會歸》頁 1215：「此蓋詩人以賢友去仕高隱，殷望其返，而惜其終隱不還，為友朋永訣之傷，致國家失賢之憾，此詩之所為作也。」

〔韓說〕《類聚》21 曹植《釋思賦》：「彼朋友之離別，猶求思乎《白駒》。」

《毛序》：「《白駒》，大夫刺宣王（《唐石經》初刻作「幽」，後改「宣」《箋》：刺其不能留賢也。）也」。《編年史》繫於前 815 年。

屈萬里《詮釋》：「此蓋王者好賢而憂其不仕之詩。」

【校勘】

〔1〕《說文》《釋文》皎，《說文》晈又作皎，《英藏》5/46.3330 作晈，古字。《毛》塲，《唐石經》場，同。《毛》縶，《說文》馽，古字。《毛》閟本、明監本永，當從《考文》《正義》作「久」。《漢石經》《毛》於焉，《魯》蔡邕《周巨勝碑》「焉」下多作「以」。《毛》伊，鄭玄作繄，伊通繄。《毛》逍遙，古作消搖。

〔2〕《毛》藿，《說文》「藿，赤（菽）之少（嫩葉）也。」藿古字，藿隸變為藿，通作藿。

〔3〕案：《毛》豫，《唐石經》豫，避唐代宗諱，《毛》賁，《毛詩音》賁

音奔，賁奔古通。《毛》優，S3330作憂，《玉篇》《廣韻》《稽古編》優，優憂優同。《箋》遒，《考文》《釋文》遒，遒字又作遁、逐，遒古字。

〔4〕本字作穹，空讀如穹。《單疏》《唐石經》《魯》《潛夫論・本政》空，《白帖》6作中谷，《西都賦》《苦寒行》《樂府十七首》注引《齊》《韓》作穹，空通穹。案：本字作無，《毛》毋，《釋文》毋音無，本亦作無。據《文選・思玄賦》李善注當作九字句「無金玉爾音而有遐心。」《正義》引《定本》、《集注》S3330引《箋》作「毋曰」。漢・張衡所見《魯》作「無金玉爾音，」劉宋時謝莊、顏延年所見、隋唐時李善《毛詩》同《魯》作「無金玉爾音。」《唐石經》「毋金玉爾音。」作「毋曰」當是別本。今從《集注》《定本》作「母（母讀如毋）曰金玉爾音。」《釋文》：毋音無，本亦作無。

【詮釋】

〔1〕本文依宋・劉敞《七經小傳》上「愛之厚也」與安溪說，白駒，潔白無瑕的駿馬，比喻賢良、隱士，應明確詩人與隱者是老友，從這一基點知人論世加以詮釋。皎皎然潔白狀白駒，白駒皎皎潔潔，從不貪，「生芻一束」而已，用白駒意象託喻其主人在衰世濁世其德如玉，是詩人十分看重的。駒，五尺以上的馬。食 sì，飤 sì，古飼字，即用我家場圃的苗喂。主賓朋友自明。縶（縶）維，連語，縶 zhì（縶縶縶），絆馬前足，留馬留客。以久今朝，您常常如今朝在我處。謂，殷勤恤問；伊，繫，是，此。於焉，雙聲詞，於是；逍遙，消搖，疊韻詞，自在。又於於讀烏 wū，烏，何，《群書治要》：「乘白駒而去之賢人，群於何遊息乎？思之也甚矣。」

韻部：苗朝搖（遙），蕭部。

〔2〕藿 huò，豆嫩葉。永，久。老友長相知，貴客長自在。朱熹：嘉客猶逍遙。於，於；焉，何，何處。

韻部：藿（藿）夕客，鐸部。

〔3〕慎，慎讀如誠。賁通奔，駿奔而來。《單疏》：賁賁 bìbì，（古）幫微，賢者之貌（案：大約指精神美，《廣雅・釋詁一》：賁，美也。朱熹：光采之貌。）思，語詞。下同。主人對隱士講：爾公爾侯，則逸豫（連語，樂）無極。優（優）游，優遊自在。勉，勉勉；遁思，去意，隱遁。高本漢譯為「（勉力==）堅持你的（隱遁==）悠閒。」《覆詁》「猶言爾無遠遁也。」朱熹：「慎，勿過也。勉（免），毋決也。」

韻部：駒侯，侯部；思期思，之部。

〔4〕《釋詁》：穹，大。空穹，空曠宏大。生，鮮；生芻，用一束束青飼料喂好您的白馬。如玉，美德如玉，詩人激賞語，讚美賢良在隱居中保持如玉的美德。毋曰，不要說；詩人把賢良的音訊密比金玉聲，金玉爾音，過於珍惜你的聲名，其實我視你的音信如洪鐘玉音如金如玉，多通信息信息吧！《箋》：毋愛女（汝）聲名，多通音信吧！遐心，遠離老友的心。《詩志》：「此詩本刺宣王不能留賢，卻滿篇故作挽留綢繆之詞，極有情，正極無聊，吞吐含蓄，言外意想不盡。」

韻部：穀玉，屋部；音心，侵部。

【評論】

這是《孟・公孫丑上》宣導的「貴德而尊士」的傳統思想。《魯傳》《潛夫論・本政》：「《詩》傷『皎皎白駒，在彼空谷，』『巧言如流，俾躬處休，』蓋言衰世之士，志彌潔者身彌賤，佞彌巧者官彌尊也。」方以類聚，物以群分，同明相見，同德相聞，惟聖知聖，惟賢知賢。晉・楊泉《物理論》：「黃金累千，不如一賢。」桓溫《薦譙元彥表》：「《兔罝》絕響於中林，《白駒》無聞於空谷。」《御覽》578「《大周正樂》曰：『《白駒操》者，失朋友之所作也。其友賢，俱仕於衰亂之世，君無道，不可匡扶，依違風諒不見受，國士詠而思之，操琴而長歌。」《詩傳注疏》：「賢者高蹈遠行，吾知其不可留矣，猶欲縶維其白駒，以強留之，雖一朝一夕，亦滿有志歸德之彝性，尊賢之良心，在人自不能泯沒也。」宋・黃震《黃氏日抄》：「宜曰：爾公也，爾侯也，今乃逸豫自迨而無期乎？謹哉，爾之優遊！勉哉，爾之遁思！惜賢者之去，而又體賢者之不容不去，寄興悠遠矣。」誠如《魯傳》《離世注》所云：「馬以喻賢臣也，《白駒》開屈原以降香草美人賦。」方宗誠《說詩章義》：「留行詩之祖。」案：在濁世社會中，詩人以婉深的摯情謳歌那純白皙皙的良駒，逍遙自在的良駒，詩人塑造白駒這一純厚脫俗的美好意象，增飾以「在彼穹穀」，「其人如玉」，辭致雅贍，朗朗上口，盼望其如金如玉的音訊，獨持高雅的素心，寫出山谷林泉足以瑰目璨心、愉情悅意的樂趣，而增益詩人與讀者的高心雅意，在文學領域誠奇葩獨放，千古馨香，而震撼千古以來的讀者。故《鶴鳴》《白駒》是中國文人詩中隱逸宗的詩祖。

黃　鳥

「黃鳥〔鴅〕！黃鳥〔鴅〕！　　　　　「黃雀！黃雀！
無集于穀〔木穀〕！　　　　　　　　　不要聚集在構樹上！
無啄我粟！」　　　　　　　　　　　　不要啄食咱的粟子！」
「此邦之人，　　　　　　　　　　　　「這個邦國的人，
不我肯穀〔穀〕！　　　　　　　　　　不肯善待我，
言旋言歸，　　　　　　　　　　　　　我回歸故園，
復我邦族！」〔1〕　　　　　　　　　　復回到我的故國！」

「黃鳥〔鴅〕！黃鳥〔鴅〕！　　　　　「黃雀！黃雀！
無集于桑！　　　　　　　　　　　　　不要聚集在桑樹上！
無啄我粱〔糧〕！」　　　　　　　　　不要啄食我的高粱！」
「此邦之人，　　　　　　　　　　　　「這個邦國的人，
不可與明〔盟〕！　　　　　　　　　　不能與我共信久長！
言旋言歸，　　　　　　　　　　　　　咱要回歸故園，
復我諸兄！」〔2〕　　　　　　　　　　復回到我的諸位昆兄！」

「黃鳥〔鴅〕！黃鳥〔鴅〕！　　　　　「黃雀！黃雀！
無集于栩！　　　　　　　　　　　　　不要聚集在栩樹！
無啄我黍！」　　　　　　　　　　　　不要啄食我的黍子！」
「此邦之人，　　　　　　　　　　　　「這個邦國的人，
不可與處！　　　　　　　　　　　　　實在不好相處！
言旋言歸，　　　　　　　　　　　　　咱要回歸故園，
復我諸父！」〔3〕　　　　　　　　　　復回到咱的伯叔！」

【詩旨】

　　《詩論》簡 9「《黃鴅》則困而穀（欲）反丌古（返其故）也，多恥者丌（其）忎（惏，害）之虗（乎）。」案：春秋時期因戰亂頻仍、災害頗多，遷徙他邦或入贅他鄉的詩人在前 782 年在異國他鄉倍受賤視與窘迫，於是憤而作《黃鳥》、《我行其野》。以下二首《編年史》繫於前 782 年。

　　〔齊說〕《易林・乾之坎》：「黃鳥采菉，既嫁不答。念我父兄，思復邦國。」《齊詩》說是遠嫁他鄉的女子因遭輕侮而思歸之作。

　　《毛序》：「《黃鳥》，刺宣王也。」《讀詩記》20「宣王之末，民有失所者，意他國之可居也，及其至彼，則又不若故鄉焉，故思而欲歸。使民如此，亦

異於還集安定之時矣。」《箋》《疏》以爲夫婦相棄，詩以刺之。《稽古編》：棄婦詞。朱熹《詩集傳》：「民適異國，不得其所，故作此詩。」王安石、蘇轍以爲賢者不得志而去。

【校勘】

〔1〕本字作穀，蘇轍本二、三章爲桑、栩，《傳》《箋》《單疏》《唐石經》《兩漢全書》《白文》作穀，《集解》、相臺本《白文》作穀，1914 商務本作穀，誤，當爲穀。S3330 作木，王質本作穀，同穀，木、穀通穀。《毛》肯穀，穀通穀。

〔2〕《單疏》《毛》明；《齊》《釋名》《箋》《正義》爲盟。明通盟。《毛》《唐石經》梁，S3330 作糧，當爲梁。

【詮釋】

〔1〕姚彥輝《詩識名解》黃鳥，此處黃雀，因黃鶯不食粟。黃雀，益鳥，觀賞鳥，雄鳥上體淺黃綠色，腹白，腰黃，鳴聲清脆。穀通穀 gǔ，楮 chǔ，構 gòu 樹，落葉喬木，木材供器具、傢俱、薪炭等用，皮可造優質紙，葉可喂豬，可製農藥。工礦區綠化樹種。楮樹。粟梁粟，穀物。此邦，異域；穀讀如穀 gǔ，善待，又訓養。旋歸，連語，回歸；言，我；言，語詞。復，返。邦族，祖邦宗族，故鄉，《後箋》：此詩自亦爲室家相棄而作。

韻部：穀粟穀族，屋部。

〔2〕桑諧喪，危險。梁 liáng，氾勝之：秔粟。明讀如盟，約誓，《毛傳》訓爲「不可與明夫婦之道」，實爲鄭《箋》，誤爲《傳》語，「明讀如盟，信也。《魯傳》《天問》注：明，盟。諸兄，同宗弟兄。

韻部：桑梁明（盟）兄，陽部。

〔3〕栩 xǔ，麻櫟 lì 詳《晨風》注。黍，小米。與處，連語，共處。揚州方言「不與」，不相交，不相處。諸父，同宗父輩。

韻部：栩黍處父，魚部。

【評論】

《詩解》：「民之去其土、離其親者，不同王也。人不相恤，是以懷其邦族而復之也。」《詩童子問》：「前言『復我邦族』而已，中言『復我諸兄』，末言『復我諸父』，人情困苦之極，則愈益思其親者焉。」《原始》10：刺民風偷薄也。聖人刪《詩》（存此二篇（《黃鳥》、《我行其野》）於中興之末，見周之衰實自此始，不必待東遷後著也。

我行其野

我行其野，蔽芾其樗。　　　　　避難在荒野，依著繁茂臭椿過一晚。
「昏〔昏婚婚〕姻〔因〕之故，　　「只因爲我與你有婚約，
言就爾居。　　　　　　　　　　我才趕來與你成婚。
爾不我畜，　　　　　　　　　　你竟不肯恤養扶持我，
復我邦家。」〔1〕　　　　　　　只得返歸我故園。」

我行其野，言采其蓫〔蓄葟苗〕。　避難急行在荒野，去採那羊蹄菜。
「昏〔昏婚婚〕姻〔因〕之故，　　「只因爲我與你有婚約。
言就爾宿。　　　　　　　　　　我才投奔你家來。
爾不我畜，　　　　　　　　　　你竟不肯恤養扶持我，
言歸斯復。」〔2〕　　　　　　　我回故鄉淚滿腮。」

我行其野，言采其葍〔藚〕。　　避難急行在荒野，去採那葍菜來。
「不思〔惟〕舊姻〔因〕，　　　「你卻不念舊婚約，
求爾新特。　　　　　　　　　　你娶新人，對我則完全見外。
成〔誠〕不以富，　　　　　　　實在並非爲陪嫁。
亦祇〔祇祇〕以異。」〔3〕　　　只因見異思遷變心態！」

【詩旨】

〔魯說〕《白虎通·嫁娶》「姻者，婦人因夫而成，故曰姻。《詩》云：『不惟舊因』，謂夫也。又曰：『燕爾新婚』，謂婦也。」當是在周代衰世，一位女詩人（或倒插門的男子）依婚約投奔男方，對方有了新人，只得又遠經荒野返回故鄉，途中吟成此詩。黃焯：「與《邶風·谷風》同爲棄婦責男之辭。」高本漢同。

〔齊說〕《易行·巽之豫》：「《黃鳥》『采蓄』，既嫁不答。念吾父兄，思復邦國。」

《毛序》：「《我行其野》，刺宣王也。」宋·王安石《新義》以爲女父母兄弟之詞，民不安其居而適異邦，從其昏姻而不見收恤之詩。《詩總聞》9 婿詞。《慈湖詩傳》則以爲「飢饉之歲，遠依婦家而見棄焉，作是以絕之。」《詩集傳》11「民適異國，依其婚姻，而不見收恤，故作此詩。」《稽古編》棄婦詞。近人或謂「一遠嫁異國而被遺棄的婦女，抒寫悔怒之情」。劉毓慶、李蹊譯注《詩經》：棄夫詩。《編年史》繫於前 782 年。

【校勘】

〔1〕案:《唐石經》昏,《單疏》婚,又作昬,《考文》類聚》6、S3330號婚姻,昏,古字。《毛》思、姻,《魯》《白虎通・嫁娶》惟因,因古字。

〔2〕本字作蓫苗,《毛》蓫,《說文》苗 dí,《魯》《釋草》《齊》《說文》有藋苗無蓫,蓫是別體,《齊》《易林》《韓》《七啓》蓫,《魯》《釋草》蓨,蓚,《釋文》蓫,本又作藋。

〔3〕《考文》《毛》葍,《魯》《釋草》《箋》《說文》蕾,謝靈運《山居賦》作藟,本字作葍,葍蕾同,藟異體。《毛》不思舊姻,《魯》《說文》《白虎通》10 不惟舊因,《魯詩》乃古本。《九經誤字》:「求爾新特。《石經》、監本同。《箋》云:「求汝新外婚特來之女」今本作「求我」,「非」。《毛》《箋》作成、祗,《論語・顏淵》引、《考文》作誠、祗。成讀若誠。《五經文字》《唐石經》《釋文》《白文》作成祗。1914 商務本作祇,非。祗通祇。

【詮釋】

〔1〕蔽芾,疊韻詞,枝葉茂密貌。樗 chū,臭椿,比喻惡夫。思、惟,重視;婚姻,疊韻詞;昏,婚。因,姻。故,原因。言,我;就,依。爾,古又寫作尔,尔即古伱,古你字。案:蓄 xù 讀若慉 xù,扶持。朱熹訓養。案:「復我邦家」,返回故國故園。詩人抒故國之戀。

韻部:野樗居家(音姑),魚部。

〔2〕蓫 chù,藋 lí 苗 dí 蓄 xù,羊蹄菜,蓼科,根可入藥。言,語詞;就,依;爾,你。畜 xù,養。言,我;斯、思,語詞;歸復,連語,返。

韻部:蓫(蓄)宿畜復,沃部。

〔3〕葍蕾 fú,旋花,古稱「惡荣」,又名鼓子花,面根藤兒可蒸食。其根莖有澱粉,有甘味,也可在熱灰中悶熟食,以度饑荒。今用以釀酒、入藥。不惟舊因,不思舊姻,有舊婚約在先。特,配偶。成讀如誠,確實。以,因。富,財。他背信棄我實在並非因為我的陪嫁多少。祗、祇,適,只;異,二心。《傳》新特,外婚。因為他見異而思遷。朱熹:「言爾之不思舊姻,而求新匹也。雖實不以彼之富而厭我之貧,亦只以其新而異於故也。」劉克、姜炳璋則認為:家貧子壯而出贅卻不見厚、歸其家者的怨詞。《新證》:富通服,服從。

韻部:葍(蕾)特富異,之部。

【評論】

《詩集傳》11 引王氏曰：「先王躬行仁義以導民，厚矣。猶以爲未也，又建官置師，以孝、友、睦、姻、任、恤六行教民。爲其有父母也，故教以孝；爲其有兄弟也，故教以友；爲其有同姓也，故教以睦；爲其有異姓也，故教以姻；爲鄰里鄉黨相保相愛也，故教以任；相賙相救也，故教以恤。」案：可能是上流社會的一位女子，因爲父母之命、媒妁之言、或因爲政治聯姻，遠嫁一方男子，她深情款款，以爲可以相託終生，然而作了棄婦，和著追悔不及的苦澀的淚水，用象徵、暗示技法，根本沒過上富裕階層的生活，以羊蹄菜、薑荼度日。這個上流社會淪爲棄婦的典型形象實在具有一定的典型意義。高本漢《譯注》頁 498，「本篇是一個棄婦的責備之詞，末了預斷不義的丈夫從他的新歡得不到幸福：你眞是不能因此得到好處，你只是因此做錯了事。」譯注《詩經》「寫了一個倒插門女婿被拋棄的婚姻悲劇，直觀地表現了人類婚姻的複雜性。這首「棄夫詩」，表現了一位倒插門女婿的哀怨，他爲婦家所棄，踏上歸途，獨行於野，心中充滿悲涼。前二章言被棄歸家之情。第三章言已被棄之故是她另結新歡。鍾惺曰：『末二句似爲薄情者開一生路，〔所謂出妻，令可嫁也。〕然詞益恕而意愈深矣。』鍾惺之論實在非常深刻——所謂『詞益恕而意益深』，是說這位被遺棄的丈夫所可原諒於她的是可知可見的經濟問題，說她並不因爲新夫有錢才拋棄他，其深層的原因是她已經不喜歡他，這才是一個男人最大的悲哀，而他是看得明明白白的，只是不說出來罷了。指出婚姻的破裂並不一定在於經濟問題，更有『喜新厭舊』的因素，而『新』之可『喜』全在於和『舊』之不同，其所以不同，因素實很複雜，即當事者也未必能說得清楚。這就是這首詩的可貴之處，否則婚姻的不幸就變得十分簡單了。」

斯　干

秩秩斯干〔澗〕，幽幽南山。	清洗洗的溪澗，幽深深的中南山。
如竹苞〔包〕矣，	有如修篁叢生濃密，
如松茂矣。	有青松茂密鬱蕃蕃，
兄及弟矣，	長兄與小弟，
式相好矣，	骨肉和睦應當永友好，
無相猶〔瘉尤猷猷〕矣。〔1〕	莫相醜化，顯得難看。

似〔嗣以〕續妣祖，　　　　繼承先祖好基業，
築室百堵，　　　　　　　　建築宮室百餘間，
西南其戶。　　　　　　　　門窗開在西南面，
爰居爰處，　　　　　　　　於是居住於是止，
爰笑〔笑〕爰語。〔2〕　　有笑有談樂團圓。

約之閣閣〔格〕，　　　　　版築捆紮格格地響，
椓之橐橐〔檡㭉〕，　　　用杵搗土牆橐橐地響，
風雨攸除，　　　　　　　　風吹雨打都無妨，
鳥鼠攸去，　　　　　　　　鳥兒老鼠都跑光，
君子攸芋〔宇幠〕。〔3〕　國王居住樂洋洋。

如跂〔企〕斯翼，　　　　　廳堂如人立般端莊，
如矢斯棘〔棘㭉〕，　　　四隅如箭一般筆直，
如鳥斯革〔勒鞯翮〕，　　屋宇如鳥翅般飛翔，
如〔有〕翬斯飛，　　　　　飛簷如錦雞般展翅，
君子攸躋。〔4〕　　　　　　宮殿，國王來升躋。

殖殖其庭，　　　　　　　　庭院平平正正，
有覺〔鵠桔較〕其楹，　　高大柱楹筆直直，
噲噲〔快〕其正〔征〕，　正寢敞敞亮亮，
噦噦〔噦煴〕其冥〔溟〕，內室深曲奧窈，
君子攸寧。〔5〕　　　　　　國王得以靜謐。

下莞〔莣〕上簟，　　　　　下有蒲席作筵，上有竹席好議政，
乃安斯寢。　　　　　　　　睡得安穩。
乃寢〔寐〕乃興，　　　　　晚寢早起，
乃占我夢〔癮〕。　　　　　於是占夢求吉兆。
吉夢維〔惟〕何？　　　　　好夢夢境看到啥？
維〔惟〕熊維〔惟〕羆〔䮝〕，賽過熊羆逞英豪，
維〔惟〕虺維〔惟〕蛇。〔6〕有虺有蛇夢也好。

大〔太〕人占之：　　　　　太卜先生占夢道：
維〔惟〕熊維〔惟〕羆，　　是熊是羆逞英豪，
男子之祥；　　　　　　　　此是生男吉祥兆！
維〔惟〕虺維〔惟〕蛇，　　是虺是蛇頗靈動，
女子之祥。〔7〕　　　　　　此是生女吉祥兆！

乃生男子，　　　　　　　如若生個男娃娃，
載寢之牀，　　　　　　　讓他睡在硬木床，
載衣之裳，　　　　　　　給他穿上好衣裳，
載弄〔挵〕之璋。　　　　給他把玩小玉璋。
其泣喤喤，　　　　　　　哭聲喤喤眞洪亮，
朱芾〔弗紱韍韍芾〕斯皇，將來大紅蔽膝鮮煌煌。
室家〔家室〕君王。〔8〕配上嘉妃作國王！

乃生女子，　　　　　　　如若生個女娃娃，
載寢之地，　　　　　　　睡床靠在地板上，
載衣之裼〔褯襗〕，　　　包上褯襗多培養，
載弄〔挵〕之瓦，　　　　玩弄紡磚學織忙，
無非無儀，　　　　　　　無有過失，無有邪僻。
唯〔惟〕酒食議，　　　　善辦酒食謀議好姑娘，
無父母詒罹〔貽離〕。〔9〕莫遺給爹娘受憂屈。

【詩旨】

案：周宣王新宮落成的賀詩祝禱歌。繫於前 820 年。

〔魯說〕〔韓說〕漢・劉向《疏》：「周德既衰而奢侈，宣王賢而中興，更爲儉宮室，小寢廟，詩人美之，《斯干》之詩是也。上章道宮室之如制，下章言子孫之眾多也。」東漢・蔡邕《告遷都祝嘏詞》：「昔周德缺而《師（斯）干》作，應運變通，自古有之。」（《全後漢文》頁 899）《東京賦》：「改奢即儉，則合美乎《斯干》。」

〔齊說〕《漢書》《疏》：「願陛下因天變而徙都，與天下更始，然後大行考室之禮。」

《毛序》「《斯干》，宣王考（考，成）室也。」以下二首，《編年史》繫於前 820 年。《原始》10：卜築初成，祀禱屋神之詞。

【校勘】

〔1〕《唐石經》《毛》干，《毛詩音》干，讀澗，《說文》㵎又作𤃩，通作澗，干澗古今字。《毛》「如竹苞矣，如松茂矣」，于鬯《香草校書》14「當云『竹苞如矣，松茂如矣。』苞茂爲韻，如字倒在句上，苞亦茂矣。」《漢石經》殘石作包，《唐石經》苞，《說文繫傳》包，包苞古今字。《談經》《刑侯彝》作庖，《𠬞卣》作仐，宮名。《毛》猶，《魯》《釋詁》《箋》《釋文》、古本

痮，《方言》猷，《廣雅》猶，S3330 號作猷。猶猷猷猷猷從酋。俗作尤。《詩集傳》或曰作尤。案：猶、猷同。作尤，俗本。猷與好相對，猷醜古今字。

〔2〕《毛》笑，《唐石經》笑，笑，古字。《毛》似，嗣也。S3330 以，以讀如似，似通嗣。

〔3〕《毛》閣，《魯》《韓》《集注》《考工記·匠人》注引作格。古格閣音同，重言形狀字。《毛》橐，《魯》《說文》《廣雅》橐，橐是橐字之形省，《釋文》本或作栜，擬音詞。案：本字作宇，《毛》芋，《三家》《大司徒》鄭注宇，《箋》當作幠，《聲類》、宋本、岳本宇讀如幠，《單疏》芋當作幠。芋幠與宇聲近通借。《集韻》芋幠同。

〔4〕案：本字作企。《毛》跂，《三家》《九歎注》《說文》《玉篇》《廣韻》企，《釋文》跂音企，跂通企。《毛》棘，《唐石經》《單疏》棘，棘字之訛。《釋文》《玉篇》引《韓》作杨，棘通杨。《毛》如，《說文繫傳》《九經字樣》如作有。《毛》革，《韓》勒、靷，革、靷古今字，後作鞙，S3330 作鞙。

〔5〕正字作仚，《單疏》《唐石經》跂，《魯》《齊》《說文》《笙賦》仚（企），跂通企。《唐石經》《毛》覺，《三家》《緇衣》桔，《齊》《禮記·射義》作鵠，鵠覺讀如桔。《毛》噲，《箋》愩，《三蒼》《箋》《釋文》《音義》讀如快，聲近。《毛》正，S3330 征，征讀如正。《毛》嘁，《唐石經》嘁，異體，呂忱：猶愩愩。《毛》冥，《考文》溟，溟讀如冥。

〔6〕《唐石經》莞，《單疏》苊，作苊避宋諱。《毛》寢，《考文》、S3330 寐，字異義同。《毛》吉夢，《說文繫傳》其瘳。《毛》維，《三家》《潛夫論·夢列》《後漢·楊賜傳》惟，維惟同。《毛》羆，古文作𤒼。

〔7〕《唐石經》《毛》維，《三家》《後漢·楊賜傳》惟，同。《毛》大，《釋文》《毛詩音》大音太，《周禮》大人作太卜，當依《周禮》作太卜。大音太。

〔8〕《毛》弄，《考文》挵，同。案：古字作市，《說文》市，《毛》芾，《齊》《白虎通·紼冕》紼。漢·韋孟《諷諫詩》注引作韍。《考文》作芾，S3330 號作弗，弗是紼字之形省，又作黻韍韍韠，芾紱弗芾韍韠韍韍通紼。

〔9〕《單疏》褐，是褐字傳寫之誤。《唐石經》褐，《說文》褐，漢·侯苞《韓詩翼要》褅，古通。《毛》儀，《通釋》義一說通「議」，案：上下文例當依《毛》儀。《毛》詒罹，《考文》貽離，《釋文》詒，本又作貽；罹，本又作離。案：詒貽同，離罹古通。

【詮釋】

〔1〕前五章寫中興之主周宣王建宮室之壯麗，如秩秩，洸佚，清。干讀如澗，山澗。幽幽，悠遠貌；南山，終南山。如竹苞矣，如松茂矣，此處爲叶韻，如，有。案：苞 bāo，叢生，茂密，此處寫新宮建築群。茂，秀美，美輪美奐。式，發語詞。一說訓當。相好，相友愛。無，勿，不要；猶，尤，欺詐，又作敵，媢 cù，古醜字，莫相詆毀醜化。《箋》瘉，猶 yóu 瘉 yù 同爲餘母，瘉，詬病，無相詬病。

韻部：干澗山，寒部；苞茂好猶（敵，沃部；猷，瘉，侯部），幽部。

〔2〕以、似與嗣雙聲疊韻通借，嗣續，連語，繼承。妣祖，祖妣，爲叶韻而倒文。妣，姜原；祖，后稷。此詩是慶祝宮室落成詩，祝禱詩，又是祭祀詩。室，宮室；百堵，百餘堵，堵 dǔ，五版一堵，一堵四十尺。西南其戶，向陽一方，以采光，在西面、南面開窗戶。爰 yuán，於是。

韻部：祖堵戶處語，魚部。

〔3〕約，在版築上用繩綑牢。閣閣、格格 gégé，〈古〉見鐸；歷歷 l lì，〈古〉來錫，紮縛綑束而牢固整齊貌。捄，築，對牆加以敲、擊、抽、削，以堅固版築牆，案：椓讀同築，雙聲通借 zhù，用搗土的杵擊土搗土，使板築土充實結實。其聲爲橐橐、柝柝 tuótuó。除，除了風雨鳥鼠之患。芋幠同部，幠 hū，覆。芋通宇，居。

韻部：閣（格）橐（橐），鐸部；除去芋（宇幠）居，魚部。

〔4〕跂通企 qǐ，踮起腳跟。《魯》《九歎注》企，〔直〕立貌。翼，翼翼 yìyì，端莊貌。棘 jí，（古）見職；朸 lì，（古）來職，同部，見、來準鄰紐，棘通朸，棘、朸古通，朸，朸朸然，屋的棱角如箭桿筆直。一說棘、戟古今字，春秋前作棘，戰國作戟。革、《韓》靯 gé，革通靯，靯，翮，鳥大翅，如鳥張翅。翬 huī，鷂，山雉，飛，飛飛然，高揚貌。君子，國王；攸，所；躋 jī，登。雄偉軒矗的宮殿，國王所登處。

韻部：翼棘（朸）革（靯翮），職部；飛，微部；躋，支部。微、支合韻。

〔5〕殖殖通直直，平正貌。庭，前庭。有覺、有楹、有鵠，覺覺、楹楹 juéjué，《魯》《釋詁》楹 jué，直也（正直高大貌）。正，正寢，一說廣大；噲噲 kuàikuài，快快，同音通借，寬敞明亮。《釋文》引呂忱：猶焆焆 wèiwèi，明。嘒嘒 huì，（古）曉月，深廣貌；冥 míng，窈冥，內室幽深奧妙。寧（甯），安寧。

韻部：庭楹冥寧，耕部。

〔6〕案：以下是詩人的祝嘏詞，如同民間上樑時木匠大師傅的祝詞，反映傳統的祈福心理。莞 guān，蒲席。簟，竹席或葦席，供坐臥。斯，乃；寢，睡處。寢，睡；興，起。乃，於是。維，為。襲罷古今字。罷 pí，棕熊，熊汁入藥，虺 huǐ，蝮蛇。這是古代的熊崇拜、蛇崇拜，陰山石岩畫顯示上古人有動物崇拜，詳圖文版《中國通史》一頁 60。據《古今人表》堯時以熊為人名，如仲熊、季熊，良渚文化神像、三星堆遺址青銅面具，到了周代則換了「蒙熊皮」，這是因為周人崇拜孔武有力的熊，蒙了熊皮則可以驅除疫癘之鬼，詳《周禮·方相氏》及鄭玄注。夏、商、周有蛇崇拜，2001 年在成都金沙村遺址出土商、周時期石蛇，有玉蛇，夏朝陶器有蛇的形象，山西襄汾陶寺遺址出土漆盤上有蟠蛇圖案。詳《文物夏商史》頁 131。《原始》10「藉夢作兆，文筆奇幻。」

韻部：簟寢，侵部；興夢，蒸部；何罷（襲）蛇，歌部。

〔7〕大人，周代太卜管占卜詳夢。占夢，占卜詳夢。夢見熊罷，罷，似熊而長頭高腳猛憨有力，黃白色。吉兆，生男生個兒子如熊罷孔武有力，以熊為旗飾，以熊比喻勇士、勁旅，夢熊罷為生男吉兆，棄據《雜詩》注引《韓詩內傳》：「男子生，以桑弧蓬矢六，射天地四方，明當有事天地四方也。」夢見虺蛇，吉兆，生女生個女兒如蛇神可敬可愛，這是中國古代的蛇圖騰。四川成都金沙村遺址出土商周石蛇，春秋早期有玉人首蛇身飾，有玉蛇。《原始》10「再藉占夢男女雙題，開下兩章，乃不唐突。此文心結構精密處。」

韻部：罷蛇，歌部；祥祥，陽部。

〔8〕乃，若。《莊·德充符》：「子無乃稱」。載，則。寢，睡，床，硬板床。使他身子骨硬朗。衣，穿。璋，古代王侯貴族在朝聘、祭祀時的禮器，代指權貴。弄，把玩；璋，半圭，比德於圭璋。從小玩弄玉璋明佩玉弄玉為了比德於玉。泣，哭聲；喤喤，洪亮。案：其下二句是預擬之詞，其將來佩朱紱，堂堂皇皇的蔽膝；室家，成家立業，君王，當國王，這是中國傳統的民俗，如民間抓周，弄璋弄瓦之喜，祈福心理，養個兒子能成家立業，當侯當王，民俗如此。市 fú，古代朝覲、祭祀時的服飾，命服之一，遮蔽衣裳前的蔽膝，朱市，天子朱市，諸侯赤市；斯，語詞；皇，煌煌。

韻部：牀裳璋喤皇王，陽部。

〔9〕褐裼禘禘 tì，小兒衣被。乃，若。寢之地，靠近地的板床上，以便她玩弄紡磚，學習紡織。這是中國傳統的祈福心理，養個女兒能紡織，能持家，如紅山文化玉蠶，又如商、周養蠶技術成熟，仰紹文化有石紡輪，陶紡

輪。瓦 wǎ，古代泥土煉製的紡甎。議，謀議。《說文》案：無，毋，不要有；非，違，過失；儀俄疊韻通借，《荀子四》：「君法儀，禁不爲。」邪僻，自專。無，勿；詒，貽，遺；離罹 lí，憂。即別給娘家帶來憂愁。

韻部：地瓦儀（我）議罹（離），歌部。

【評論】

宋・劉克《詩說》：「首章秩秩之干，幽幽之山並及松竹之盛，盛似於山川之勝，大營宮室乎？詩人於詠歌之中致其諷焉。《子虛》《上林》猶能用此法，況詩人乎？」《詩緝》：「考室之時，當有頌禱之語以終之。居室之慶，莫過於子孫之繁衍，故願入此室處之後，發於夢兆而開子孫之祥，非實有是夢。」「《西京賦》祖述《斯干》也。」《批評詩經》：「上章述築構之堅好，此章說形勢之壯麗，下章寫氣象之深邃，宮室之美盡矣！簡而濃，華而不騁，有境有態，讀此便覺《〔魯〕靈光〔殿賦〕》、《景福〔賦〕》俱贅。」《詩志》3「敘作室正身衹中間四章，前段設景佈勢，後篇撰情生波，極章法結構之妙。」陳澧《讀詩日錄》「慶新宮也，而正寫新宮輪奐處，不過『似續妣祖』四章，其前則言山川奠定，兄休和。其後則言熊羆入夢，男女蕃育，意象何其恢廓！」陳僅《群經質》由此詩而生發議論「民受庇於君，君亦以民爲庇也。」《談經》「《斯干》一篇，頗極音節錯落之致，〔三、四章〕，已隱開後世長短句之先聲。」案：《箋》「歌詩以落（樂）之。」詩人以修衍曼麗的筆致，錯落有致的音節，明麗的藻繪描寫新宮建成，善於選擇角度，善於用喻，善用排筆，故文筆靈動，辭章歷錄。七八九章，用對比手法，暗寫帝王貴族的祈福之心，重男輕女的習俗，展示西周社會的占夢等民俗畫面。

無　羊

誰謂爾無羊？	誰說你家沒有羊？
三百維〔其〕群；	有三百隻羊群那麼多；
誰謂爾無牛？	誰說你家沒有牛？
九十其犉〔犙〕。	七尺高的黑唇黃牛有 90 頭。
爾羊來思，	你家羊群來啦，
其角濈濈〔戢觱〕；	羊角聚聚又相和，
爾牛來思，	你家牛群來啦，
其耳濕濕〔瞝瞝〕。〔1〕	牛反芻時耳朵搖搖趣味多！

或降于阿， 有的降下到山阿，
或飲于池， 有的飲水到池畔，
或寢〔癮〕或訛〔譌吪〕。 有的睡了，有的醒了，
爾牧來思， 你悠悠地牧牛來了，
何〔荷〕蓑〔衰簑〕何〔荷〕笠， 披著蓑衣戴著斗笠，
或負其餱。 背著乾糧唱著牧歌。
三〔九〕十〔卅〕維物， 各種毛色牛羊三十多，
爾牲則具。〔2〕 你的祭牲已準備多多。

爾牧來思， 牧人來了，
以薪以蒸， 帶來粗飼料、精飼料，
以雌以雄。 配了雌雄繁衍好。
爾羊來思， 你的羊群來了，
矜矜〔兢矜〕兢兢〔競〕， 強壯擁擠緊依靠，
不騫〔虧〕不崩， 既不虧損，又不瘦削，
麾〔摩揮〕之以肱， 揮動了手臂，
畢來既升。〔3〕 羊兒全來登高。

牧人乃夢： 牧人於是做夢了：
眾維〔惟〕魚矣！ 眾人與魚啊！
旐維旟矣！ 龜蛇旗與鷹隼旗啊，
大人〔太卜〕占之： 太卜解夢：
眾維〔惟〕魚矣？ 那麼多的魚啊，年年有餘！
實〔寔〕維豐年！ 此是豐年的吉兆！
旐維旟矣？ 龜蛇旗與鷹隼旗啊，
室家溱溱〔蓁蓁〕！〔4〕 部落聯盟繁衍的好吉兆！

【詩旨】

《孔叢子‧記義》引孔子云：「於《羔羊》，見善政之有應也。」案：據滬博《楚竹書》第四冊《采風曲目》簡3《牧人》這是料理生業的貴族詩人的牧歌。漁業、畜牧業是中國千古以來的兩項重要產業，詩人在前820年，看到善政後畜牧業大發展，歌頌了畜牧業的繁衍發展，體物精微地描繪了牧業詳景，並預兆豐年。據《傳疏》、《後箋》，繫年於前820年。

《毛序》：「無羊」，宣王考牧也。」《箋》《單疏》《續〈讀詩記〉》同。

朱熹《詩集傳》11：「此詩言牧事有成而牛羊眾多也。」《詩故》6繫於周成王時。

【校勘】

〔1〕《魯》《毛》同。《毛》維，《白帖》96 作其，維其義同。《毛》犉，《說文》犉，犉古字。《毛》濈，《釋文》《玉篇》觯，濈，本又作戢，《廣雅》湒，一作鯽。案：正字作戢，《御覽》引作戢，作濈字誤，湒異體，觯，後出字。案：《唐石經》濕濕，《玉篇》《廣韻》瞶瞶，重言形況字，本作濕，作瞶，後人增益字。

〔2〕《毛》寢，《說文》寢，寢古字。本字作吪，《毛》訛，《說文》有吪無訛，《韓》譌，《玉篇》《眾經音義》13 作吪。訛，古文蔿譌吪三形同。《毛》何，《考文》《左傳‧隱 3》《白帖》96、《後漢‧蔡邕傳》《御覽》756 作荷，古何字本有荷任的義項，何古字。《廣雅》《單疏》《毛》蓑，《說文》有衰無蓑，衰古字。《玉篇》衰，今作蓑，又作簑，同。《單疏》《毛》三十，《唐石經》卅，《穆天子傳》注引作九，作九是涉一章而訛。

〔3〕《毛》矜，《高郵王氏父子手稿》頁 287、《新證》矜矜本應作矜矜，《毛》兢，《說文》、《玉篇》兢，s3330／1？，《新證》本應作競競。

〔4〕《毛》維、溱，《魯》《潛夫論‧夢列》惟、蓁，維、惟通與。《毛》溱，《魯》溱通蓁。

【詮釋】

〔1〕首章寫牧業有成。案：牧人，畜牧業貴族或牧業主，《穀梁傳‧莊公十三年》：「舉人，眾之辭也。」《曲禮》：「問國君之富，數地以對，山澤之所出。問大夫之富，曰：『有宰食力，祭器、衣服不假。問士之數，以車數對。問庶人之富，數畜以對。」誰謂，發問之詞。陳奐：維，其。爾，牧人。犉 chún，牛高七尺。思，語詞。下同。濈濈、戢戢、湒湒、鯽鯽 jíjí，相聚貌。案：濕濕即瞶瞶 shīshī，牛反芻時耳朵搖動貌。

韻部：群犉，諄部；濈（戢湒鯽），緝部。

〔2〕二章寫牛羊活潑可愛的天性與生活情態，或，有的。阿，山曲阿處。訛讀如吪 é，動作。《韓傳》：譌，覺也。譌寤，同為疑母，譌通寤 wù，覺也。何通荷，披蓑衣戴斗笠。衰蓑古今字。衰，蓑簑 suō，草雨衣。負，背；餱，乾糧。物，色，各種毛色的牛。牲，犧牲；具，俱備。

韻部：阿池訛衰蓑（簑），歌部；餱具，侯部。

〔3〕三章寫牧人牧羊業。伐薪業兼顧，繪寫指揮羊群牛群的生活細節。爾，語詞。牧，牧人。以，用；薪，粗柴；蒸，細薪。以雌以雄，適時配種

繁衍。案：矜矜、矜矜、兢兢，雙聲疊韻詞，強壯貌，充滿生命活力，爭先恐後，眾多奔逐，兢兢不已。騫（騫）qiān、崩 bēng，連語虧，虧損（損）。孫詒讓《校勘記》：矠 shào，膘肥肉壯。麾通揮；肱 gōng，臂。畢，都；既，已；升，登。

韻部：蒸雄兢（競）崩肱升，蒸部。

〔4〕四章寫牧人美麗的夢與遐想圖。乃，於是；夢，做夢。案：詮釋學的歷史前提應顧及當時周朝奴隸制社會，此是貴族詩人所吟，維 wéiyǔ 雙聲通借；眾 zhōng，眾庶，《湯誓》「爾眾庶」，《臣工》「命我眾人，」指眾多的奴隸，牧人是貴族，夢到管控許多奴隸，維，與，又有好多魚。耕漁時代，魚是吉祥物，半坡仰韶出土魚紋彩陶盆，山東滕州出土玉魚、寶雞出土青銅魚。旐，維，與，《靈臺》「賁鼓維鏞；」旐畫有龜蛇的旗，旟畫有鷹隼的旗，借指很多的軍民、部落，周王是全國部落聯盟長。《新證》：「旐，兆，本謂牧人所夢的是魚之眾與旐之多，眾魚、為豐年之征，兆旐為室家繁盛之驗。」大人，太卜，或占卜官、解夢官。占，詳夢。實通寔，是，豐年吉兆。溱通蓁，蓁蓁 zhēnzhēn，興旺貌。

韻部：魚旐，魚部；年溱（蓁），真部。

【評論】

宋・黃櫄《集解》「古人以生畜之多寡而分其國之興廢。」明・張以誠《毛詩微言》引徐常吉：「此詩首章言羊之三百，牛之九十，是寫牛之群數；角之濈濈，耳之濕濕，是寫其眾多之形象。二章又言其或降或飲，或寢或訛，則並牛羊之動止閒適，悉從筆端畫出。而九十其犉，三十維物，又模寫牛羊之色，宛然雲錦之在望。至於牧人之荷蓑笠，負餱糧，取薪蒸，搏禽獸，無不為之殫述。則可見牧人之從容自得，而追隨於淡煙微雨之中，出入於峻阪叢林之內，其景色風物，概可想於言外。三章乃言『麾之以肱，畢來既升』，則所謂『日之夕矣，牛羊下來』者，又宛然其目，若搜一牧人圖而閱歷之也。所謂詩中有畫，詩之所以為善狀物與？」《說詩晬語》：「《斯干》考室，《無羊》考牧，何等正大事也！而忽然各幻出占夢，本支百世，人物富庶，俱於夢中得之，恍恍惚惚，怪怪奇奇，作詩詩要得此虛景。」《詩誦》3「第三章以單句領起，薪、蒸兩韻，又以單句領起下四句，末章亦然，創格也。《斯干》《無羊》直是兩幅畫圖，至『揮之以肱，畢來既升』，一片天機鼓盪，物我相忘，非畫圖所能到矣。」王士禎《池北偶談》18「《詩・國風》如《燕燕》、《蒹葭》，

《豳風》《東山》《七月》諸篇，述情賦景，如化工之肖物。即如《小雅・無羊》之什云：『或降于阿，或飲于池，或寢或訛。爾牧來思，何蓑何笠，或負其餱。』『麾之以肱，畢來既升。』字字寫生。恐史道碩、戴嵩畫手擅場，未能如此極妍盡態也。後人如何著筆？」《原始》：「詩首章『誰謂』二字飄忽而來，是前此凋耗，今始蓄育口氣。以下人物雜寫，或牛羊並題，或牛羊渾言，或單詠羊不詠牛，而牛自隱寓言外。總以牧人經緯其間，以見人物並處，兩相習自不覺其兩相忘耳。其體物入微處，有畫手所不能到。晉、唐田家諸詩，何能夢見此境？末章忽出奇幻，尤為匪夷所思。不知是真是夢，真化工之筆也！其尤要者，『爾牲則具』一語為全詩主腦。蓋祭祀、燕饗及日用常饌所需，維其所取，無不具備。所以為盛，固不徒專為犧牲設也。然淡淡一筆點過，不更纏繞，是其高處。若低手為之，不知如何鄭重以言，不累即腐。文章死活之分，豈不微哉！」下啓後人寫夢詩，南朝・梁・何遜《夜夢故人》，唐・李白《夢遊天姥吟留別》、杜甫《夢李白》、宋・蘇軾《後赤壁賦》等。

卷十九　小雅四

節南山之什

節南山

節〔屄即巀〕彼南山，維〔惟〕石巖巖〔高巖巉巖〕。

赫赫師尹〔虢虢噓帀尹〕，
民〔民尸〕具爾瞻〔爾詹瞻〕。
憂心如惔〔炃炎焱〕，
不敢戲談。
國既卒斬，
何用不監〔瞯〕！ 〔1〕

節〔屄即巀〕彼南山，有實其猗。
赫赫師尹，
不平謂何？
天方薦〔薦〕瘥〔嗟cuó殘〕。
喪亂弘多。
民〔民尸〕言無嘉，
憯〔嚛兓〕莫懲嗟！ 〔2〕

高高那終南山，巨石多壯觀。

威風赫赫太師尹氏，
民眾全都把你瞻。
我不禁憂心如燔，
哪敢放膽而戲談？
國脈已經都斷了，
爲何不鄭重審視決斷？

高高那終南山，長長廣廣南山啊。
顯赫太師尹氏，
太不公平可奈何！
到處都一再有爭田訟，
喪亂處處又大又多。
老百姓未能嘉許，
竟不懲止錯誤，無可奈何！

尹氏〔氒〕大〔太〕師，
維周之氏〔底柢邸柸氒〕，
秉國之均〔鈞〕，
四方是維，
天子是毗〔貔庳埤〕，
俾〔卑〕民〔民㞋〕不迷。
不弔昊天〔昊天不弔〕，
不宜〔宜〕空我師。〔3〕

弗〔不〕躬弗〔不〕親，
庶民〔民㞋〕弗〔不〕信，
弗問弗仕〔士〕，
勿〔末不末〕罔君子。
式〔以〕夷式已〔己巳〕，
無小人殆。
瑣瑣〔璅璅〕姻亞，
則無膴仕〔士〕。〔4〕

昊天不傭〔庸融〕，
降此鞠〔窬鞠〕訩。
昊天不惠，
降此大戾〔盭厲〕。
君子如屆〔屈觼〕，
俾民〔民㞋〕心闋。
君子如夷，
惡怒是違。〔5〕

不弔昊天〔昊天弗弔〕，
亂靡有定。
式月〔用〕斯生，
俾民〔民㞋人生〕不寧。
憂心如酲，
誰〔佳能〕秉國〔或〕成〔鈞〕？
不自為政〔正貞〕，
卒勞百姓。〔6〕

尹氏太師，
周王朝的柱石之臣，
理應執掌國家權杖，用平正的人，
維繫全國，
輔弼國王，
使人民不迷惘。
昊天不善，
不應使我民空乏困窮！

你不親自理政，
老百姓不相信；
你不問詢，不明察，
不得欺騙君子、人民，
平正其心，綱紀國家！
莫親近小人們！危險！
那些親眷，
則別委以重任！

老天爺你不公平，
降下窮凶、禍亂怎太平，
老天爺你不仁惠，
降下災害、疫病。
國王如戒，
使民心平息怨聲，
國王如平正，
惡怒都除盡。

老天爺不哀憫下民，
禍亂沒有止，
月月發生禍亂，
使民眾不安息。
憂心如病酒醉未覺，
君臣誰能執掌國家的權杖？
你不自為正作表率，
勞苦了大眾、老鄉。

駕彼四牡，四牡項領。　　　　　駕那四公馬，四公馬肥大的頸。
我瞻四方，　　　　　　　　　　我瞻望四方，
蹙蹙〔感慼慼〕靡所騁。〔7〕　　憂心慼慼無所馳騁。

方茂爾惡，　　　　　　　　　　你瞧師尹正大力爲惡，
相爾矛矣。　　　　　　　　　　看到你輕侮傲慢，
既夷既懌〔繹〕，　　　　　　　他倒開心得很，
如彼疇〔酬〕矣。〔8〕　　　　　如同酒宴酬酢一般。

昊天不平，　　　　　　　　　　老天爺你不公平，
我王不寧。　　　　　　　　　　咱們的周王不安寧，
不懲其心，　　　　　　　　　　如不懲戒他的心，
覆怨其正。〔9〕　　　　　　　　反而抱怨諫諍抱怨正己的人。

家〔嘉〕父〔甫〕作誦〔誦〕，　嘉甫吟成諷諭詩，
以究〔宄〕王訩。　　　　　　　推究國凶的病根，
式訛〔吪〕爾心，　　　　　　　感化你們的心，
以畜〔蓄〕萬邦。〔10〕　　　　凝聚全國老百姓。

【詩旨】

　　滬博《楚竹書〈緇衣〉》簡9：「上之肝亞（好惡）不可不斳（通慎）也，民之菜（菜，表）也。詩云：『虢虢市（赫赫師）尹，民具爾䣣（瞻）。』」《孔叢子‧記義》引孔子云：「於《節南山》，見忠臣之憂世也。」案：不問鬼神問蒼生，致亂的根是幽王用佞臣，詩人對此憂心如焚，重臣尹氏不盡職守，據《齊說》《古今人表》：「嘉父，又作嘉甫、家父，西周王室大夫，作《節南山》之詩以刺執政大臣。」家父雖忠慤只能諷諫，無權干政。周幽王（前781～前771）以虢石父爲制國大臣，卒勞百姓（清‧惠周惕《詩說》下：今日『國既卒斬』，已然之事，則當作於幽王末年或幽王被殺），家父（《三家詩》作嘉甫）憤而作詩以諷刺。《編年史》繫於前704年。

　　〔魯說〕《潛夫論‧愛日》：「《詩》曰：『國既卒斬，何用不監！』傷三公居人尊位，食人重祿，而曾不肯察民之盡瘁也。」據《周本紀》《鄭語》《帝王世紀》，繫年於前772年。

　　〔齊說〕《易林‧蒙之革》：「南山昊天，刺政閔身。疾悲無辜，背憎爲仇。」「及至周室之衰，其卿大夫緩於誼而急於利，亡（無）推讓之風而有爭田之訟。故詩人疾而刺之曰：『節彼南山，惟石巖巖。赫赫師尹，民具爾瞻。』」爾

好誼，則民鄉（向）仁而俗善；爾好利，則民好邪而俗敗。」《漢·董仲舒傳》

《鹽鐵論·散不足》：「孔子讀《史記》，喟然而歎，傷正德之廢，君臣之危也。夫賢人君子，以天下爲任者也。任大者思遠，思遠者忘近。誠心閔悼，惻隱加爾，故忠心獨而無累。此詩人所以傷而作，比干、子胥遺身忘禍也。其惡勞人若斯之急，安能默乎？《詩》云：『憂心如惔，不敢戲談。』」

《毛序》「《節南山》，家父刺幽王也。」《詩本義》《世本古義》20 繫於周桓王（前 719～前 697 年）。《續〈讀詩記〉》2「家父責難於其君也。」《名物抄》5「此詩刺王用尹氏。」

李山（1997）《〈詩經〉的文化精神》、《詩經析讀》：此詩與《正月》《雨無正》《小旻》《角弓》《菀柳》《都人士》《魚藻》《抑》都是「二王」時期詩作。二王，天王周平王，申侯、魯侯擁立；攜王，餘臣、虢公所立。

【校勘】

〔1〕本爲吕，《唐石經》節、維，《齊》《董仲舒傳》《大學》惟，維通惟。《說文》作吕，又作巤。《詩論》簡 8 作即，省作卪，訛作節，《玉篇》巖。節通作吕。《節南山》《左傳·昭 2》《齊》《大戴禮》盧注引作《節》，《單疏》《唐石經》《單疏》巖，《說文》、古本、《大學》注引、《眾經音義》《群經音辨》《集注》《定本》巖，《西都賦》注引《毛》崭巖，《毛》巖，《釋文》本或作巖，巖巖古今字，《毛》赫赫師尹，民具爾瞻，《唐抄文選集注匯存》3.427 作苏苏，異體。《唐石經》尸，〔單疏〕民避唐諱，博滬楚竹書《緇衣》引作「虩虩市尹，民具爾貪，」郭店楚簡作虡虡，民具爾瞻，貪詹通瞻，瞻字訛。案：本字作夭。《說文》《單疏》《唐石經》《齊》《鹽鐵論·散不足》惔，惔讀如炎，《韓》《後漢》《箋》《段注》炎，《說文》夭，《字書》焱，《考文》炎。《釋文》：惔，音炎。《毛》監，段玉裁、馬瑞辰引《說文》作監，通作監。

〔2〕《漢石經》《單疏》《唐石經》瘥，《說文》瘥，《齊》《董仲舒傳》訓作「爭田之訟」，《爾雅義疏》通作瘥。薦薦同，瘥通瘥。本字作瘠，《毛》憯，《釋文》嚛，本或作憯。憯嚛從瘠，都是瘠的增形字。

〔3〕《毛》大、均，《齊》《律曆志》《單疏》蘇轍本作太、鈞，大音太，均鈞古通。《毛》氏、氐，案：S3330/2 氏作民，氐作㢱，作民誤，鴟同玄，不作氏，誤，《魯》《荀》《大略》《宥坐》氐、又作底，《潛夫論·志氏姓》底，《釋言》柢，《箋》《聲類》當作桎鐼之桎，《周禮·典瑞》鄭注引作邸。《毛》均，郭店楚簡《緇衣》簡 16 作城，《漢石經集成》60 均作正，《漢石經》殘石

作嘉，二章有民言無嘉。《齊》《漢·律曆志》、《文選注》作鈞，均通鈞。《集韻》毗，隸變作毗，《釋文》：卑，本亦作俾。《齊》《漢·律曆志》毗、俾，《魯》《荀·宥坐》卑、庳《王肅注》毗庳埤弼聲近。《毛》俾，《魯》《荀》卑，卑通俾。

《毛》不弔昊天，《胡君碑》昊天不弔，《張壽碑》旻天不悌，《左傳·哀16》閔天不弔，其實不弔昊天本義是昊天不弔。下同。

〔4〕《毛》《呂覽·孟春》高注弗，《魯》《說苑·反質》《考文》弗作不，《毛》弗、仕，S3330/2 不、仕，士通仕。《正義》《唐石經》《毛》勿罔，《箋》《考文》未罔，閩本、明監本作未，《唐石經》巳，巳讀若己。S3330/2 作己。《漢石經》《毛》《單疏》《釋文》瑣，《考文》璅。《魯》《釋親》《毛》亞，《廣韻》婭，亞婭古今字。

〔5〕《毛》傭，《魯》《齊》《晉·元帝紀》引作融，《韓》庸，融傭庸通。庸傭古今字。《說文》竀，《唐石經》《毛》鞫，S3330/2、《釋言疏》鞠，鞫鞠通竀。《毛》訩，《釋言》《疏》凶，《舊五代史·晉少帝紀》鞠凶，《毛》昊，《逢盛碑》顥，同。《毛》屆，《唐石經》屆，同，《魯》《釋詁》艐，古字。《毛》戾，《墨·天志中》厲，戾通厲，厲讀如癘。《瞻仰》：「孔塡不寧，降此大厲。」《董仲舒傳》鎩，鎩古字。

〔6〕《毛》不弔昊天，《魯》《胡君碑》「昊天弗弔」。《左傳·哀 16》昊天不弔，《大視職》注引作閔天不淑，《張壽碑》旻天不怫，弔淑怫古義同。《毛》月，S3330/2 作用，誤，當作月。《毛》民，S3330/2 作人，S3330/2 作生，《單疏》民，《唐石經》㞢，避唐諱，當作民。《毛》誰秉國成，《齊》《緇衣》《考文》作「誰能秉國鈞」。案：本字作正，今本《緇衣》、《漢石經》正，郭店楚簡《緇也》簡 16 作貞，政讀如正、貞。《毛》政，案：《齊》《禮記》《董仲舒傳》、《箋》正，滬博《楚竹書·緇衣》簡 6 作「佳秉或」，佳，誰；或，國。郭店楚簡《緇衣》引作「佳秉〔國〕城，不自為貞，卒勞百眚（姓）」，作貞、正而不作政。宋版作正。《王肅注》《唐石經》政。政通正。

〔7〕《毛》戚，《說文》有戚而無慼，《說文新附》慼，《廣雅》慽，本字作戚。詳錢大昕《考異》。

〔8〕《毛》作矛，按：矛是敄之省，敄古字，《毛公鼎》有「乃敄鰥寡」，敄讀如侮。《毛》懌，《魯》《釋詁》作繹又作懌，《說文新坿》才有「懌」字，繹為本字，繹通懌。《兩漢全書》《毛》醻，《釋文》又作酬，醻古字。

〔9〕《毛》、《春秋三傳》《桓公 8》家父，《三家詩》滬博《漢石經》殘碑《古今人表》蔡邕《朱公叔諡議》嘉父，《古今人表》注：〔嘉父〕，又作嘉甫、家父。《毛》究，S3330／2 作宄，宄是究字之訛。《魯傳》《新語・術事》、《毛》訛，陳奐：當作吪。案：訛、化、吪古同音，訛吪通化。

〔10〕《毛》誦，《唐石經》詷，避唐順宗諱。《毛》究，S3330／2 作宄，宄讀究。《毛》畜，《魯》《新語・術事》蓄，畜通蓄。

【詮釋】

〔1〕周宣王於前 781 年病故後，幽王即位。第二年西周三川震，前 779 年寵褒姒。前 776 年，命伐六濟之戎，失敗。前 774 年，立褒姒之子伯服爲太子，廢申后，以鄭伯友爲司徒，流放太子宜臼。《周本紀》：「幽王以虢石父爲卿，國人皆怨，石父爲人佞巧，喜諛，好利。」前 772 年，戎狄叛，東夷作亂，發兵征討，用尹氏，寵褒姒亂政。周大夫伯陽甫、周太史伯陽都預言周將亡矣。西周於前 771 年亡國。詩人吟此以刺。節通卪、嶻 jié，高峻貌。南山，終南山。維，助詞。巖通巖，嶄巖 zhǎnyan，疊韻詞；巖巖 yányán，高聳貌。赫赫，顯赫；師、尹，案：據《洪範》《疏》引鄭注、《王制》，師，太師，三公之一，軍事主帥；尹，據《左傳・定 4》注、《君奭》《釋言》，尹，正，眾官之長。執政大臣。一說大臣，最高文職長官，扶立攜王的虢公翰，諂佞好利的虢石父。申侯、魯侯擁立天王周平王，虢公翰擁立攜王餘臣。具，俱；瞻，瞻視。惔 tán 讀如炎，如火燒。炎 yín，炎，如焚。戲談，連語，《玉篇》談，戲調。不戲談，不敢以正言、莊論相告，懼禍。《箋》：「疾其貪暴，脅下以刑辟也。」國，西周；《疏》國，諸侯；既，已；卒，終；斬，斷。西周亡了，監臨 jiān，監察審查。《魯說》、《潛夫論・愛日》「國之所以爲國者以有民也。……《詩》曰：『國既卒斬，何用不監！傷三公居人尊位，食人重祿，而曾不肯察民之盡瘁也。』」《原始》10「起得嚴屬有勢。」
韻部：嚴（巖）瞻惔（炎）談斬監（臨），談部。

〔2〕有實，實實，廣大貌，猗通阿 ē，其阿，阿阿，長而美貌。謂何，奈何。薦，重復。《單疏》：瘥，疫病。瘥通嵯，嵯 cuó，殘田，田是首要資源，《三家》《說文》作薦嵯，巖巖 yányán，高峻貌；赫赫 hèhè，顯盛貌。爭田之訟，如《左傳・成 11》：「晉郤至與周爭鄇田，王命劉康公、單襄公訟諸晉。」一說疫病、災荒。弘多，又大又多。言，語詞；嘉，嘉許。《疏》喪亂，死亡。案：憯嘈從朁，朁 cǎn，通曾，竟然。莫，未；懲，止；嗟 jiē，語助詞。

韻部：猗何瘥（瘥瘥）多嘉嗟，歌部。

〔3〕《原始》10三章是通篇警策處。底邸桎底氐通柢，根本，柱石之臣，此處用隱喻而寓諷。秉，掌控；國，國家；均通鈞，權。維，維繫，維持。本作毗，隸變作毗 pí，毗庳讀如弼，輔弼，《微子之命》「毗予一人。」卑通俾，使。迷，迷惑。劉向《說苑‧政理》：「〔孔子〕《詩》曰：『俾民不迷』，昔者君子導其百姓不使迷，是以威厲而不試，刑錯而不用也，於是訟者聞之，乃請無訟。」弔，古淑字，善。空通窮，使空乏困窮；；師，眾。

韻部：師氐維毗迷師，脂部。均（鈞）天，眞部。

〔4〕躬親，連語，親理政事。弗、弗、勿同。不，故庶民不信。弗問，不問詢於民眾；仕，視，明察。案：罔網同音通借，未網羅賢者。一說勿，助詞；罔，矇騙周王。案：式，勸令之詞；夷，平正；案：《箋》、《英藏》5/47、S3330/2作己，已當作己，己讀如紀，綱紀。無，毋，勿；《箋》：殆，近。瑣，瑣瑣 suǒsuǒ，人品卑微，平庸渺小；姻亞（婣婭）yīnyà，女婿的父為姻，姐妹的丈夫互稱為婭，沾親帶故，不要委以重任。刺太師委政於沾親帶故的小人。《傳》殆，危殆。《箋》殆，近。朱熹：「無以小人之故而至於危殆其國也。」

韻部：親信，眞部。仕（士）子己殆仕（士），之部。

〔5〕傭 yōng，均，公平。《韓詩》：庸，易（和易）也。鞠鞠通窮，窮，極；訩，凶，凶咎，災禍，禍亂。《魯》《釋言》：訩，訟。惠，仁惠，又訓順；《周書‧康誥》：「惠不惠，懋不懋（mào，勉力）。」戾 lì，厲，癘 ì，疫病、乖違，災難。君子，國王。儆屆古今字 jiè 戒 jiè。同為見母，儆屆通戒。《毛》屆，極。闋 què，平息。違，除去。高本漢《譯注》「如果君子（剋制自己）緩和，人民的心就平息。如果君子和平，恨和怒就去掉了。」

韻部：傭訩，東部；惠戾（厲，月部），脂部；儆，微部；闋，質部；夷違，脂部。脂、微合韻。

〔6〕不弔昊天，昊天不弔，此處為協韻，天、定眞部，不，結構助詞。弔 diào，慰問，恤憫，《箋》訓善，《通釋》訓通迺 dì，至。《左傳‧成七》杜注：「刺在上者不能弔湣下民，故號天告亂。」靡，沒；定，止。昊天，代指周幽王。靡，無。式，發語詞；月，月月，經常，斯生，生斯，發生禍亂。《平議》月讀如抈 yué，折。生與姓，字異義同之例。俾，使；生、人通民；不寧（甯），不得安寧。醒 chéng，酒醉後病態。成 chéng，平，安民立政；秉 bǐng，

執掌；均，鈞，政權。政讀如正，《齊詩》政作正 zhèng，《論語・顏淵》「季康子問政於孔子，孔子對曰：『政者，正也！子帥以正，孰敢不正？』」卒通瘁，瘁勞，連語，病勞，勞苦；百姓，平民。《詩說》：詩人逆知周室之壞，故其辭多哀。

韻部：定生寧醒成政姓，耕部。

〔7〕項 xiàng，通洪；領，頸。比喻驕縱自恣，不能爲國家民族所用。我，詩人。《魯》《韓》《新序・雜事》：「《詩》不云乎：『駕彼四牡，四牡項領。』夫久駕而長不同行，項領（脖頸肥碩）不亦宜乎？」《魯傳》《中論・爵祿》「傷道之不遇也。豈一世哉！豈一世哉！」《人間詞話》：「我瞻四方，蹙蹙靡所騁，詩人之憂重也。」蹙蹙 cù cù，國土縮小，迫促不已。騁 chěng，施。《登樓賦》注引《韓詩章句》騁，馳。

韻部：領，眞部；騁，耕部。眞、耕通韻。

〔8〕茂，盛。《新證》頁 84，矛通孜（務侮），侮，輕侮傲慢。「謂師尹方勉於爲惡，視爾之輕侮傲慢，竟夷悅（喜悅）自得，好像賓主宴飲相酬酢的樣子」。

韻部：惡懌，鐸部；矛（孜侮）醻（酬），幽部。

〔9〕平，公平。懲 chéng，懲戒，鑒戒，痛悔；正，正直。覆，反而；怨，抱怨；其，彼；正，正己，那些進行正諫的正直的臣子與士。任昉《百辟勸進今上牋》注引《韓詩章句》：「萬人顒顒，仰天告愬（訴）。」朱熹：「尹氏之不平，若天使之，故曰『昊天不平』。若是，則我王亦不得寧矣。然尹氏猶不自懲創其心，乃反怨人之正己者，則其爲惡何時而已哉！」《原始》9「『王』字輕輕帶出，詩人忠君愛國之心，含蓄無限。」

韻部：平寧正，耕部。

〔10〕嘉父，西周王室大夫。作，吟成；誦，諷諫詩。究，探求；訩，xiòng，凶。推究厲王幽王罪惡之源。宂宂 rǒng，散。式，發語詞。案：訛吪與化古通，《魯說》《新語・術事》：訛，化，感化，教化。爾，眾。畜，蓄 xù，聚合，畜民，使民順於教令，順於德教。

《箋》：畜，養。《書・盤庚》：「汝共作我畜民」。《原始》9「結出作詩原由。」

韻部：誦訩（凶）邦，東部。

【評論】

《管子》6「憲律制度必法道，號立必著明，賞罰必信密，此正民之經也。……政者，正也。正也者，所以正定萬物之命也。是故聖人精德立中以生正，明正以治國，故正者所以止過而逮不及也。」《魯傳》《中論・爵祿》：「良農不患疆場之不修，而患風雨之不節；君子不患道德之不建，而患時世之不遇。《詩曰》：『駕彼四牡，四牡項領。我瞻四方，蹙蹙靡所騁』，傷道之不遇也。」《新語・術事》引末章云：言一心化天下而國治，此之謂也。《齊傳》漢・翼奉：「臣聞之於師，治道要務，在知下之邪正。」《魯傳》《潛夫論・賢難》：「夫眾小朋黨而固位，讒妒群吠嚙賢，爲禍敗也豈希？三代之以覆，列國之以滅，後人猶不能革，此萬官所以屢失守，而天命數靡常者也。《詩》云：『國既卒斬，何用不監！』嗚呼！時君俗主不此察也。」宋・李樗：「蓋用人之失，政事之過，雖皆君之非，然不必先論也。唯格君心之非，則政事無不善矣，用人皆得其當矣。」《詩誦》3：「此詩用韻離奇磊落，第五章八句四換韻，有飄風急雨之致，開示後人不少。」清・賀貽孫《詩筏》：「《巷伯》之卒章曰：『寺人孟子，作爲此詩。』《節南山》之卒章曰：『家父作誦，以究王訩。』是刺人者不諱其名也。」《會歸》頁 1246「此爲大夫家父見太師尹氏秉政之失，危及國家，故列舉其諸大惡：亂政失職，敗俗禍民，遺賢用私，誤王生亂，一一指陳，言之痛切。」案：詩人當國內「不敢戲談」之時，突兀而起，捧出一顆如炎的憂心，揭出國家禍亂的根由在國家的柱石大臣尹氏太師，不躬親政務，不信任庶民，卻重用小人，「喪亂弘多」。「不自爲政，辛勞百姓」，這首犀利的政治諷刺詩，篇末明旨——「式訛（用來感化）爾心，以畜萬邦。」下啓漢成帝《禁奢侈詔》、漢《古詩十九首》《漢樂府》、唐・陳子昂《感遇》、杜甫《三吏》《三別》、白居易《賣炭翁》《新樂府》、蘇軾《荔支歎》和關漢卿的社會劇等。

正　月

正〔四〕月繁霜，	初夏四月卻霜重，
我心憂傷；	內心憂傷憂國中。
民〔尸民〕之訛〔譌僞〕言，	民間謠言已四起，
亦孔〔甚〕之將！	謠言太大如狂風，
念〔念〕我獨兮，	念我賢人太孤單，

憂心京京。 憂心太大憂忡忡。
哀我小心， 可憐我戒懼加小心，
瘋〔鼠〕憂以痒。〔1〕 憂鬱成病憂重重。

父母生我， 父母雙親生了我，
胡俾我瘉〔瘦〕？ 爲啥使我受痛苦，
不自我先， 生前也沒這多災，
不自我後。 死後也無這苦楚，
好言自口， 善言也由他口講，
莠言自口。 醜話也由他口出，
憂心〔憂〕愈愈〔瘉瘉〕， 憂心瘉瘉爲國家，
是以有侮。〔2〕 卻受人輕慢受人侮。

憂心惸惸〔匀怐懼煢煢惒〕， 眞個憂心傷透心，
念我無祿。 思我此生太不幸。
民〔𡬝民〕之無辜， 老百姓有人本無罪，
並其臣僕。 卻逼作奴隸，何人性？
哀我人斯， 可憐我等賢良人，
于何從祿？瞻烏〔隹〕爰止，于誰之 向誰就善行仁政？看那周人赤烏停何
屋？〔3〕 處，赤烏停在誰家門？

瞻彼中林，侯〔維〕薪侯〔維〕蒸。 望那茂密大森林，唯有小樹作燒薪。
民〔𡬝民〕今〔之〕方殆， 人民如今正危險，
視天夢夢〔芒芒〕。 幽王昏王昏沉沉。
既克〔尅〕有定， 要能全國得安定，
靡人弗勝。 不行仁政不能升。
有皇上帝， 煌煌上帝可明白，
伊〔繄〕誰云憎？〔4〕 民衆怨憎是誰人？

謂山蓋〔盍〕卑〔庳卑〕，爲岡〔崗 惟山何低卑，爲岡爲大陵，
罡〕爲陵〔陵〕，
民〔𡬝民〕之訛言， 這是民間起的謠言，
寧莫之懲！ 竟未讓止停。
召彼〔之〕故〔元〕老， 告訴那元老們，
訊〔計訛許〕之占夢。 詢問占夢官，
具曰「予聖！」 都說：「我是聖人！」
誰知烏之雌雄？」〔5〕 誰辯烏鴉雌與雄？

謂天蓋高？不敢不局〔跼〕；　　　　　　上天說來眞夠高，走路不敢不彎腰；

謂地蓋厚？不敢不蹐〔趚〕。　　　　　　大地說來眞夠厚，不敢不作小步走。

維〔惟〕號〔號〕斯言，　　　　　　　　惟有號令才發言，

有倫有脊〔迹跡蹟〕。　　　　　　　　　說起來符合德行道理。

哀今之人，　　　　　　　　　　　　　　最可悲這種人，

胡爲虺蜴〔蝴蜴蝎〕！〔6〕　　　　　　爲什麼心毒如虺蜥？

瞻彼阪田，有菀其特。　　　　　　　　　望那山坡地，郁郁然苗兒怒茁。

天之扤我，如不我克。　　　　　　　　　老天搖撼我，卻不能戰勝我。

彼〔皮〕求我則〔彼求我〕，　　　　　　彼王徵求我時，

如〔女〕不我得〔尋則如不我得〕；　　　如恐不能把我得；

執〔縠〕我〔誶〕仇仇〔扠旮厹〕，　　　執雷我時又傲氣逼人，

亦不我力。〔7〕　　　　　　　　　　　並不問我在位的功力。

心之憂矣，　　　　　　　　　　　　　　我的心憂愁啊，

如或結之。　　　　　　　　　　　　　　如同糾結難排解，

今茲之正（政），　　　　　　　　　　　如今的朝政。

胡然厲〔癘〕矣？　　　　　　　　　　　爲何暴虐姦邪？

燎之方揚〔陽〕，寧〔能〕或滅之。　　　野火燒旺時，有誰能撲滅它？

赫赫〔奕〕宗周，襃姒威〔滅成〕之。　著名的宗周，襃姒顛覆了它！
〔8〕

終其永懷，　　　　　　　　　　　　　　既然常常傷懷，

又窘陰〔陰〕雨。　　　　　　　　　　　又困於陰雨相阻。

其車既載，乃棄〔弃〕爾輔。　　　　　　那車已經滿載，卻脫落了車輔。

載輸爾載，「將伯助予！」〔9〕　　　　才輸脫了車載，才說「請老大相助！」

無棄〔弃〕爾輔，員〔貟云〕于爾輻　　莫棄了車廂板，要增益於車輹，
〔輹〕。

屢〔婁〕顧爾僕，不輸爾載。　　　　　　常常顧念你的御夫，莫脫墜了你的裝
　　　　　　　　　　　　　　　　　　　運，

終踰絕險，曾是不意？〔10〕　　　　　　已越過艱險，曾是不經心爲意乎？

魚在？于沼，亦匪克樂，　　　　　魚在何處，在淺水池，也不能快樂，
潛雖伏矣，亦孔之炤〔昭〕。　　　　雖然潛伏深水，隱居山林，其德，顯
　　　　　　　　　　　　　　　　　也昭昭。

憂心慘慘〔懆懆〕，　　　　　　　　我的憂心鬱悶太大，
念〔念〕國之爲虐。〔11〕　　　　　念當權者殘暴無人道。

「彼有旨〔言〕酒，　　　　　　　　「他家有那美酒，
又有嘉殽〔肴〕。　　　　　　　　　又有那美味的菜肴，
洽〔協〕比其鄰，　　　　　　　　　鄰里們融洽和睦，
昏〔昏〕姻孔云〔員〕。　　　　　　又與親家很友好。
念〔念〕我獨兮，　　　　　　　　　常思我賢良卻孤獨，
憂心慇慇〔殷慇隱〕。」〔12〕　　憂心慇慇多愁惱。」

「佌佌〔佌佌〕彼有屋，　　　　　　「小民他們偏有屋，
蔌蔌〔速遬〕方有穀〔穀方轂轂〕；　貧陋者有了大車；
民〔㞋〕今之無祿〔民之今無祿〕。　老百姓如今不幸，
天夭〔方〕是椓〔夭夭是加〕，　　　災禍摧殘太苦毒！
哿矣富人，　　　　　　　　　　　　快樂啊富豪們，
哀此惸〔悕煢〕獨！」〔13〕　　　　快哀憫這些孤苦無依的人！」

【詩旨】

案：據《周本紀》《竹書紀年》《左傳·文3》《周語》《說苑》《魯傳》《中
論·遣文》，前780年，周幽王重用虢石父爲卿士，涇、渭、洛三川皆震，岐
山崩，大臣伯陽父說：「周將亡矣！……民乏財用，不亡何待？」《竹書紀年》
「幽王二年，岐山崩。三年，王嬖褒姒。四年夏六月，隕霜。」嚴粲：憂亂
之作。前778年夏曆四月繁霜，詩人滿懷憂國憂民之情，用長短錯落的句式
而尖銳的語言，以藝術的解剖刀揭示了「民之無辜，並其臣僕」，「民之方殆，
視天夢夢」，天高而蹐，地厚而趚，「執我仇仇，亦不我力」，「今茲之正（政），
胡然厲（癘）矣？」既抨擊周幽王，又直指其寵臣虢石父，〔魯傳〕《周本紀》：
「幽王以虢石父爲卿，用事，國人皆怨。石父爲人佞巧，善諛好利，王用之。
〔幽王嬖愛褒姒〕又廢申后，去太子也。」僅十一年，亡。其寵妃褒姒「赫
赫宗周，褒姒威（滅）之」，抨擊幽王朝政「憂心慘慘，念國之爲虐」，是一
首尖銳而深刻地寫王政可畏，百姓動輒得咎的政治諷諭詩，又不妨讀作爲姦
佞小人當政寫照的小人賦。周王朝未能採納。《竹書紀年集證》繫於周幽王五

年（前 777 年）。前 771 年，西周滅亡。《編年史》繫於前 770 年。東周的獨
具慧眼的太史、編輯選此，留給後代太多的啟示。

　　〔齊說〕《鹽鐵論·誅秦》：「《詩》云：『憂心慘慘，念國之爲虐』。不征
備，則暴害不息。」

　　《毛序》：「《正月》，大夫刺幽王也。」

　　屈萬里《詮釋》此傷時之詩。由詩中『赫赫宗周，褒姒滅之』二語證之，
蓋亦東周初年詩也。

　　《齊說》《易林·坎之觀》：「履蛇躡虺，與鬼相視；驚恐失氣，如騎虎尾。」

　　〔魯說〕〔韓說〕《說苑·敬愼》：「孔子論《詩》，至於《正月》之六章，
懼然曰：『不逢時之君子，豈不殆（危險）哉？……故賢者不遇時，常恐不終
焉。』《詩》曰：『謂天蓋高，不敢不跼！謂地蓋厚，不敢不蹐！』此之謂也。」
《續〈讀詩記〉》2「大夫閔亂之詩也。」阮元《補箋》：「此下四詩，皆嬖御
大夫獨勞王事，刺幽王嬖褒姒，舉烽燧，棄舊臣，舊臣亦相率去王都，自徹
其屋，保有私室，嬖御獨傷憂勤也。」

【校勘】

　　〔1〕（毛）正，據《竹書紀年》《單疏》正當作四，夏曆四月。《單疏》
民，又作民，《唐石經》𢪇，下同。《齊》《魯》《韓》《單疏》《劉向傳》《唐石
經》訛，《說文》譌，《說文繫傳》引作吪，《箋》訓作偽，譌訛通偽。《毛》
孔，《魯》《九章注》甚，義同。《說文》《考文》鼠，古字，《魯》《釋詁》《唐
石經》S3330/2《釋文》《廣韻》《集韻》癙，《詩》作鼠，鼠通癙。

　　〔2〕案：本字當作「憂心瘐瘐」。《毛》憂心愈，《毛》本「心」誤作
「憂」，明監本以上、敦煌本都作心，首章十一、十二章正作心。案：本字
作瘐，《三家》滬博藏《漢石經》殘石乙作瘐。《說文》無愈，《詩考補遺》
引《三家》《魯》《釋訓》《考文》瘐瘐，宋版作愈，愈通瘐，瘉瘐同。案：
愈瘐字異義同之例。

　　〔3〕案：本字作勺，滬博藏《漢石經》殘石乙作勺，馬衡《漢石經集存》
《廣韻下》作㤘，《說文》《集韻》《廣韻》勺同惄。《魯》《釋訓》《單疏》惇，
《說文》㥒，憂也，《孟·梁惠王》慇，《釋文》本又作恔，又作慇。字異音
義同。《毛》鳥，S3330/2 作隹，隹訛字。

　　〔4〕《毛》侯，《三家》《白帖》99 作維，侯通維。皇，煌煌然。《毛》
民今方殆，《歎逝賦》注引《毛》作「民今之方殆」，今本脫「之」字。《毛》

夢夢，《說文》懜，《齊》《歎逝賦》芒芒，聲近義通。《毛》克，S3330/2 尅，古通用。《毛》勝，《毛詩音》勝即騰。《毛》伊，《箋》伊當作繄，伊通繄。

〔5〕《毛》卑，《釋文》本又作庳，卑庳義同。《唐石經》早，當是卑字之訛。《毛》岡，古本作崗，S.3330/2 作罡，岡崗罡同。《毛》陵，《景北海碑》《漢石經》作陵，同。《毛》訊，S.3330/2 作誶，《唐石經》訉，《釋文》訙，訙同訊。《毛》訛，《宋·五行志》、董氏引《石經》譌，同。

〔6〕《齊》《孔子家語·賢君》《說文》《玉篇》《唐石經》局、蹐，《列女傳》《說苑·敬慎》9 蔡邕《釋誨》《齊》《漢紀·王商論》《漢·仲長統傳》曹植《卞太后誄》《考文》S3330/2 跼、蹐，《三家》《石闕銘》《西征賦》《東京賦》注引《毛》作跼，局古字，《三家》《列女傳》《鹽鐵論》《說文》蹐、趚，蹐、趚同。《單疏》維、號，《唐石經》號，避唐諱，《三家》滬博藏《漢石經》殘石甲作惟同。《魯》《列女傳》脊，《齊》《春秋繁露·深察名號》迹，《傳疏》蹟，脊通跡迹蹟，蹟為別體。本字作蜥，《毛》蜴，《單疏》蝪，蝪當是蜴字之訛，當從《齊》《說文》《鹽鐵論·周秦》《五經文字》《詩經小學》作蜥。

〔7〕《毛》菀，《白帖》80、宋本作苑，《釋文》菀讀鬱。案：《郭店楚簡·緇衣》：「皮（彼）求我則，女（如）不我得」。昔本作「彼求我，則如不我得」，應如《三家》《緇衣》、《中說·魏相》、《箋》、《注疏》（《十三經附校勘記》頁 1649）、《唐石經》本改為「彼求我則，如不我得」。滬博《緇衣》簡 10 彼作皮，如作女，得作导，執作𫷷，仇作訧。黃節《變雅》于省吾《新證》上，「此應讀作『彼求我則』句。《唐石經》執我仇仇，S3330/2 我作誶，誤，《三家》《廣雅》扰扰 qiúqiú，《楚竹書》《緇衣》簡 10 訧訧，郭店楚簡《緇衣》𫷷𫷷，訧由𫷷省變，訧 jiú 仇 qiú 同音通借。《說文》𠁥 qiú，高氣也。訧訧、𫷷𫷷、𠁥𠁥、仇仇、扰扰、謷謷，字異義同。

〔8〕《毛》正，正通政。《毛》屬，《毛詩音》屬即癙，陳奐：屬通癙。《毛》揚，寧《魯》《齊》《谷永傳》、S3330/2 陽能，陽通揚。寧能通乃。《毛》赫，《唐抄文選集注匯存》荮。案：《釋文》《群書治要》S3330/2 作威。《毛》滅，威古字。《毛》《詛楚文》《靈臺碑》《詩考》引《谷永傳》《說文》、S3330/2 威作烕，《魯》《列女傳》《呂覽·疑似》《齊》《漢書》《五行志》《外戚傳》《左傳·昭1》作滅，此處是字異義同之例，作烕是因為烕字從火戌聲。

　　〔9〕《毛》棄，弃古字。《唐石經》弃，避唐諱。《毛》陰，《玉篇》《唐石經》陰，同。

　　〔10〕《毛》意，《文中子・魏相》《述聞》億。《毛》員，《唐石經》貟，同。《毛詩音》員即云。《毛》屢，《釋文》婁又作屨，婁古字。曾釗《詩毛鄭異同辨》與俞曲園《平議》都依《易》《釋文》，輻爲輹字之誤。

　　〔11〕案：本字作昭，炤或體，《毛》炤，《三家》《中庸》《中論・魏武》《說文》昭，炤通昭。《毛》《齊》《鹽鐵論・誅秦》慘，當作懆，方協韻。《毛》念，《唐石經》念，同。

　　〔12〕《毛》旨，《唐石經》言。本字作肴，《毛》殽，《魯》《東皇太乙注》S.3330/2 肴，殽肴同。《毛》洽，《齊》《說文》《左傳》《襄 29》《僖 10》協（協），古通。《唐石經》昏，古字。《釋文》本或作員，《毛》云，S3330/2 作旋，員云應讀作旋，週旋，《通解》：云，圓。《單疏》慇，避宋諱，《魯》漢・蔡邕《九惟文》殷，《毛》慇，《九歎・憂思注》隱，《魯》《釋訓》疏作慇，古字通。

　　〔13〕《毛》仳仳，《箋》小人富也。《唐石經》《五經文字》仳，本字《三家》《說文》伿，仳通伿。案：本字作穀，《毛》《箋》小字本、相臺本「薪薪方有穀」，S3330/2、《唐石經》穀，「遬遬方穀」，《釋文》「方穀，本或作方有穀，非也。籀文作遬，省作速，《魯》《韓》《後漢・蔡邕傳》注作「速速方穀」，據《箋》《釋文》《毛鄭詩考正》《傳疏》《通釋》「有」字衍，遬古字，薪速通遬，穀通穀，又穀 gǔ 穀讀若穀。《毛》「民今之無祿」，S.3330/2 作「民之今無祿」，《毛》《箋》《單疏》《唐石經》、小字本、相臺本、《詩經小學》天夭是椓。《後漢・蔡邕傳》注引作天夭，S3330/2 作天方是祿，蔡邕《釋誨》《後漢・六王傳》『夭夭是加』，誤。《毛》悖，《魯》《孟・梁惠王下》《元后誄》《離騷注》㤪，同。

　　翟相君（1986）認爲前 8 章是原詩，後 5 章爲錯簡竄入。

【詮釋】

　　〔1〕案：《周本紀》「當幽王三年，王之後宮，見而愛之，生子伯服，竟廢申后及太子，以褒姒爲后，伯服爲太子。太史伯陽曰：『禍成矣，無可奈何！』」正 zhēng，正月，正陽純乾之月，據《竹書紀年》《毛傳》夏曆四月，周曆六月，《竹書紀年》：『幽王二年，岐山崩。三年，王嬖褒姒。四年夏六月，隕霜。」四月繁霜，引起恐慌，詩人吟此詩。朱熹：「疾痛故呼父母，而傷己適丁是時

也。」繁，霜重。譌訛通偽，偽言，謠言。「亦孔之將」,「亦甚之將」,將，大。京京 jīng jīng，大。哀，可憐。歐陽修：「降霜非時，天災可憂，而民之訛言以害其國，其害甚於繁霜之害物也。」案：《箋》義爲長。此詩是提出哀我，即哀憫我賢良之人；「哀我人斯」賢良之人；哀民，民今方殆，「哀今之人」,人，民,「民今之無祿」；「哀此惸獨，哀憫鰥寡獨孤。」憂病。鼠通癙shǔ 憂，連語，憂病。深，憂痛。以，而；痒 yáng，憂思成病。

韻部：霜傷將京癢，陽部。

〔2〕胡，爲何；俾，使；《毛》愈愈，《三家》《詩考補遺》《釋言》作瘉瘉，愈通瘉，病。瘉 yù，瘉同，病，痛苦。自，從。莠 yǒu，壞，惡，醜 chōu，莠通醜，醜陋惡毒之言。愈通瘉，瘉瘉 yǔyǔ，憂病。是以，因此；有，爲，被；侮 wǔ，輕忽侮慢。

韻部：瘉後口口瘉（瘉愈）侮，侯部。

〔3〕煢煢、惸惸 qióngqióng，憂甚貌。祿，福。民之無辜爲協韻而倒文，辜，罪；並，都，株連無罪的人卻都成爲奴隸主的奴隸。《箋》：「王既刑殺無辜，並及其家之賤者。」臣僕，罪人，周人分人有十等，僕是第九等，哀，哀憫；人，人民；斯，語詞。祿，善，案：瞻視；赤鳥，古代傳說中的瑞鳥。《呂覽·有始》：「赤鳥銜丹書集於周社。」《尚書大傳》2「武王伐紂，觀兵於孟津，有火流於王屋，化爲赤鳥，三足。」《說文》：烏 wū，孝鳥；止，棲止；屋，富人的屋，而民無所歸。辜，罪。臣僕，奴僕，以人爲臣役使，僕，第九等人，罪人爲役。令無罪的人與有罪者同役，于，於；從，就；祿，善。詳朱彬《經傳考證》。

韻部：祿僕祿屋，屋部。

〔4〕中林，林中，侯通維，語詞；薪、蒸，燒火的粗、精木材。材，才，比喻匱乏精英聖賢。案：據《韓詩外傳》7 引晏子語，用比，比小人。此用比，比喻幽王用「佞巧善詼好利」的虢石父等人，於國於民無補，不過柴火！《單疏》：〔用比〕「以興視彼朝上，謂其當有賢者，而維有小人，此小人在朝則似賢人而非賢也。」殆，危險。天，代指幽王。夢夢、芒芒，昏憒貌，蒙蔽貌。克尅，能；定，止。靡，無；人通仁；勝，騰升，殘虐。《後箋》：「詩意蓋謂今在朝者皆小人，助王爲虐，民之切齒久矣。今方危殆之時，視王之所爲夢夢然，誠無如此小人何矣！倘終能有定亂之日，將無人不起而乘其敝。蓋以此戒小人，而恍以必敗，故繼之曰：『有皇上帝，伊誰云憎。』言上帝非小人

之是憎而誰憎乎？」有皇，皇皇，煌煌然；上帝，古代神話中的最高的天神。伊，繄，是；云，助詞。憎惡的是誰？一說勝，利用。

韻部：林蒸夢定勝憎，蒸部。

〔5〕謂，惟；「蓋」當是「盍」，盍，何；卑，低。爲，是。朱彬《經傳考證》：「山本高而謂之卑，二語即民之訛言也。」岡、陵，山高。此處訛言當是民眾實話箴言。寧，能，《慧琳音義》寧，微責之詞，能不以民眾輿論懲戒自己？召，請。《今注》請，召詔，告訴；故老，元老。訊，詢問。占夢，詳夢官。具曰予聖，都說自己是聖賢。知，辨知。黃焯《平議》：「詩意斥王君臣皆不自知，唯各自矜詡，故於人之賢愚，事之善惡，皆莫能昭察，如烏之雌雄難可辨識耳。」

韻部：陵懲夢雄，蒸部。

〔6〕謂，惟；蓋讀如盍，何。局通跼 jú，屈曲。蹐；趚 qì，跼蹐，恐懼貌，曲腰側行。《淮南》引《堯戒》：「戰戰慄慄，日謹一日，人莫躓於山，而躓於垤。」維，惟；號，號令；朱熹：號，長，言之；案：斯通則，《禮記》「人喜斯陶陶」。言唯有號令方敢說話。案：倫脊、倫跡，連語，倫理，道義。脊通跡，跡 jī，跡迹蹟同。《齊傳》《春秋繁露·深察名號》：倫迹，德道。「哀今之人，胡爲虺蜴（蜥）？」《齊說》《後漢·左雄傳》《疏》云：「《詩》云『哀今之人，胡爲虺蜴也？』言人畏吏如虺蜴也。」《稗疏》：虺，兩頭蛇。

韻部：局（跼），屋部；蹐（趚）脊（蹟跡）蜴（蝎），錫部。錫、屋通韻。

〔7〕陂田，山坡。菀音鬱，郁郁 yùyù，旺，特，禾苗。扤 wù，抈 yuè 搖撼，挫折，動搖我的意志；克，勝。《箋》：「王之始徵求我如恐不得，言其禮命之繁多也」；「王既得我執畱我，也不問我在位之功力。」《新證》：則、敗古通。「彼求我敗，如不我得」，言彼求敗我，而不我得也。我敗即敗我，倒語以叶韻也。仇仇、扰扰，慢待人。倒語以叶韻，力，重用。郭晉稀《蠡測》力通理亦不我理，亦不理睬我。一說用盡力。滬博楚竹書《緇衣》簡 10 引孔子云：「所信。子曰：大人不罩丌所𠡠（親其所賢），而信其所賤，㪮（教）此㠯遊（以失），民此㠯綾（以變）。」

韻部：特，職部；克（尅），物部；則得力，職部。職、物合韻。

〔8〕如或，如同；結，糾結。正通政。胡然厲矣，矣，乎，胡然，何以。王肅：厲，危也。燎之方揚（通煬），寧或滅之，野火燒得旺時，寧，能，能有人撲滅？赫赫，著名；鎬京，西周都城，標誌周代極盛，華夷民族大融合，

然而周幽王不聽群臣勸阻，寵褒姒（褒 bāo，國名，姒姓，在今陝西省漢中縣西北），任用虢石父，七年西周覆亡。坐落於關中的首都鎬京因是周人興起的大本營，歷史上稱「宗周」，「褒姒威之」，詩人取鑒戒的意義：周幽王不聽群臣諫阻，納而寵之，當時說了一句詼詞，虢石父被任為卿，亡國之因。滅、威，字異義同之例。《魯說》《周本紀》：〔前 780 年〕伯陽甫云：「土無所演，民乏財用，不亡何待？」《周紀》記載：「幽王以虢石父為卿，國人皆怨，石父為人佞巧，善諛，好利。」政治才是主要原因。孫月峰：「前面俱說怨恨。至此乃指出事來，『滅之』，二字點得煞然險峻。此必作未然說，方有旨味。」222 年魏文帝《詔》：「婦人與政，亂之本也。」

　　韻部：結，質部；厲（瘋），月部；滅威，質部；質、月合韻。

　　〔9〕終，既。永，久；懷，傷懷。窘，困。陰雨，暗喻政治黑暗，憂難相仍。載，裝運。輔 fǔ，綁在車輪外用以夾轂的兩條直木，用以增強輪輻的載重力。載，則；《箋》：「以車之載物喻王之任國事也。棄輔喻遠賢也。」將，發語詞；伯，長；助，輔；予，我。

　　韻部：雨輔予，魚部。

　　〔10〕無，勿，莫要。員，益，有益於輻 fú，古代綁在車輪外旁用以夾車輪中心的兩直木，增強輪轂的載重力。輹 fù，車軸縛。婁通屢，多次；顧，顧念；僕，多次曲法瞻狗你的僕從，一說僕是第九等人。不輸爾載，莫墜所載。〔魯傳〕《中論·貴驗》：「親賢求助之謂也。」終，通，既；踰，越過。絕，絕險。曾，乃；不意，不測度，不經心，又不在意乎。

　　韻部：輻意，職部；輹，覺部。職、覺合韻。

　　〔11〕沼，池。匪，非；克，能；樂，快樂。伏，潛伏。《齊傳》《中庸》：「『潛雖伏矣，亦孔之昭。』故君子內省不疚，無惡於志。」即是潛伏於深處，也是很明顯，容易發現。慘懆雙聲通借，懆懆 cǎocǎo，憂心戚戚不已。念，思。虐，暴虐。《正義》：「上章教王求賢而王不能用，此章言賢者不得其所，王政暴虐，賢人困危，己所以憂也。」

　　韻部：沼炤（明）懆，宵部；樂虐，藥部。宵、藥合韻。

　　〔12〕彼，尹氏太師；殽，通作肴，美味菜肴。洽通協，與鄰關係融協。婚姻，親戚。《傳疏》：鄰、近雙聲為訓。近猶親親。云讀為旋，敦煌本作旋，《疏證》云，相親有。週旋，相親友好，《左傳·襄 29》：「晉不鄰矣，其誰云之。」念，每念到。殷，隱通。慇慇 yīn yīn，痛。

韻部：酒，幽部；肴（殽），宵部。幽、宵通韻。鄰，眞部，云慇，文部。眞、文合韻。

〔13〕佌 zǐ，佌佌 zǐ，細 xì，佌佌通細，古所謂細民，蔌通遬，遬速古今字，遬 sù，疾速；朱熹：「佌佌，小貌；蔌蔌，窶陋貌。指王所用之小人也。」《魯》《韓》《漢‧劉向傳》：「《詩曰》：『正月繁霜，我心憂傷；民之訛言，亦孔之將！』言民以是爲非，甚眾大也。此皆不和，賢不肖易位之所致也。」穀祿字異義同之例。《釋訓》郭注：陋人專祿國侵削，賢士永哀念窮迫。一說方，並；穀通轂 gǔ，車輪中心，代指車，速速並車而疾行。夭，禍害；《說文》：可，可；獨，單也。祿，福祿；夭，災禍；加，加害。椓 zhuó，擊（击），害。夭椓，侵削殘害。哿 gě，快意愜心。哀，憐憫。惸 qióng，孤獨。《蔡邕傳》：「速速方穀，夭夭是加」。李注引「速速方轂，天天是椓」。案：速促疊韻通借，速速 sùsù，侷促，貧陋。鄭玄注云：穀，祿也。言鄙陋小人將貴而及祿也。夭，殺也；《說文》：椓，擊也。《韓詩》同。作轂者，小人乘寵方轂而行，方猶並。劉攽曰：正文『夭夭是加』，案：上夭，當作『天』，據今詩文正然。」（《四庫》253～263）《魯詩》《蔡邕傳》。師受不同。

韻部：屋穀（轂）祿，屋部；加，歌部；椓獨，屋部。歌、屋通韻。

【評論】

《魯傳》《說苑‧敬愼》引孔子《論詩》懼然曰：「不逢時之君子，豈不殆哉！……故賢者不遇時，常恐不終焉。」〔魯傳〕《孟‧梁惠王》趙注：「哿，可也。詩人言居今之世，可矣富人，但憐憫此煢獨羸弱者耳！」《詩本義》「十三章九十四句，其辭固已多矣，然皆有次序。」「上七章皆述王信訛言敵政，至此（八章）始言滅周主於褒姒者，推其禍亂之本也。」明‧鄒泉《折衷》「此詩憂訛言之甚大至於邦國之將亡；傷國政之淫虐，至於宗周之既滅，而斯民之痛，賢者之困，又皆有感慨之恩焉，可謂以天下之憂爲憂者矣。」焦循《補疏》：《傳》以天爲君，是爲在位，是字指上有屋有穀之人也。『蔌蔌方穀『，則小人在位，故民之無祿，既由君害之，又即是』蔌蔌方穀『之人醉之。《詩誦》3「《正月》全篇用韻，按部就班，末章急節繁音。至『哿矣富人』忽以單句，一宕一折，無限豐神。老杜《貧交行》收束調法本此。詩至八章『褒姒滅之』，意盡語絕矣。九章、十章忽借車載一喻，作一反一正，離題起波，從虛勢中托出用賢，實義筆筆化實爲虛，度盡金鍼矣。兩念『我獨兮』相應成章法，是詩人用意處。」《述聞》頁149，〔王念孫〕云：「《正月篇》哿矣富

人，哀此惸獨。」斝與哀相對爲文，哀者憂悲，斝者歡樂也。言樂矣彼有屋之富人，悲者此無祿之惸獨也。」案：此詩出自血淚之筆，一、五、六、十一等章，引類譬喻，八章抒禾黍之痛，末章善用對比，斐邠其文，開屈原《離騷》引類譬喻的先河。晉·傅玄《美女篇》胚芽於此詩第八章。

十月之交〔十月〕

十月之交，	十月初一是交日，
朔月〔日〕辛卯。	干支紀日是辛卯。
日有食〔餰蝕〕之，	竟然出現日偏蝕，
亦孔之醜。	此事太醜非常道。
彼月而微，	那月月蝕天地暗，
此日而微。	此日日蝕太異常！
今此下民〔尸民〕，	可憐如今老百姓，
亦孔之哀！〔1〕	如今很是哀傷！
日月告〔鞠〕凶，	日蝕月蝕示凶兆，告誡大家，
不用其行。	日月偏蝕不循常道。
四國無政，	諸侯治國無善政，
不〔曷〕用其良！	不用良臣用奸巧。
彼月而食〔餰蝕〕，	那月蝕天雖暗。
則維〔惟〕其常；	要比日蝕算正常，
此〔彼〕日而食〔餰蝕〕，	此日發生日偏食，
于〔云爰〕何不臧？〔2〕	奈何如此不吉祥？
爗爗〔憚爗煜〕震電，	忽然電閃疾雷響，
不寧不令。	舉國上下不安定，
百川沸騰〔滕〕。	許多川水都滕湧，
山冢〔塚〕崒〔卒〕崩。	高峻山頂突然崩。
高岸爲谷，	昨日高地變深谷，
深〔深〕谷爲陵〔陵〕。	深谷今日變丘陵，
哀今之人，	可悲如今當權者，
胡憯〔曾朁慘〕莫懲！〔3〕	爲何不曾自行懲戒得教訓！
皇父卿士，	虢石父當卿士，
番〔皮繁〕維〔爲〕司徒。	番氏當司徒，

家〔塚維〕伯維宰，
仲允〔中術〕膳夫，
棸〔掫〕子內史，
蹶〔厥〕維趣馬，
楀〔踽萬撝〕維師氏〔氏〕，
艷〔閻剡〕妻煽〔扇偏〕方處〔熾〕。〔4〕

家伯當宰夫，
仲允任膳夫管御食，
棸子任內史，
蹶氏管御馬，
楀氏任師氏，
褒姒氣焰正盛熾！

抑〔噫〕！此皇父，
豈曰不時？
胡爲我作，
不即我謀？
徹〔勶〕我牆屋，
田卒汙萊，
曰：「予不戕〔臧淺戔〕，
禮則然矣！」〔5〕

噫！這皇父，
怎能說不是？
爲何役作我？
不就我商量著辦？
拆毀我家屋，
田地盡變爲汙草，
說：「並非我不善，
禮制如此這般。」

皇父孔聖，
作都于向，
擇三有事〔司〕，
亶侯多藏。
不憖〔靳憗〕遺一老，
俾〔卑〕守我王。
擇有車馬，
以居徂向。〔6〕

孔石父自以爲「聖哲」，
竟建城在向。
你選擇三卿，
本應是多多善良。
天不願留一元老，
使屏衛國王。
你選擇了有車馬的人家，
以斂財積貯遷居秘藏於向。

黽〔黾〕勉〔密勿僶俛〕從事，
不敢告勞。
無罪〔辠〕無辜〔故〕，
讒口囂囂〔嚻譃謷譊嗸〕，
下民〔㞠〕之孽，
匪降自天，
噂（僔）沓（嗒）背憎，
職競由人。〔7〕

我勉勉不已忙公務，
不敢自己說苦勞。
沒有罪過的人，
竟遭誣陷的人嗷嗷狂叫。
老百姓的邪孽、災害，
不是來自上天的緣故。
當面聚眾誹謗，背地相互怨憎，
只是因爲從人爭相爲惡。

悠悠我里〔悝瘋〕，
亦孔之痗〔悔〕。
四方有羨，

悠長的憂鬱成了病，
成了很大的遺恨。
諸侯們都有羨餘，

我獨居憂，	我只有憂悶。
民〔尸〕莫不逸〔穀〕，	人莫不想安逸，
我獨不敢休。	我獨獨不敢休憩。
天命不徹，	王命不循常道，
我不敢傚我友自逸。〔8〕	我不敢仿傚同僚自得安逸。

【詩旨】

《詩論》簡八：「《十月》，善諱言（善譬喻）。

〔魯說〕《呂覽・當染》高誘注：「幽王，周厲王之孫，宣王之子，名官皇。虢公，祭公，二卿士也。《傳》曰：『虢石父讒諂巧佞之人也，以此教王，其能久乎？』」

〔齊說〕《易林・解之節》：「下民多㜝，君失其常。」《乾之臨》「疾愍無辜，背憎爲仇。」《艮之訟》「元后貪欲，窮極民力，執政乖互，主夷所逼。」

〔韓說〕《群書治要》引曹丕《女誡》：「三代之亡，由乎婦人，故《詩》刺豔妻，《書》誡哲婦。」

案：據《竹書紀年》《古今人表》《掔經室集》，周幽王六年十月初一日，前776年9月6日日食，敏感的詩人，儘管這一次日食並非舉國都能觀測到，他立即以詩歌的形式，以危憤的語彙在全世界首次記載日食，首次以現實主義手法賦陳了四年前的地震，劍指周幽王，尤其難能可貴地揭示幽王的政治痼疾，褒姒與皇父卿士等七位權臣禍國殃民，詩歌不會給歷史留下空白，尖銳揭示了「下民之孽，匪降自天；噂沓背憎，職競由人」的深刻原因。這是中國乃至世界文學史上不可多見的政治諷諭詩。也是世界上第一首記載日食的詩。繫於前776年。

《毛序》「《十月之交》，大夫刺幽王也。」《補箋》《通釋》《目耕帖》同。《箋》、《詩譜》、孫毓、《單疏》：刺厲王。王肅、宋・歐陽修、蘇轍、陳鵬飛、李樗、朱熹、嚴粲、范處義、元・許謙、明・郝敬與朱謀瑋、清代阮元、胡承珙都批駁刺厲王說。阮元《掔經室集》屬幽王。雖說幽、厲都無歷史責任感與歷史建樹，就合曆而言，當繫於周幽王。

【校勘】

〔1〕案：題本作《十月》，《齊》《漢・翼奉傳》《毛》題爲《十月之交》，《孔子詩論》簡8、《魯》《韓》《齊》《漢・梅福傳》《單疏》《唐石經》作《十月》。案：本字作朔月，月之朔，《單疏》「朔月辛卯自是所食（蝕）之日」，《左

傳・昭 7）、《劉向傳》《漢・翼奉傳》《箋》《單疏》《唐石經》S3330/2、宋版朱熹《詩集傳》《學齋佔畢》、《單疏》《義門讀書記》、了翁《正朔考》作朔月，《後漢・章帝紀》、王肅《毛詩駁》《丁鴻傳》注、《夢溪筆談》朔日，當作朔月，月之朔。《唐石經》食，《魯》《韓》《劉向傳》《說苑・政理》《說文》蝕，食蝕古今字。

〔2〕案：本字作鞠，《文選・幽通賦》注引《毛》鞠，《齊》荀悅《漢紀》6，《單疏》告，《魯》《韓》《劉向傳》鞫，鞫通告。《毛》不，荀悅《漢紀》曷，異本。《毛》此日而食，《魯》《天官書》蝕，古今字。《毛》維，《三家》《左傳・昭 7》《漢・天文志》作惟。案：本作此日，《毛》《劉向傳》《天文志》此日，《魯》《韓》《說苑・政理》《左傳・昭 7》「彼日而蝕」，《左傳正義》：師讀不同食蝕古今字。《說苑・政理》《單疏》《玉篇》引《韓》于何，《齊》《漢・孝成許皇后傳》爰何，《唐・律曆志》云何，于爰云音聲近而義同。

〔3〕案：本字作爗 yè，《說文》《單疏》爗，《毛》煜，當是避唐昭宗、清聖祖諱，《詩考補遺》引《韓》作熠。《齊》《詩含神霧》《漢・李尋傳》煜，S3330/2 作燁，燁傳寫之訛，《集韻》燁 yè 或體字。《毛》沸騰，《說文》沸作灊，古字，《韓》《說文》《玉篇》縢，騰通縢。《魯》《荀・君子》《釋山》《說文》《箋》《單疏》《唐石經》《毛詩音》小字本、相臺本崒，《釋文》崒，本亦作卒，《劉向傳》《後漢・董卓傳》《釋文》《集韻》《正義》卒，古作卒，卒讀如崒。《毛》深陵，《漢石經》渓陵，同。《三家》《說文》朁，《毛》憯，通朁，S3330/2 作憯。《釋文》：憯，亦作憯。案：慘憯當作朁。

〔4〕《唐石經》皇父卿士，《毛詩音》父即甫。《唐石經》番維司徒，《齊》《古今人表》皮，《韓》繁。《唐石經》番維，《唐石經》「家伯維宰」，《古今人表》《詩集傳》家誤作塚，顧炎武《九經誤字》：「家伯維宰。何《校》宰夫，《石經》、監本同。鄭康成《周禮注》引此亦作維宰，今本作冢宰，非。《詩集傳》元刻本、何《校》作家，作維，《通釋》《傳疏》作維，《後漢・崔琦傳》、S3330/2 番爲。《唐石經》仲允，《古今人表》中術。《唐石經》聚，《古今人表》掫。《毛》趣，《齊》《周禮・敘官》趣讀如騶 zōu，詳孫詒讓《周禮・正義》。《《古今人表》《唐石經》蹶，《漢・五行志》注作橛，《唐石經》楀維師氏，《唐石經》初刻從手，後改爲木，《集韻》楀，《魯》《潛夫論・本政》作踽，《說文》無踽，當是因誤蹶作踽。《齊》《急就篇》《古今人表》萬。《毛》師氏，S3330/2 氏，氏是氏字傳寫之訛。本字作艷偏，《單疏》《石經》

艷妻。煽方處，煽俗字，《說文》《韓》偏，《魯》扇。《說文》豔偏，《魯》《漢·谷永傳》閻妻驕扇，閻讀如艷 yàn。《齊》《單疏》引《中候摘雒戒》剡 yǎn，《一切經音義》引《字詁》焰，古文燄，今作爛，《谷永傳》褒閻並列，《魯》扇，《毛》煽，同。閻剡爛艷燄同聲通借，借指褒姒之傾國之豔、氣焰之盛。案：《齊傳》《古今人表》列褒姒於七大臣前。《韓》《玉篇》《說文繫傳》處作熾，處 chǔ，熾 chì，同爲昌母，處通熾，《釋文》：處，一本作熾，師受不同。

〔5〕《韓》意，《毛》抑，《箋》噫。徐邈：抑音噫，《毛》徹，《說文》徹，古字，徹即撤，《毛詩音》時讀是。案：本字作臧，《三家》《谷永傳》《漢石經》《正字》《王肅注》阮《校》作臧，《箋》《釋文》《唐石經》《詩集傳》牂，S3330/2 牂，訛字，牂通臧，作臧義長。

〔6〕本字作臧，作藏俗體，《毛》藏，一作臧，王肅作臧。《孔子世家》《字彙》《魏王基碑》慜，俗字，《說文》《左傳·哀16》《爾雅》《釋文》《廣韻》《唐石經》慜。《毛》俾守，《魯》《焦君贊》《陳太丘碑》俾屏，S3330/2 作卑，屏卑讀若俾。事，讀如司，《盦方尊》「參有司：司土、司馬、司工。」

〔7〕《毛》罝勉，《文選注》23、《白帖》41 作俚俛，《漢》《五行志》《谷永傳》閔免，《劉向傳》《詩考》密勿，S3330/2 罝俛，罝是罝字之訛，音義同。案：本字作皋辜，《三家》《金文》《說文》《周禮》《玉篇》《群經正字》作皋，秦始皇改爲罪。《毛》罪辜，本字作皋故，《大禹謨》辜 gū，《盠鼎》、《易·繫辭》故，故通辜 gū。《毛》囂囂，S3330/2 ？嚻（嚻）字之訛。《魯》《釋訓》《潛夫論·賢難》敖敖，《魯》《劉向傳》《韓》《釋文》警警，《單疏》警警，義同。《毛》俾，S3330/2 卑，通俾。《毛》悠悠，《釋訓》樊光注作攸，古字。《毛》噂遝，《三家》《左傳·僖15》《說文》《考文》《五經文字》僔，《說文》《單疏》噂沓，《釋文》《考文》嗒，《唐石經》初刻作蹲，後改噂，蹲僔通噂，沓讀如嗒。

〔8〕案：本字作悝。《毛》《箋》《唐石經》《單疏》《考文》悠、里，《三家》《釋詁下》《玉篇》《廣韻》《毛詩音》《說文》悝，《魯》《釋訓》樊光注、《釋文》《詩考》攸，攸古字《魯》《釋詁下》，S3330/2 痼。里痼讀如悝。痗，《釋文》本又作悔，《正字》痗又音悔，錢大昕、郝懿行通作悔。《毛》民莫不逸，《韓詩外傳》7「民莫不穀」，師受不同。《新證》「我不敢傚我友自逸」文本一句，限於四言，分爲二句。S3330/2 正作一句，而《注疏》本分爲二句《毛公鼎》：「善效乃友」。

【詮釋】

〔1〕案：詩人以鳥瞰式剝筍式相結合的手法由天象日蝕與地震揭示政治內核，婦人干政等亂象；幽王六年日蝕並非舉國都可見，《劉向傳》顏注：周之十月，夏之八月，前776年9月6日日食。是年日食與皇父、褒姒在同一時段，沈長雲《〈十月之交〉日食及相關歷史問題辨析》、趙光賢《十月之交作於平王時代說》、日本學者的論文論及周代日食前776年9月6日日食是一次很小的日偏食，前735年11月30日日食則是食分很大的日食。本文以阮元說為準。理由有五：一、與曆相符，南朝·梁·虞劌、唐·一行、元·郭守敬、清·阮元的推定；二、詩文提到地震當是《周語》所說幽王二年前780年事，提到皇父、豔妻當是幽王時虢石父、褒姒；三、前776年9月6日食分小，正與詩及《傳》相切，「彼月而微，此日而微。今此下民，亦孔之哀！」古人忌日食。下民，人民。當時人們有日食為丑、月食為常的觀念，對日食則「亦孔之哀」，《漢·天文志》引《齊傳》：「月食，非常也，比之日食猶常也，日食則不臧矣。」前156年任漢景帝時博士的轅固生所論誠為周以降的普遍性看法。四、《正月》：「赫赫宗周，褒姒滅之」；《雨無正》「宗周既滅，」「謂爾遷于王都，」《小旻》：「國雖靡止」；《小宛》：「天命不又。」應視為周王畿詩人敏感之什。五、朔月，月之朔，十月初一，正是月之朔。《單疏》頁203「此『朔月辛卯，自是所食（蝕）之日』」。《原始》10「詩人刺之，開口直書天變時日於上，以著其罪。詩史家法嚴哉！」

交，交會。朔月，月之朔。孔，甚；醜 chǒu，可惡。彼月而微，前已有月食，有月蝕而暗。微 wēi，通虧，隱。亦孔之哀，也很以為可悲哀。

韻部：卯醜，幽部，微微哀，微部。

〔2〕案：鞠讀如鞠 jū，示知。凶，兇險禍亂之兆。食，蝕，月蝕；則，猶，還；維，惟，是；其，天象；常，自然現象。古人以為日食，少見的天象，是大壞事。《齊傳》《漢·天文志》引《詩傳》：「月食非常也，比之日食猶常也。日食則不臧矣。」于何，奈何。案：鞠告同為見母，鞠通告。凶，凶兆。以凶亡之征預告天下，用，因，遵循；行 háng，軌道。四國，諸侯國；無政，無善政。良，良臣賢人。《韓詩外傳》5「故有社稷者，不能愛其民而求民親己、愛己，不可得也。……《詩》曰：『四國無政，不用其良。』不用其良臣而不亡者，未之有也。《韓說》：于何，奈何。一說，於何，一何，

何其；不臧zāng，不善。《魯傳》《史‧天官書》：「月蝕常也，日蝕爲不臧也。」這反映了當時人們對日食的恐懼。用，任用；良，賢良。

韻部：行良常臧，陽部。

〔3〕燁燁讀如爗爗 yèyè，電光盛貌。《單疏》：震雷聲。震，疾雷。案：寧令，連語，令 lìng，定 dìng，疊韻通借。灃沸 fèi，《韓》滕，騰通滕 téng，連語，河水超湧。山塚，山頂；《說文》：崒 zú，危高。《群書治要》寫本：「山頂崔嵬崩者。」爲 wéi。變成。陵穀互變，陵，大土山。前 780 年涇、渭、洛三川地震，岐山崩。哀，可悲。胡，何；憯 cǎn，朁 cǎn，曾；莫，不；懲，懲戒，引以爲戒，爲何不曾自行懲戒？

韻部：電，眞部；令，耕部。眞、耕合韻。滕（騰）崩陵懲，蒸部。耕、蒸合韻。

〔4〕以下用《齊傳》《魯傳》的訓釋：皇父，幽王寵臣。卿士，相當宰相，號石父，佞巧，好利，六卿總管，國人怨他。一、《齊傳》《古今人表》：「皇父卿士，西周卿士，幽王寵臣。曾作都於向」。番、棸、蹶 guì、楀，姓氏；皇父、家伯、仲允，字。二、《古今人表》；司徒皮，名皮，又作番蕃、潘，周幽王司徒。司徒掌教育。三、《古今人表》「太宰塚伯，姓家，訛爲塚，周幽王太宰」。宰，冢宰 zhǒngzǎi，太宰，六卿之首，《周官》：「冢宰掌邦治，統百官，均四海。」古代天官、宰夫則是冢宰的屬夫，宰不應排在司徒之下。此處宰，《箋》訓家宰，誤。宰夫，是冢宰的屬官，掌治朝之法與禁令。六官群吏之長。四、膳夫，上士，《古今人表》「膳夫中術，中術字仲術，周幽王膳夫，掌朝廷飲食。」掌御廚。五、內史，《古今人表》「內史撇子，姓棸 zōu，又作撇，周幽王內史，掌文書策命。」掌爵祿司法。六、蹶 guì，姞姓之後。趣 zōu 馬，掌御馬的官，《古今人表》「趣馬蹶 guì，掌王室馬匹。」七、師氏，《古今人表》：師氏萬 jǔ，姓楀 jǔ，又作萬，周幽王師氏，掌王師教育。據《周本紀》、《箋》，皇父卿士，幽王任號石父爲卿，《周本紀》「幽王以號石父爲卿，用事，國人皆怨。石父爲人佞巧，善諛，好利，王用之。前 779 年寵褒姒，又廢申后，去太子也。申侯怒，與繒、西戎、犬戎攻幽王。幽王舉烽火，徵兵，兵莫至。遂殺幽王驪山下，虜褒姒，盡取周賂而去。」維，爲。處，《說文繫傳》引作熾，處 chǔ 熾 chì 同爲昌母，陰聲韻魚、之相轉，處通熾；剡閻剡通豔 yàn，妖豔之妻，褒褒 bāo 姒，《齊》《漢‧古今人表》引褒姒於七大臣之前。褒，古國名，故址在今陝西勉縣東南；阮元《補箋》稱「豔」，惡之也。扇偏煽，扇動其氣焰；方，正；處熾同聲通借，盛，乃至後來觀烽火而笑。《古

今人表》、劉向《封事》、《周紀》可證《三家》以為褒姒，《魯傳》《谷永傳》：「昔褒姒用國，宗周以喪，閻妻驕扇，日以不臧。」《後漢・左雄傳》《疏》「褒豔用權」，《新證》改艷為爛、改妻為齊，不僅令原詩所抨擊的八人弄權成了七人弄權，而且有破字解經之嫌，爛焰 yàn 同，故仍從《四家詩》。《左雄傳》：「褒豔用權，七人党進。」

　　韻部：士宰史，之部；徒夫馬處，魚部；熾，之部。魚、之合韻。

　　〔5〕案：抑意噫 yī，恨聲詞。如《金縢》「噫！公命我勿敢言。」皇父，號石父；孔聖，很自以為聖人。《箋》以為屬王妻黨女謁，《王肅注》以為豔妻佞嬖，豈，難道；曰，云；時通是。幽王用號石父為卿士（為六卿總管）。阮元《補箋》以南仲之後，皇父安於退居采邑，不以國家為憂。胡為，何為；作，役作。即 ji，就，又不與我謀議。案：此處肖老臣口吻。徹 chè，廢徹，拆毀。卒，盡；汙萊 wūlái，田荒生雜（杂）草。戕讀如臧 zāng，善，說我們並非不善，禮制就如此。《箋》：戕（qiāng），殘也。言皇父既不自知不是，反云我不殘敗女田業。禮上供下役，其道當然，言文過也。」

　　韻部：時謀萊矣，之部。

　　〔6〕孔聖，太英明聖哲，反語。作都於向，《竹書紀年》「〔幽王〕五年，皇父作都於向。」向邑，在今河南省濟源縣西南。號石父為六卿總管，權傾朝野，任用三卿在其權內，《單疏》：三事，三司，三卿，司徒、司馬、司空。亶侯婚多藏，亶，誠；侯，語詞；藏。有，助詞。藏、臟，《困學紀聞》3「『擇三有事，亶侯為藏』，貪墨臣為孟賊。……是時號石父好利用事，而皇父卿士為群邪之宗。懟同懟 yìn，恤問，願意。《魯傳》《爾雅》懟 yìn，願也，強也，且也。《說文》懟問。《廣雅》：懟，憂。《箋》訓為心不懟，自彊（強）之辭。《韓》：懟 yìn，閽 yín。同為疑母，懟通閽，願意，顧惜。俾，使；守屏，守護屏衛。居又作賦。案：居賦 jū 貯 zhù 疊韻通借，積貯秘藏，《皋陶謨》：「懟遷有無化居」，積貯。徂，往。《新證》：以居徂向，即徂向以居。孫月峰：「此章最醒峭。」

　　韻部：向藏（臧）王向，陽部。

　　〔7〕黽勉、密勿，勉勉不已。告，示知；勞，勞苦。皋罪古今字 zuì，故通辜 gū。罪辜，連語，罪過。囂囂讀如嗸嗸、敖敖，眾人訾謗貌。孽 niè，邪孽。《齊說》《易林・解之節》：「下民多孽，君失其常。」蹲、僔通噂。噂噂沓沓 zǔnzǔntàtà，聚集。訾謗，漢・陳琳《應譏》：「使己蒙噂沓之謗。」《齊說》《易林・乾之臨》：「疾潛無辜，背憎為仇。」職，只；競，競逐，由，從

競相爲惡。案：「『下民之孽，匪降自天。噂沓背憎，職競由人』，具有深邃的哲理性與深刻的政治洞察力。」

韻部：勞囂，宵部；天人，眞部。

〔8〕前 1039 年，周公鑒於殷代奢靡酖酒而亡國的歷史教訓，《酒誥》：「古人有言曰：『人無於水監，當於民監。』」朱彬《經傳考證》：里〔悝〕思，悠悠我思。案：悝 lǐ，《魯》《釋詁下》「悝，憂也。」攸攸、悠悠，長久，《魯》《釋詁上》：「悠，遐也」；里瘒通悝 lǐ，憂。案：瘒 mèi 通悔 huǐ，遺恨。羨，餘。居 jī，其。民，人。不，未；逸，逸樂。休，休憩。《韓詩外傳》7「民莫不穀，我獨不敢休。」穀 gǔ，善良。《魯》《釋訓》：「不徹，不道也。」《新證》上，「我不敢效我友自逸」，本一句《毛公鼎》善效乃友正。天命；不徹，案：西周吉金《函皇父簋》「天命不徹，徹，道，不依民心天道貫徹。

韻部：里（瘒悝）悔（瘒），之部。憂休，幽部；徹，脂部；逸，祭部。之、脂、祭通韻。

【評論】

《詩論》簡 8「《十月》善諀言」諀、譬雙聲通假，其意是說《十月之交》善於用譬喻。又諀 pǐ，諀訾，謗毀他人的惡言。《齊》《漢·五行志》：「於《詩·十月之交》，則著卿士、司徒，下至師氏，咸非其材。」《魯》《韓》《劉向傳》：「君子獨處守正，不橈眾枉，勉強以從王事則反見憎毒讒訴，故其《詩》曰『密勿從事，不敢告勞，無罪無辜，讒口嗷嗷！』」《名物抄》：「幽王內有褒姒之邪嬖，外有皇父之貪殘，牽引惡類，相爲表裡。褒姒禍之本，皇父罪之魁。此詩所以刺也。」《詩志》4：「直敍時事，音節勁壯。」《談經》：「蓋深怨其不即（就）我謀，不時徵調既徹（拆）之牆屋，不得修繕也，田事荒廢，而卒爲汙萊，是者固當如是耶？乃既致我如此矣，反謂予曰：汝自謀之不臧，論禮自當如是也。此之所謂禮者，即在上者無有不是，在下者無有是也。下之『皇父孔聖』，即此章之注腳也。『禮則然矣』四字，其刻毒尤勝於罵詈，口口稱皇父之是，卻口口是說皇父之不是，此正古人用筆之妙處。」案：詩人以奇詭多變、歷歷如繪的手法，用隱喻、象徵手法，由日食寫起，回溯地震，寫滄桑陵谷之感，進而痛斥爲害邦國甚劇的八凶，豔后亂政，又用拆屋、徂向兩個細節，我勞、我悝作爲對比，痛切地反映了周幽王時期的社會矛盾，如晉·陶侃《感士不遇賦》所云：「自眞風告逝，大僞斯興。」故有「詩史」之目。清·賀貽孫《詩筏》：「鍊句鍊字，詩家小乘，然出自名手，皆臻化境。」

《節南山》以中南山比太師之威權太重，《正月》以異常的繁霜起筆，《七月之交》以當時人們十分驚詫的日食起筆，均可見詩家妙於起筆。此詩的歷史深度、政治銳角則比觀後來的沙翁喜劇《溫沙的風流娘兒們》更令人悟到女人干政、豔妻傾國、姦佞亡國的歷史教訓，千悲萬恨，不少勝言。此詩為《離騷》、《天問》所胎息。末句，開八言詩之先。漢・鄭玄《箋》云：「六人之中，雖官有尊卑，權、寵相連，朋黨於朝，是以疾焉。皇父則為之端首，兼擅群職，故但目以卿士云。」

雨無〔亡〕正〔政止〕

【雨無〔亡〕其極〔止正〕，　　　　　【暴雨沒有止啊，
傷我稼穡，】　　　　　　　　　　　淹沒了我們的莊稼。】
浩浩昊〔昊界〕天，　　　　　　　　廣大的天宇，
不駿其德。　　　　　　　　　　　　不長其德啊，
降喪饑〔飢〕饉，　　　　　　　　　降災五穀不登、菜蔬不熟，
斬伐四國，　　　　　　　　　　　　殘害了各諸侯國。
旻〔昊啟愍 mǐn〕天疾〔大〕威〔畏〕，悲痛！憂傷！上天肆威，
弗〔不〕慮弗〔不〕圖。　　　　　　　君臣還不謀劃對策。
舍〔赦捨〕彼有罪，既伏其辜。　　　竟赦免有罪的人，隱藏罪孽證據。
若此無罪，　　　　　　　　　　　　以至本來無罪的人，
淪〔論薰薰勳〕胥以鋪〔痛〕。〔1〕　相率牽連為胥靡為奴為隸。

周宗〔宗周〕既滅，　　　　　　　　鎬京已失陷，
靡所止戾〔戻〕，　　　　　　　　　無所安定，
正大夫離居，　　　　　　　　　　　賢卿離開了職位，
莫知我勩〔勩勩肆〕。　　　　　　　誰知我的勞苦功勳？
三事〔司〕大夫，　　　　　　　　　司徒、司空、司馬，
莫肯夙夜，　　　　　　　　　　　　沒有人肯夙興夜寐忙國事；
邦君諸侯，　　　　　　　　　　　　諸侯們，
莫肯朝夕。　　　　　　　　　　　　沒有人肯朝朝夕夕忙正事。
庶曰：「式臧！」　　　　　　　　　希望任用賢良！
覆出為惡。〔2〕　　　　　　　　　　反而派出惡人做惡事？

如何昊天，　　　　　　　　　　　　奈何上蒼啊，
辟言不信！　　　　　　　　　　　　合乎法律的得不到伸張！

如彼行邁，　　　　　而那些官長行動，
則靡所臻。　　　　　則無目的胡亂地闖。
凡百君子，　　　　　諸侯們，大夫們，
各敬爾身！　　　　　各人自身應謹慎！
胡不相畏？　　　　　爲何不相畏懼？不敬畏上天與人民，
不畏于天？〔3〕　　　敬畏上天，難道不怕上天的嚴懲！

戎成不退〔逪〕，　　犬戎犯內，戰禍誠未退，
飢〔饑〕成不遂。　　荒年飢饉誠未消退，
曾我熱〔熱〕御〔禦〕，何也？我們這些貼身近侍，
憯憯〔慘慘〕日瘁〔萃悴頹〕，慘慘怛怛憂國事，日益憔悴。
凡百君子，　　　　　諸侯們，群臣，
莫肯用訊〔訊譖〕。　　沒人肯用諫諍的人，
聽言則荅〔答對〕，　順從的話則以爲對，
譖言則退〔逪〕。〔4〕諫諍之話則退除以盡。

哀哉！不能言，　　　可歎啊！不能說，
匪舌是出，　　　　　並非我出口是病，
維〔唯〕躬〔躬〕是瘁〔頹悴〕。說了自身遭禍殃。
哿矣能言，　　　　　會諂媚的受到嘉許，
巧言如流，　　　　　會說的說得宛轉動聽，
俾躬〔卑躬〕處休。〔5〕使自己有美好的境遇。

維曰「予〔于〕仕，　　「去新都雒邑出仕去，
孔棘〔棘急〕且殆。」很急也很危險，莫盲闖！」
云「不可使」，　　　假如說「不可聽從」，
得罪于天子；　　　　會被國王怨恨，會被姦臣誹謗；
亦云「可使」，　　　假如說「可聽從爲惡」，
怨及朋友。〔6〕　　　會遭朋友們怨望。

謂「爾遷于王都」，　　命「你遷往新都雒邑」，
曰「予未有室家」。　又託詞「新都沒有住處」。
「鼠〔癙〕思泣血，　「我憂思悲哀淚盡血出，
無言不疾。　　　　　不說不遭人妒忌，
昔爾出居，　　　　　當年你離京，
誰從作爾室？」〔7〕　誰跟你建家室？」

【詩旨】

《詩論》簡 8「《雨亡政》、《即南山》，皆言上之衰也，王公恥之。」

〔魯說〕《潛夫論・本政》：「《詩》傷『巧言如流，俾躬處休』，言佞彌巧者，官彌尊也。」

〔齊說〕《鹽鐵論・申韓》：「《詩》云：『舍彼有罪……淪胥以鋪』，痛傷無罪而累也。」《易林・小過之損》：「昧昧暗暗，不知向黑；風雨紛擾，光明憂匿，幽王失國。」

《毛序》：「《雨（yù）無正（《箋》正音政）》，大夫刺幽王（《唐石經》同。《箋》朱熹《詩集傳》：刺厲王）也。雨自上下者也，眾多如雨，而非所以爲政也。」《詩集傳》《困學記聞》引北宋劉安世所見《韓序》「《雨無極》，正大夫刺幽王也。」比《毛詩》首章多「雨無其極，傷我稼穡。」

《詩補傳》18「蓋作於幽王之後，追咎前日之失，以爲後來之戒。」《詩故》《後箋》：「蓋贄御之臣所作。」《名物抄》5 作詩者蓋贄御之賢者。《編年史》繫於前 770 年。

【校勘】

〔1〕《單疏》《雨無正》，《詩論》簡 8 作《雨亡政》。《韓詩》北宋尚存，詳《太平御覽》、朱熹《詩集傳》11 等。宋・董逌、劉安世所見《韓詩》有「雨無其極（一作政），傷我稼穡」及《韓詩序》，明・朱睦㮮《五經稽疑》「㮮嘗讀《韓詩》有《雨無正》，所刺皆同，比《毛詩》篇多『雨無其極，傷我稼穡』八字。」《孔子詩論》簡 8、《易林・小過之損》《四庫》72/834、《詩傳》、《詩集傳》《困學紀聞》全校本頁 375、《管錐篇・毛詩正義》同。董逌、劉安世、朱熹、王應麟、朱睦㮮所見《韓詩》雖字不盡相同，大體比《毛詩》多出首兩句。焦循《補疏》：當讀「彼有罪既伏其辜」七字爲一貫。案：《孔子詩論》有《雨無政》，且詩首章三、四句呼應《韓》一二句，又呼應首章「降喪飢饉」，四章「饑成不遂，」暴雨潦災顆粒無收可見，且《韓》早於《毛》列博士，至唐猶存，《詩本義》《詩補傳》《詩總聞》《解頤新語》《通論》《集疏》存疑。《毛》弗，《魯》漢・楊雄《豫州箴》作不。

《魯》《新序・雜事》《單疏》饑，《考文》飢，古通。案：本字作旻，陝西岐山縣出土西周吉金《毛公鼎》「愍天疾畏」，《詩論》簡 8 作旻（旻），《釋文》《唐石經》《單疏》《沿革例》、小字本、相臺本作旻，旻讀如愍，此上古恆語，《書・大禹謨》「日夜號泣於旻天」，《書・多士》「不弔旻天」，《小旻》：「旻天

疾威」。《召旻》「旻天疾威」。《白文》昊，昊昦今古字。《單疏》「《定本》皆作昊天，俗本作旻天，誤也。」《沿革例》俗本作旻，《齊》《易林》《箋》《漢書注》《定本》《唐石經》《沿革例》、相臺本、巾箱本、岳本《詩傳大全》《經義雜記》《楊荊州誄》注引：《毛》作「昊天疾威」。（《六臣注文選》頁1324），《毛》威，《漢》注100畏，威通畏。《釋文》6「旻天疾威，密巾反，本有作『昊天』者，非也。」《釋文》出「旻」字，音讀也是旻，並聲明「作『昊天』者，非也。」小字本、閩本、明監本作旻，「旻天疾畏」，西周恒語，《毛公鼎》「敃天大威」，《小旻》「昊天疾威」。《逸周書・諡法》「在國逢難曰湣」，《齊》《漢・敘傳》疾畏，《釋天》郭注：「旻猶湣也，湣萬物彫落。」《漢石經》《毛》弗。案：本字作痛，《齊》《鹽鐵論・申韓》《毛》《王肅注》《唐石經》淪胥以鋪，《漢・敘傳》注引《三家》薰、痛，《韓》、《蔡邕傳》注引作勳、痛，蔡邕《釋誨》熏，《漢・楚元王傳》注引《魯》作論，論淪薰上古同音，勳薰淪論通率，鋪通痛。

〔2〕案：本字作宗周，勘，《唐石經》周宗《左傳・昭16》《北堂書鈔・政術部十六》宗周、肆，《毛》周宗勘，《單疏》周宗，宗周也。《毛》《箋》戾，《例釋》頁393作戾，戾定雙聲通借。《單疏》勘，《唐石經》勘，勘勘避唐諱，《三家》《釋詁》《說文》勘，《玉篇》肆同。《毛》事，《盠方尊》司，事讀如司。

〔4〕《毛》答，《說文》荅，《魯》《齊》《漢・賈山傳》《魯》《新序・雜事》對，《說文》對，荅答、對對古今字。《毛》退，《釋文》逞，逞偲、退古今字。《毛》飢，蘇轍本作饑，飢通饑。案：本字作𢡶 xiè，《五經文字》《毛》小字本、相臺本、閩本、明監本𢡶，𢡶字訛，當依《說文》《毛詩音》《唐石經》《白文》作𢡶。《傳》《疏》《唐石經》御，御禦通。《毛》惽，當從《唐石經》作惛，惽通惛。《毛》、小字本、相臺本訊，《唐石經》訐，《魯》《列女傳》《楚辭章句》《小學蒐佚・韓詩》《毛詩音》《毛鄭詩考正》《傳疏》諀，訊讀如諀。本字作對，《單疏》對，《詩經小學》：古借荅為對。《說文》《唐石經》荅，《魯》《新序・雜事》《齊》《賈山傳》對，荅答古今字。荅通對。《說文》逞，古字。《毛》勘，《左傳・昭16》肆，肆通勘。

〔5〕案：本字作頦，《毛》維躬是瘁，《三家》《說文》、《說文繫傳》、《一切經音義》41《詩考補遺》《漁父》注作悴，唯、頦，《左傳・昭7》憔悴，惟躬，《漢・五行志》蔡邕《胡碩碑》盡頦，《胡廣碑》作瘁。維惟唯音義同。《御覽》367作悴，悴頦瘁通。《毛》俾躬，《左傳・昭7》卑躬，同。

〔6〕《毛》予，《考文》《疏》《唐石經》《白文》于，閩本、明監本誤作予。《毛》棘，《唐石經》棘，《毛詩音》棘，即急。《唐石經》《長笛賦》注引、《毛》鼠，古本作癙，《箋》《說文》有鼠無癙，鼠通癙，《釋詁》《集韻》《段注》癙，通作鼠，鼠癙古今字。

【詮釋】

〔1〕一章影射周幽王飢饉，株連。以昊天比周幽王。浩浩，廣大。昊，蒼天。駿通馴，《史》引《堯典》「能明馴德」。《傳》：駿，長。降喪，降下災荒，飢饉，五穀不熟，菜蔬不熟。斬伐，殘害；四國，各地。案：旻通敃，愍 mǐn，哀憫。威畏。《詩傳大全》：旻，幽遠。弗，不；慮圖，疊韻詞，謀劃。《毛詩音》：通赦。焦循《補疏》：若曰：除有罪伏辜不論外，而無罪之人亦爲彼有罪者所牽率而遍入於罪。伏，隱藏。淪熏通率；相率，牽連。案：淪 lún 胥 xū 薰（熏動）xūn 胥，與《桑柔》「載胥及溺」同。《魯說》蔡邕《釋誨》「熏胥之辜」，罪，《呂覽·求人注》《墨·天志下》胥，胥靡，刑罪之名，無罪的被誣陷爲有罪。鋪通痡 pū，王肅訓病。《箋》：鋪，遍。這是舊時極爲可惡的連坐受罪，一人犯法，其家屬親友乃至鄰里等連帶受處罰。《詩緝》20「此詩刺刑罰不中，忠言不用，遂致人心離散，所謂眾多如雨也。」《述聞》6「詩言王赦有罪之辜，而反坐無罪者以熏胥之刑也。」

韻部：穡，職部；德國，之部。之、職通韻。威罪罪，脂部。圖辜鋪（痡），魚部。

〔2〕二章寫西周亡，正大夫不問國事，諸侯不勤國事。宗周，鎬京。戾當作庡 tì，〈古〉透月，庡定雙聲通借，止庡，連語，安定。正大夫，六卿之長；離居，擅離職守。肆勩 yì，《魯》《釋詁》上勩，勞。三事，三司，三公。夙夜，（朝夕，敬業，）但未勤於國事。楊愼《經說》5「則公卿朝常先至，夕常後退。諸侯朝常後至，夕常先退。」邦君諸侯，大邦、小國諸侯。庶，幸；日，有；式，用；臧，善。希望有用善人。覆 fù，反而；爲，作；惡，姦佞邪惡。

韻部：滅，月部；戾，脂部；勩（肆），月部。脂、月通韻。夜夕惡，魚部。

〔3〕抨擊所謂的「君子」誤國誤民，提出敬畏天敬畏民的思想。如何，奈何。辟 bì，法，合乎法典的，一說辟，國王；信通伸。《魯》《釋詁》：臻，至也。目的地。凡百君子，執政者們。敬，愼，戒愼，修行；身，自身。胡，何。於，對，《補箋》「不畏繁霜、日食之變。」

韻部：天信臻身天，眞部。

〔4〕四章寫近侍中的賢者憂國。戎，犬戎，前 771 年，申侯、繪人、犬戎攻陷鎬京，殺幽王於驪山，尚未罷退。成，讀如誠，誠然；案：逐，讀如綏，安。曾，何也。嚜 xiè 御，近侍。阮元《補箋》：「戎兵成而已不退，飢餓成而已不逐，嚜御自盡瘁事國也。」《新證》中，逐讀如墜，消失。慇、慘 cǎn，同為清母侵部，《唐石經》慘，憂憂戚戚；日，日益；悴、瘁同穎 cuì，憔悴，瘦弱。訊、誶雙聲通借，諫。《箋》：訊，告。答《說文》作荅，荅 dá，對 duì，荅對同為端母，荅通對，以為當。一說荅，荅理，進用。《玉篇》：荅，當。案：此處用舜有誹謗之木，《魯傳》《呂覽‧自知》：「堯有欲諫之鼓，舜有誹謗之木，湯有司過之士，武王有戒慎之鞀，猶恐不能自知。」高誘注：「欲諫之擊其鼓也。書其過失以表木也。」譖 zèn 讀如諫 jiàn，諫言；退 tuì，避，緩。肄 yì 勩 yì 同聲通借，勞苦。《潛夫論‧本政》：「《詩》傷『巧言如流，俾躬處休，』蓋言衰世之士，佞彌巧者宦彌尊也。」或訓為聞聖賢之言則應，聞讒言則斥退。

韻部：逐瘁（穎）訊，眞部；誶退，微部。

〔5〕哀哉，嗟歎聲。不能言，詩人不能言。匪，非。是，此；出通疧 wù，病。唯，維，是。躬，自己。非舌是病，惟躬是病。悴穎瘁，憂病。哿，朱熹訓可；能言，善於獻媚諂言。巧言，善於慣巧逢迎之言，流，宛轉入耳。俾，使；躬，自身；休，美，受賜受爵的奢華境遇。《魯傳》《潛夫論‧本政》：「蓋言衰世之士，志彌潔者身彌賤，佞彌巧者官彌尊也。」

韻部：出，術部；瘁，微部。術、微合韻。流休，幽部。

〔6〕維，發語詞，曰 yuè，越，及。予讀如于，往；仕，為仕。孔棘，甚急；且殆，而且危險。亦，假若；云，助詞。使，從。王令不正，我言不可從，則得罪國王；言可從，助君為惡，則朋友怨我。鼠瘝，瘝憂。于，被，則會得罪於周王。怨，怨望，怨恨；如說也可從，則連朋友也怨恨我。《左傳‧昭 8》叔向云：「君子之言，信而有徵，故怨運於其身。小人之言，僭（譖）而無徵，故怨咎及之。」

韻部：仕殆使子使友，之部。

〔7〕謂，命；爾，卿士們；遷，遷徙東都雒邑。《補箋》：「皇父，三事，辭不肯居王都。」「爾豫（預）決其必滅」。王肅：「周室為天下所宗，其道已滅，將無所止定。」推託說：「在王都我沒有住房。」鼠通癙 shǔ，憂思不已；泣血，傷心之至，無聲痛哭，以至淚盡血出。黃焯《平議》：「『鼠思泣血』二

句，則自道其孤特在朝，不見容於群小，因思良友相從也。」疾，嫉恨。昔，
往昔。出居，逃難。作，建造。

韻部：都家，魚部；血疾室，質部。

【評論】

《魯傳》《新序‧雜事》：「孔子顧子貢曰：『弟子記之：夫政不平而吏苛，
乃甚於虎狼矣。』《詩》曰：『降喪飢饉，斬伐四國。』夫政不平也，乃斬伐
四周，而況二人乎？其不去，宜哉！」《潛夫論‧本政》：「孔子曰：『國有道，
貧且賤焉，恥也；國無道，富且貴焉，恥也。』《詩》傷……『巧言如流，俾
躬處休』……方以類聚，物以群分，同明相見，同聽相聞，惟聖知聖，惟賢
知賢。」《詩緝》20「此詩刺刑罰不中，忠言不用，遂致人心離散，所謂眾多
如雨也。」在論及第四章時說，「此章言群臣無忠告也。」《傳疏》19「此詩
爲賢者離居，親屬之臣義不得去而作。國政多門，用是離居也。古正、政通
用。」《詩志》：「此東遷以後，蟄御之士招諷離次之臣，而責以忠敬之義也。
一片篤厚，純以諮嗟怪歎出之。筆勢起落離奇，極瀏亮、頓挫之妙。」《會歸》
頁 1276「此蓋大夫見幽王不恒其德，而刑罰酷濫，群臣離心，君拒忠心，下
不畏上，國勢傾危莫挽，用人進退無準，非正之惡政如是；又良言召害，巧
言獲益，諍言得罪，阿言致怨，仕途之危難又如是；故友亦離居不返，賢者
亦爲避禍之計；是以綜爲滅亡之憂。」最能體現《魯傳》《史‧屈賈列傳》所
說的「《小雅》怨誹而不亂」，《齊傳》《禮記‧經解》所引孔子云：溫柔敦厚
《詩教》也。《論語‧陽貨》所引孔子《詩》興、觀、群、怨說。案：《魯傳》
《史‧太史公自序》：「《詩》三百篇，大抵賢聖發憤之所爲作也。此人皆意有
所鬱結，不得通其道也，故述往事，思來者。」《毛詩序》：「治世之音安以樂，
其政和，亂世之音怨以怒，其政乖；亡國之音哀以思，其民困。故正得失，
動天地，感鬼神，莫近於詩。」《節南山》至《雨無政》這四首時事政治諷諭
詩直刺「赫赫師尹」，「秉國之均」的太師，「不自爲政，卒勞百姓」，更高目
的一「家父作誦，以究王訩。式訛爾心，以畜萬邦」，政治視野在於安撫萬邦；
《正月》「赫赫宗周，褒姒滅之」，兩極分化太巨，末章揭示無餘；《十月之交》
繪寫日食、地震，直指朋黨爲奸「下民之孽，匪降自天」；《雨無政》指出「旻
天疾威」的背景下，宗周已滅，正大夫離居，寫出了近侍中的賢者心目中的
深憂。下啓《楚辭》《古詩》《漢樂府》、建安風骨、唐‧陳子昂、杜甫、白居
易現實主義詩文的先河。

小旻〔旻〕

旻〔昊旻愍〕天疾威〔畏〕，　　悲痛！哀憫！老天暴虐肆威，眞可畏，
敷〔專〕于下土。　　　　　　廣布於人間，
謀〔謨〕猶〔猷〕回遹〔馹沀穴〕，規劃政策多邪僻，
何日斯沮？　　　　　　　　　何時停辦？
謀臧不從，　　　　　　　　　規劃政策好的不從，
不臧覆用！　　　　　　　　　不好的反而照辦，
我視謀〔謨〕猶〔猷〕，　　　　我看那些規劃計謀，
亦孔之卭〔邛〕。〔1〕　　　　都有很大的弊病缺陷。

潝潝〔噏翕歙〕訿訿〔訾〕，　　當面附和，背後詆毀，
亦孔之哀！　　　　　　　　　也是太大的悲哀！
謀之其臧，　　　　　　　　　如果是好規劃好的政策，
則具是違；　　　　　　　　　却都遭到悖違；
謀之不臧，　　　　　　　　　壞的規劃，壞的政策，
則具是依。　　　　　　　　　却一一相從相依。
我視謀猶，　　　　　　　　　我看這種規劃、政策，
伊于胡底〔厎〕。〔2〕　　　　將達到何種目的？

我龜既厭〔猒〕，　　　　　　靈龜屢占已厭煩了，
不我告猶〔繇猷〕。　　　　　不肯示知卦爻辭，
謀夫孔多，　　　　　　　　　謀士食客雖然很多，
是用不集〔就〕。　　　　　　因而不能成就決議。
發言盈庭〔廷〕，　　　　　　雖說議論滿了朝廷，
誰敢執其咎？　　　　　　　　誰也不能擔當責任；
如匪〔彼〕行邁謀，　　　　　如那人却謀於行路人，
是用不得于〔乎〕道。〔3〕　　無所適從，不得其正。

哀哉爲猶〔猷繇〕，　　　　　可悲啊！出謀劃策者，
匪〔非〕先民〔尸民〕是程，　不效法先民先哲，
匪〔非〕大猶〔猷〕是經。　　不按大道理行，
維邇言是聽，　　　　　　　　唯聽淺薄的言論，
維邇言是爭。　　　　　　　　還要爭吵分輸贏。
如彼築室于道謀，　　　　　　譬如建房却問計於過路人，
是用不潰于〔乎〕成。〔4〕　　因此不能遂於功成。

國雖靡止，　　　　　　　　國家雖然無大福祉，
或聖或否。　　　　　　　　有聖人，有非聖人，
民〔尸〕雖靡膴〔腜〕，　　老百姓雖無宏大的謀略，
或哲〔悊樇〕或謀，　　　　有的聖哲，有的聰敏，
或肅或艾〔刈乂〕。　　　　有的敬業，有的善治國家山河，
如彼泉流〔流泉〕，　　　　譬如那流淌的泉水，
無淪胥以敗！〔5〕　　　　相繼陷於破敗之禍。

不敢〔可〕暴〔虣虣〕虎〔虖〕，　莫敢不用兵器徒手搏猛虎！
不敢馮〔憑淜潕〕河。　　　　　莫敢不用舟船渡過大河。
人知其一，　　　　　　　　　　人往往只知其一，
不知其它〔它佗〕。　　　　　　並不知道其它。
戰戰兢兢〔競矜〕！　　　　　　戰戰兢兢，戒懼小心！
如臨〔深〕淵〔渁〕！　　　　　如同臨近了深淵！
如履薄冰！〔6〕　　　　　　　　如同踩在了薄冰！

【詩旨】

《詩論》簡8「《少旻（小旻）》，多嶷（疑）矣，言不中志者也。」朱熹《詩集傳》12：「大夫以王惑於邪謀，不能斷以從善，而作此詩。」《小旻》《小弁》《編年史》繫於前773年。

《毛序》：「《小旻》，大夫刺幽王也（《箋》：當為刺厲王之詩）」。

〔魯說〕《荀・臣道》：「仁者必敬人。凡人非賢，則案不肖也。人賢而不敬，則是禽獸也；人不肖而不敬，則是狎虎也。禽獸則亂，狎虎則危，災及其身矣。」引第六章，云：「此之謂也。故仁者必敬人。」《說苑・敬慎》：「孔子之周，觀於太廟。右陛之前有金人焉，三緘其口，而銘其背曰：『古之慎言人也。』戒之哉！戒之哉！無多言！多言多敗；無多事！多事多患。……《詩》曰：『戰戰兢兢，如臨深淵，如履薄冰。』行身如此，豈以口遇禍哉！」《說苑・雜事》：孔子對魯哀公曰：「君者，舟也；庶人者，水也。水則載舟，水則覆舟。」君以此思危，則危將安，不至矣。夫執國之柄，履民之上，凜乎如以腐索御奔馬。《詩》曰：『如履薄冰』，不亦危乎！」

隋・王通《中說》：「此非天也，人謀不臧咎矣夫！」朱熹《詩集傳》：「大夫以王惑於邪謀，不能斷以從善，而作此詩。」

《會歸》：「此篇主刺朝廷謀議之非。」《新注》：「當作於『二王並立』的較晚時期。詩圍繞著『謀猶』二字，從各個方面描述了勢力微弱的小朝廷中

斗筲用事、治亂無策的衰頹之局。」彭裕商《金文研究與古代典籍》推斷爲東周時作。

【校勘】

〔1〕本字作愍，《詩論》簡8作《少旻》，旻「旻」字之誤，《序》《箋》《釋文》《單疏》《唐石經》《詩傳大全》旻，此句上古恒語，旻讀閔憫愍，《書·大禹謨》：「日夜號泣於旻天」，《書·多士》「不弔旻天」。詳《雨無政》校勘，必爲旻，《列女傳》8《韓詩外傳》昊，誤。《毛》威，《魯》《毛公鼎》《列女傳》畏，畏讀如威。《毛》敷，《說文》專，古字。《唐石經》謀猶回遹，《漢石經》視謀猶，《韓》《集注》謨猷，謨謀同，猶猷同。《齊》《幽通賦》穴，《韓》，《西征賦》注引作沈，《釋文》引《韓》馱，遹穴沈。馱同在質部，穴。沈。馱通遹。《毛》卭，《魯》《釋詁》《單疏》《唐石經》《廣韻》邛，邛是卭字誤寫。

〔2〕案，本字作翕、訿，《單疏》潝訿，《三家》《釋訓》《說文》《後漢·翟輔傳》《玉篇》翕訾，《荀·修身》噏訾，《魯》《韓》《劉向傳》歙訿，本作翕，後人增益爲噏。歙，訾隸變爲訿。正字作厎，《箋》《釋文》《單疏》《唐石經》、相臺本厎，小字本、閩本、明監本誤作底。

〔3〕本字作猷猶，《唐石經》厭猶，楚竹書《緇衣》簡24、郭店楚簡《緇衣》簡46.47猷、猷，《說文》猷。猷猶通猱。案：正字作「就」，方與上下協韻。案：本字作就，《唐石經》集，訓爲就，《漢石經》《方言》12、《韓詩外傳》6《詩考序》《集注》就，集讀如就。《唐石經》《單疏》庭，王安石《文集》當作廷，庭通廷。《毛》匪，《三家》《左傳·襄8》杜注作彼，匪通彼。《毛》于，《御覽》174乎，字異義同。P2978脫「謀」，當從《唐石經》有「謀」。

〔4〕《漢石經》「先民是程」，《毛》民，《單疏》民，《唐石經》𡇯，避唐諱。案：本字作民、猷，《毛》民、猶，猱猶通猷。《齊》《幽通賦》民，《幽通賦》注引作《毛》人、猷，「或作猱字，誤也。」案：《今注》「彼築室於道，謀是用不潰於成」，謀字當從上句，詳《唐石經》《魯》《呂覽·不二》高注《群書治要》頁35、《兩漢全書》二/1004作「如彼築室於道謀，是用不潰於成。」（《呂氏春秋新校釋》，1135），《箋》《單疏》同《魯》，《御覽》174于作乎。于乎同義。詳《十三經注疏附校勘記》頁449、《單疏》頁208。《唐石經》「是用不得於道」。道與猷就咎叶韻。《毛》謀，P2978脫「謀」。

〔5〕《毛》止，《魯》《韓》《說苑・敬慎》祉，祉止通祉。《單疏》《唐石經》膴，《韓》脄，按韻則當作脄，《箋》膴，法也；《王肅注》讀作幠，大也。案：膴、幠通脄 méi，《聲類》3《毛鄭詩考正》膴爲脄。《毛》哲，《箋》《疏》同；《齊》《漢・敘傳》《說文》悊，《台》125/501 樕，哲，悊音義同，樕通哲。案：本字作乂，《毛》艾，《洪範》《說文》《單疏》乂，《釋文》刈，艾讀如乂。《魯》《列女傳》3 流泉，《唐石經》宋本《九經》泉流，顧炎武《九經誤字》《石經》、監本同，今本作流泉，朱彝尊《經義考》：當作泉流。

〔6〕《毛》不敢，《齊》《鹽鐵論・詔聖》《詩補傳》不可，師受不同。《毛》暴，暴同虣，金文、甲骨文、《詛楚文》虣。案：本字作溯。《說文》溯，《毛》馮，《單疏》《齊》憑，P2978 馮，馮，憑通溯。《唐石經》他，《淮南・本經》佗 tuō 通他，《荀・臣道》它，古字。《毛》兢，《說文》《汗簡》兢，古字，《左傳》矜，兢矜古今字。《毛》如，《周書》《呂覽》若，如若義同。《單疏》淵，《唐石經》「渁」，避唐諱。《漢石經》深作深。

【詮釋】

〔1〕賦體詩。《魯傳》《周本紀》周幽王以虢石父爲卿，「石父佞巧、善諛、好利，國人皆怨。」畏通威，疾威，暴虐。《毛公鼎》「憨天疾畏」，〔魯傳〕《列女傳》「《詩》曰：『昊（旻）天疾畏，敷於下土。』旻通憨憫 mǐn。言天道好生，疾威虐之行於下土也。」《詩傳大全》：旻，幽遠。敷専 fū，散佈。「謀猷（猷）回遹（邪僻）」。猷通猷，謀猷，連語，計謀，規劃。案：駁沇穴通遹 yù，通僻 pì，回僻，連語，邪僻。《齊傳》《幽通賦》注：回，邪也；穴，僻也。《韓傳》《西征賦注》：回沇，邪僻也。《韓傳》《史・劉敬傳》《索隱》引《韓傳》：沮，止也，壞也。沮 jǔ，沮，止。臧，善。覆，反而。卭 qióng，勞病，案：卭通忑（恐），恐懼，又通痋 chóng，憂病。

　　韻部：土沮，魚部。用卭，東部。

〔2〕潝嚃歙共翕，翕翕 xīxī，相和，眾口附和吹捧，或誹謗他人；背地裡訿訿 zǐzǐ 相訿，訿毀。《魯說》《韓說》《劉向傳》：「眾小在位而從邪議，歙歙相是而背君子。」不思稱乎上。其，如果；臧謀善策，卻違悖；不善之謀，卻依從。咄咄怪事！視，察。謀猷，謀猷，計劃。伊，語詞；于，往，《周書・牧誓》「于商郊」；底通厎 dǐ，至，將達到什麼目的？《箋》「我視今君臣之謀道，往行之將何至乎?」

　　韻部：哀違依，微部；底（厎），脂部。微、脂合韻。

〔3〕猒厭 yàn，厭煩。古有占龜兆僅用一次的規定。案：猶讀如繇 zhòu，兆辭，不我告，不告我。你老想借助龜占得到吉卜，龜也厭煩。猶通猷，謀劃。謀夫，謀士，其時養士之風盛行。是用，因此。集就雙聲通借，成就；發言，發表政見；盈，充滿；庭通廷，朝廷。敢，能；執，杜塞；咎，責任，應敢於建言建策，又敢承擔責任。匪通彼，代指決策者；如彼要謀劃長遠，卻不問專家、大眾，卻問策於過路人，不得正道。

韻部：猶就（集）咎道，幽部。

〔4〕哀哉！可悲啊。猶通猷，制訂規劃。程，先人法則。《傳疏》經，常守。匪，非；大猶，大謀猷，大計劃；經，行。維，唯；邇言，淺近、浮躁之言。《齊》《鹽鐵論・復古》：「此詩人刺不通於王道而善為權利者。」聽、爭疊義，聽從。如，譬如；匪，彼；《單疏》「言淺近之人不可謀道，猶路人不可謀室，故比之。」是用，因此；潰、遂疊韻通借，達到。于，與，而與行路人謀。不得於道，無所適從。「如彼築室于道謀」，七言詩之祖。

韻部：程經聽爭成，青部。

〔5〕靡，靡麗。止，讀如祉，《魯傳》《說苑・敬慎》作祉，《易・泰》「帝乙歸妹，從祉元吉」，祉 zhǐ，福祉。《傳》「靡，言小也。」《箋》止，禮。悊，哲，樺讀如哲。《文賦》注引薛君章句：靡，美。或，有的；聖，聖哲；否 fǒu，不然。膴 wǔ，腜 méi，同為明母，膴通腜，《釋文》引《韓傳》靡腜，猶無幾何。《箋》膴，法。案：靡，不；膴讀如腜，腜 méi 謀 móu 雙聲疊韻通借，腜謀字異義同之例，謀略。《書・洪範》，洪範五德：聖、哲、謀、肅、乂。聖，聖明，於事無不通；哲，賢明智慧；謀，聰明；肅，莊敬謹慎；艾，乂 yi，治理。《困學紀聞》、《尚書學史》：用《洪範》五事入詩。如，譬如，那泉流流失，不要無論或聖或否、或賢或愚、相率歸於國家敗亡的境地。《單疏》：「睿、明、聰、恭、從，是君德也；聖、哲、謀、肅、乂，是臣事也。」無，語詞；淪 lun，通率，淪胥，相繼淪沒；以敗，歸於敗亡。阮元《補箋》：「國民靡然相從，如泉流順風，戒其無相從皆敗也。」一說敗，敗壞善道。

韻部：祉腜（止）否腜謀，之部；艾（乂）敗，祭部。之、祭通韻。

〔6〕裘錫圭教授（1976）作虣，暴通虣 bào，徒步赤膊執兵搏擊猛虎，《魯傳》《呂覽・安死》高注：「無兵搏虎曰暴。無舟渡河曰馮。喻小人而為政，

不可以不敬，不敬之則危，猶暴虎、馮河之必死也。『人知其一，莫知其它』；一，非也；人皆知小人之爲非，不知不敬小人之危殆，故曰不知鄰類也。」它他佗 tuō。憑馮通淜 píng，淜，無舟渡河。戰戰 zhànzhàn，顫顫，矜矜 jīnjīn，兢兢、兢兢，戒愼。這是上古、《周書》的重要思想。《淮南・人間訓》引《堯戒》：「戰戰慄慄，日愼一日。人莫躓於山，而躓於垤。」《群書治要》引呂尙對周武王言：「堯之居民上也，振振如臨深淵。舜之居民上也，兢兢如履薄冰。」《魯》《說苑・政理》引周武王對成王問「如臨深淵，如履薄冰」。善治邦的有憂患意識。宋劉敞《七經小傳》上「卒章曰：『不敢暴虎，不敢馮河，人知其一，不知其它。』此言小人短慮，暴虎、馮河之患在目前則知避之，喪國忘家之禍，禍在歲月，故不知憂。『戰戰兢兢，如臨深淵，如臨薄冰』，言善治國者，當如此矣。」

韻部：河它（他），歌部；兢（競）冰，蒸部。

【評論】

《魯說》《韓說》《說苑・雜事》：「孔子對魯哀公曰：君者，舟也；庶人者，水也。水則載舟，水則覆舟。君以此思危，則危將安，不至矣。夫執國之柄，履民之上，凜乎如以腐索御奔馬。《詩》曰：『如履薄冰。』不亦危乎？」絕不作赤膊搏虎，無舟濟河的冒險事。宋・公是先生《七經小傳》：「此言小人短慮，『暴虎』、『馮河』之患，患在目前，則知避之。喪國亡家之禍，禍在歲月，故不知憂。『戰戰兢兢，如臨深淵，如履薄冰』者，善爲國者當如此矣。」案：此詩活靈活現地宣傳了善於治邦興國的政治家的憂患意識和戒愼思想這兩種傳統的重要政治哲學，《皋陶謨》宣導「愼厥身，修思永」，「在知人，在安民」，提倡九德 ——「寬而栗，柔而立，願而恭，亂（治）而敬，擾（和順）而毅，直而溫，簡而廉，剛而塞（寒，誠實充實），強而義」，「無教逸欲，有邦兢兢業業，一日二日萬幾」，「天聰明，自我民聰明。天明畏，自我民明威。」此詩啓屈原《惜誦》、《涉江》、漢・蔡琰《悲憤詩》。案：詩人用擬人、對比、暗寓寫政治謀慮的極其重要，得則興國，失則「淪胥以敗」，以至人人自危。第五章錯舉《洪範》五事，加深詩旨的深度。《魯傳》、隋・王通《中說・述史》：「此非天也，人謀不臧咎矣夫。」

小宛〔小菀鳩飛少翩〕

宛〔菀〕彼鳴鳩〔鵰鵃〕，翰飛戾〔厲廃〕
天。　　　　　　　　　　　小小那班鳩鳴，高飛到雲天。

我心憂傷，　　　　　　　　詩人我心多憂傷，
念〔念〕昔〔彼〕先人。　　　緬懷那先人。
明發〔㷍〕不寐〔昧廢寢〕，　一大早出發不能寢，
有懷二人。〔1〕　　　　　　緬懷父母親。

人之齊聖，　　　　　　　　端正而嚴明的人，
飲酒溫〔蘊蘊〕克〔尅〕。　　飲酒還能蘊藉尅制。
彼昏〔昏〕不知，　　　　　　而那種糊塗人，
壹〔壹〕醉〔酔〕日富〔福〕。　醉了還自酌自飲，越來越過份，
各敬〔警〕爾儀〔儀〕，　　　都得自警禮儀，
天命不又。〔2〕　　　　　　只怕天命不再保佑人！

中原有菽〔荓〕，庶民〔人、尸〕采之。　原中有大豆葉，老百姓采豆葉。
螟蛉〔蠕〕有子，蜾蠃〔蠣蠃蠃〕負之。　桑蟃有幼蟲，細腰蜂螫傷負持。
教誨爾〔尒〕子：「式穀〔穀檕〕似之。」　教會幼蜂：「用桑蟃幼蟲喂飼。」
〔3〕

題〔題睍相〕彼脊令〔鶺鵴鴿〕，載飛　斜視那鶺鴒，則飛則鳴。
載鳴。

我日斯邁，　　　　　　　　你我日日征行，
而月斯征。　　　　　　　　你我月月征行，
夙興夜寐，　　　　　　　　早早起身睡得晚，
毋〔無〕忝〔忝〕爾所生。〔4〕　莫愧對生我養我的父母親！

交交桑扈〔鳸〕，率場〔場〕啄粟。　飛來飛往的桑鳸，沿場食粟子。
哀我填〔瘏瘁疹殄瘨〕寡，　　哀憐我孤苦無助的人吧，
宜〔宐〕岸〔犴犴〕宜〔宐〕獄。　且關在鄉間牢房，且關在國家牢獄
　　　　　　　　　　　　　裡。

握粟出卜，　　　　　　　　用精米請人占卜，
自何能穀〔穀檕〕？〔5〕　　　從何時才能吉利？

溫溫恭人，　　　　　　　　爲人溫婉又恭敬，
如集于木。　　　　　　　　如同在那高高的樹木。
惴惴〔㥆專〕小心，　　　　　惴惴不安當謹慎

如臨于〔空〕谷。　　　　　如同面臨空谷。
戰戰兢兢，　　　　　　　　戰戰兢兢戒懼，
如履薄冰。〔6〕　　　　　　如同踩在薄冰窟。

【詩旨】

《詩論》簡 8「《少鶹》丌（其）言不亞（惡），少又怎（（佞），花言巧語，阿語奉承，姦邪）安。」《編年史》繫於前 772 年。

〔魯說〕蔡邕《履霜操》揚雄《琴清英》《漢・馮奉世傳》《後漢・黃瓊傳》仁人伯奇，因後母譖毀，而作歌於野。

〔齊說〕《易林》《既濟之晉》：「綏法長奸，不肯理寃；沉緬失節，君受其患。」《同人之未濟》：「桑扈竊脂，啄粟不宜。亂政無常，使我孔明。」《明夷之履》：「旦樹菽豆，暮成藿羹；心之所樂，志快心歡。」《丰之鼎》：「讒言亂國，覆是爲非。伯奇流離，恭子憂哀。」

《毛序》：「《小宛》，大夫刺宣王（《考文》P2978、《正義》《唐石經》小字本、相臺本、《白文》作幽王。《箋》：刺厲王。作宣字，非。）也。」朱熹《詩集傳》「此大夫遭時之亂，而兄弟相戒以免禍之詩」。《講義》《名物抄》《詩故》同。孫月峰：「自戒詩」。《詩切》懼禍宗。方玉潤：「賢者自箴也。」黃典誠《新詮》：「教子詩。」

【校勘】

〔1〕《單疏》《箋》宛發寐，《魯》《國語補音》《說苑・雜事》〈齊〉《大戴》盧注、P2978 作菀、斐、寢，《法藏》20/304 作莞，宋本葉抄朱抄本作菀，《釋文》本作菀，菀莞宛古通，P2978 作莞、寢（寢），異本。《魯》《招魂注》不廢，不發，發，亦旦也。昧通寐，廢通發。《毛》《小宛》，《晉語》《鳩飛》，《詩論》《少鶹》。案：本字作麗，《易・離》作麗，《毛》戾，P2978 庝，俗字，《西都賦》注引、《墨・公孟》《韓》屬，戾屬通麗。《考文》《單疏》《唐石經》鳩，《字林》鶌，《釋文》鵰，通作鳩。《唐石經》昔、寐《魯》《招魂注》《齊》《繁露・楚莊王》彼、昧，異本。

〔2〕《說文》薀，《集注》《唐石經》《定本》《箋》《王肅注》溫克，古字作薀，《單疏》蘊，溫縕蘊，溫讀如薀。P2978 尅，克通尅。《正義》昬，P2978、《唐石經》昏，避唐諱。《漢石經》「壹醉日富」，《毛》壹，《魯》《列女傳》8 一《說文》𡕥隸變爲壹古字。《毛》醉、儀，P2798 酔、儀，俗字。

〔3〕《單疏》民，法 20/304 作人，《唐石經》𡗕，避唐諱。《毛》蛉，《三

家》《說文》蠃，古字。《法言》螺蠃，《三家》《說文》蟥，螺，蠃，螺或體。又作蠃，誤；P2978 蠃，傳寫之誤。《毛》爾穀，《唐石經》穀。《齊民要術》、P2978 尒榖，穀榖通穀。

〔4〕《單疏》題，《說文》《毛詩音》題，通作睍，《魯》《潛夫論・贊學》顧，《中論・貴驗》相，字異義同。《中論・貴驗》脊令，《潛夫論・讚學》《齊》《大戴禮記》P2978 鶺鴒，《齊》《答客難》鶺鴒，字異音義同，脊與鶺、令與鴒古今字。《毛》毋，《潛夫論・贊學》，古《孝經》《大戴・曾子立孝》《韓詩外傳》8 曹植《魏德論》P2978、《唐石經》無，毋無通。《毛》忝，《三家》《說文》《樵敏碑》惁，忝古字。

〔5〕本字作鴟 hù，《單疏》《唐石經》扈，《魯》《釋鳥》《毛詩音》鴟，扈通鴟。案：本字作疢，《漢石經》「哀我疢寡」，疢同疢疢。《唐石經》塡，《釋文》《韓》疹，塡殄瘨疹音近義通。案：本字作犴，《三家》《荀・宥坐》《子虛賦》注、《淮南・說林》高注、《鹽鐵論・刑德》，《周禮・射人注》、《漢・崔駰傳》《音義》，《晉・郭璞傳》《疏》《初學記》20、《御覽》643、《後漢・皇后傳》注、《詩考》引《韓》《說文》《五經文字》《釋文》《晉紀總論》注引《毛》犴，《唐石經》《疏》岸，岸讀如犴。犴，本字；犴，俗字。《初學記》20 引《毛》穀，P2978 榖，《單疏》《唐石經》穀，穀通穀。榖同穀。

〔6〕《漢石經》《唐石經》于，《中說・魏相》作空，通作於，如從相對為文則為空，空谷對薄冰。《漢石經》《毛》惴，《說文》耑，《列女傳》專，讀如惴。

【詮釋】

〔1〕宛，宛宛 wǎnwǎn，小貌；《字林》《集注》《定本》：鳴鳩，鶻鵃（鳩）。鳩，山斑鳩 Streptopelia orientalis 青黑色，短尾。翰 hàn，羽長高飛；戾 liè、厲 lì，通麗 lì，附麗，附著我，詩人。昔，通彼；先人，先輩。明發，連語，《魯傳》《招魂注》發亦旦，明；昧通寐，不寐，醒。懷，懷念；二人，父母。《傳》：二人，文〔王〕、武〔王〕。

韻部：天人人，真部。

〔2〕齊聖，聰明睿智，溫緼蘊讀若薀 yùn，薀藉，yùnjiè，寬厚有涵養。昏（昏），惛怋 hūnmín，昏亂；富，甚。壹一，專一；福，盛。孫月峰：「富字深酷，又字新陗，皆蔥蒨有色，此便是後來響字所祖。」各，都；敬通儆；爾，其；儀，禮儀容止。又，再。稱天命，當是國王，而非兄弟。

韻部：克福，職部；富又（佑），之部。職、之通韻。

〔3〕中原，原中。《疏證》10 菽 shū，大豆葉。庶民，老百姓。螟蛉mínglíng，疊韻詞，桑螟 Diaphania pyloalis，害蟲，一說棉蛉蟲。《法言》《說文》《箋》等以為細腰土蜂取螟蛉養大以為己子。誤。陶隱居據目驗注《本草》，昆蟲學家研究：蜾蠃，螺蠃（guǒluǒ，疊韻詞），胡蜂科，細腰土蜂 Eumenes pomifomis，螫螟蛉，麻醉後背回喂小蜂。式，用；榖 gǔ，養。《箋》案：舊訓似為嗣。此訓未諦。似 sí 飼 sì 雙聲疊韻通假，餵養。

韻部：之之采負子之，之部。

〔4〕本字作題，顧題睼通睇 tí，相，視；字異義同，看清楚。脊令、鶺鴒 jiling，（Motacilla）水鳥，長腳長尾，背青腹白，益鳥；載，則。而通爾，你；斯，語詞；邁、征疊義，大約此處寫兄弟或友人。《魯傳》《中論‧貴驗》：「遷善不懈之謂也。」夙興夜寐，忙。無通毋，不要；忝 tiǎn，辱沒，周代常語，《周語》「不忝前人」，《君牙》「無忝祖考。」爾所生，承首章「二人」，父母。

韻部：令（鴒），真部；鳴征生，耕部。真、耕通韻。

〔5〕《箋》：交交，往來貌。桑扈，桑鳸 hù，青雀，鳾雀，農桑候鳥，黑尾蠟嘴雀（Eophona migratoria），好食粟稻。率，沿。塡、瘨與疹、疢 zhēn疊韻通假，病苦，孤苦無依，困窘之人卻遭非人境遇；《蒼頡》：宜，得其所。案：此處作反語用。孤苦無助的人，案：宜，且，且在鄉間牢房、在都市監獄，岸通犴。《韓傳》：「鄉亭之繫曰犴 àn，朝廷曰獄 yù。」《魯傳》《淮南‧說山》高注：握粟，持精米（祭神米）請人占卜。自，從；何，何時；榖讀如穀 gǔ，善，吉。《箋》：穀，生。

韻部：粟獄卜榖，屋部；扈（鳸）寡，魚部。魚、屋通韻。

〔6〕《夏‧五子之歌》「民惟邦本，本固邦寧」。《周書‧畢命》：「罔曰弗克，惟既厥命，罔曰民寡，惟慎厥事。」《逸周‧大匡》：「在昔文考戰戰，惟時祇祇。」溫溫然，溫婉蘊藉，剋制，有修養。恭人，謙恭忠厚之人。如集於木，譬如歇於高危之木，恐防墜。案：《列女傳》專專，《說文》《集韻》惴，懸，心懸，不安貌。專專、惴惴 zhuìzhuì 通惴惴 zhuānzhuān，戒懼。警戒語。如臨空谷，恐隕。戰戰兢兢，驚悚，戒懼，如踩薄冰，怕陷，寫衰世人人自危。

韻部：木榖，屋部；兢冰，蒸部。

【評論】

　　《魯說》《中說・魏相》：「古者進賢退不肖，猶患不治；今則吾樂賢者而哀不賢者，如是寡怨，猶懼不免。《詩》云：『惴惴小心，如臨空谷？』」《詩集傳》頁184，「此詩之詞最爲明白，而意極懇至。」《詩童子問》：「『塡寡』，自謂也。王既不恤鰥獨，則爲我之病窮，『宜岸宜獄』矣，故『握粟出卜』，以求自善之道，貧窶如是，而猶不忘所以自善之道，然後爲君子也。」明・徐光啓：「此篇五興，各有深致。排喻婉篤，寄意高遠。比物連類，莫妙於此。屈原雖長於譬況，自當北面，那得雁行！」《通論》：「中原二句，『螟蛉』二句，此雙比法，亦奇。」《談經》：「古之隱語，握粟於手，出而令人測之，所握者粟，自無由得穀也。諧聲。……後世子夜讀曲情歌，多屬此體。……《風詩》爲詞章之祖，信哉！」

小弁〔少畟〕

弁〔昇〕彼鸒〔鵒〕斯，歸飛提提〔頻頻〕。	昇昇然快樂啊那寒鴉，安舒地向巢飛。
「民〔已〕莫不穀〔穀〕，	「人民無人不相養着，
我獨于罹。	我獨獨憂愁遭罪。
何辜于天，	天哪！我哪兒得罪了你？
我罪伊何？	我的罪辜是什麼？
心之憂矣，	我的憂鬱深深啊，
云如之何！」〔1〕	無可奈何！無可奈何！」
踧踧〔儵〕周道，鞫〔鞠竆〕爲茂草。	平展大路，盡是旺盛的野草。
我心憂〔悠〕傷，	我的心憂傷不已啊，
惄〔惘〕焉如擣〔疛癗〕。	憂愁如杵時時舂搗。
假〔監寤〕寐永歎〔嘆〕，	和衣而睡長長歎息，
維〔唯惟〕憂用老。	憂鬱竟使人衰老！
心之憂矣，	我的心憂鬱不已啊，
疢〔疛疹疥〕如疾首。〔2〕	憂煩使我頭疼煩惱。
維〔惟〕桑與梓，	唯有桑梓故園情思綿綿，
必恭敬止。	想起故國之戀畢恭畢敬！
靡瞻匪父，	每每見到父親瞻仰依戀，
靡依匪母。	每每見到母親依偎難分！

不屬于毛，
不罹〔離〕于裏。
天之生我，我辰安〔焉〕在？〔3〕

骨血毛髮父母遺傳啊，
心腹臟腑父母所存啊。
天生我在戰亂，為何如此生不逢辰？

菀〔苑〕彼柳斯，鳴蜩嘒嘒，
有漼者淵〔泉泑〕，萑〔萑葦〕葦淠
淠〔渒〕。

那郁郁的楊柳，蟬嘒嘒嘒嘒不住地鳴，
那深深的淵潭，蘆葦真是旺盛。

譬〔辟〕彼舟流，
不知所屆〔屆艐〕。
心之憂矣，
不遑〔皇〕假〔暇〕寐。〔4〕

我如隨水漂浮的舟，
不知到何方？
我的心憂愁不已啊，
沒有空暇和衣假睡到天亮。

鹿斯之奔〔鹿之斯奔〕，維足伎伎〔跂
趚〕。

金鹿在奔跑，長長四足速速飛奔，

雉之朝雊〔呴〕，尚求其雌。
譬彼壞〔瘣〕木，
疾用無枝。
心之憂矣，
寧莫之知。〔5〕

雄野雞雊雊直鳴，猶尋伴兒共度終生。
譬如那壞木，空空敗壞，
因病沒了嫩枝，
我的心憂鬱不已，
竟無人相知！

相彼投兔〔菟〕，
尚或先之。
行有死人，
尚或墐〔殣〕之。
君子〔之〕秉心，
維其忍之。
心之憂矣，
涕既隕〔隕〕之。〔6〕

看那掩捕可憐的兔兒，
尚有人先去為牠開釋，便於兔兒逃命。
路上死了人，
尚有人為他掩埋祭奠。
君子啊何不秉持良心？
何以如此殘忍？
我的心憂鬱不已，
淚珠不禁墜隕。

君子信讒，
如或醻之。
君子不惠，
不舒究之。
伐木掎矣，析木扡〔扡柂柂〕矣。
舍彼有罪，
予之佗〔他〕矣。〔7〕

君子為何聽信讒言？
卻有時竟然答應！
君子為何不智慧？
不伸張正義，不查明罪人！
伐樹要用繩牽引樹頭，砍樹要支架支。
為什麼赦免有罪的罪犯，
卻加罪於無罪之人。

莫高匪山，莫浚〔浚〕匪泉〔淵〕。　　無高而非山，無深而非泉。
君子無易由〔繇〕言，　　　　　　君子莫要輕易發議論，
耳屬于垣〔垣〕。　　　　　　　　小心竊聽，有人耳朵貼牆邊。
無逝我梁！無發我笱〔苟〕！　　不要動我的魚梁，不要動我的魚笱！
我躬不閱〔說〕，　　　　　　　　我自身已不被容受，
遑恤〔邮〕我後！〔8〕　　　　　更何暇憂及身後！

【詩旨】

《孔子詩論》《詩序》簡 8：「《少叀（小弁）》《考（巧）言》，則言謘（讒）人之害也。」案：同爲公子或同爲兒子，卻因爲遭受駭人聽聞的讒害，一方高升，一方放逐，這是被無端貶斥、被放逐者哀怨痛楚的心歌。據前三章，五至八章，當是申后及其子宜咎的怨歌。成警世省人之什。《編年史》繫於前 774 年。

〔魯說〕漢·蔡邕《琴操》記載上卿尹吉甫妻亡，子伯奇。甫娶後妻生子伯邦，後妻讒害伯奇，伯奇放逐於野。《論衡·書虛》同。

〔齊說〕《易林·訟之大有》：「尹氏伯奇，父子生離，無罪被辜，長舌所爲。」《家人之謙》「長舌所爲」易爲「長舌爲滅」。《漢·翼奉世傳贊》、《論衡·書虛》以爲伯奇作詩。

〔韓說〕《御覽》引《韓詩》：「《黍離》，伯封作也。」

《毛序》「《小弁》，刺幽王也。大子之傅作焉。」則詩人是太子宜臼的太傅。《傳》說幽王娶申女生太子宜臼，又寵褒姒生伯服，放逐宜臼，將殺宜臼。朱熹《詩集傳》同。關於宜臼自怨之詞，《名物抄》：「宜臼被廢而作。」《原解》21「《小弁》以下四篇，皆信讒之害，《小弁》害家，《巧言》害國，《何人斯》害朋友，《蒼伯》刺讒人，編什之序也。」《注析》：「這是被父放逐的兒子訴苦的詩。」作於前 773 年。

【校勘】

〔1〕《毛》《小弁》，《詩論》簡 8 作《少叀》《毛詩音》弁，古昪字，《魯》《漢·杜欽傳》作《小卞》，《說文》弁作昪，《集韻》「或作弁，卞，通作盤。」正字作昪，《釋文》訓樂，則爲昪，弁卞盤通昪。《毛》鸒，《魯》《法言·學行》鷽，同。《毛》提提，《法言·學行》頻頻，師受不同。《毛》提提，《毛詩音》提提即猇猇，《廣韻》《集韻》猇猇。《毛》《正義》穀，P2978、《唐石經》《集解》穀，穀通穀。

〔2〕《單疏》《唐石經》踧，《魯》《釋訓》僬，字異義同。本字作竂，P2978 鞠，《毛》鞠，鞠鞠通竂，當依《魯》《兩漢全書》《釋文》《述行賦》P2978、《蜀石經》鞠，《唐石經》、宋版、岳本、小字本所附作鞠，《西征賦》注引《毛》鞠，鞠通鞠。《毛》維、憂，《漢石經》《贈從弟》注引作悠。《單疏》《唐石經》擣維，《釋文》：擣本或作擣，《韓詩》作疛，義同。《魯》《韓》《漢石經》《說文》《玉篇》疛，惟，《齊》《韓》中山王劉勝《聞樂對》唯、擣，P2798 怒作怼，疛作擣，《眾經音義》16 惂，同怒，一作擣，擣疛同，擣通擣，維通唯。案：本字作「監寐寤歎，疢如疾首」，詳《漢石經》《說文》《後漢·桓帝紀》《單疏》《毛》疢 chèn，古字，《玉篇》、p2978 瘀，或體，瘆。《九懷注》《毛》假寐，《後漢·桓帝紀》、《漢石經》監寐，《韓》《後漢·和帝紀》寤，師受不同。《毛》歎，《釋文》本亦作嘆，《和帝紀》嘆。《集韻》《韓》《贈白馬王彪》注引《毛》疹，又寫作瘀，瘆，同疢。《毛》維，《魯》《論衡·書虛》惟。

〔3〕《毛》維、安，《魯》《韓》《漢石經》《三國名臣序贊》注引作惟、焉，維惟，安、焉義同。P2978 維莱。《漢石經》菜。《毛》罹，誤，P2978、《唐石經》《白文》離，《讀詩記》《詩集傳》離，罹離麗古通。

〔4〕《說苑·雜言》《單疏》菀，《白帖》100 作宛，古字通。《毛》淵，《單疏》《魏都賦》注引《毛》作泉，P2978 作渕，《唐石經》洪，避唐諱。本字作萑，《說苑·雜言》莞，《毛》萑，《韓詩外傳》7 薍，《唐石經》初刻作薍，後改刻萑，作薍誤。本字作譬，辟讀如譬，《唐石經》譬，《釋文》譬，本亦作辟。《毛》潪，《韓》潬，作潯非。《漢石經》屆，《唐石經》屆，《魯》《釋言》艐，艐屆古今字。屆屆同。《箋》《唐石經》遑假寐，P2978 皇暇寐，俗字，皇古字。

〔5〕《毛》鹿斯之奔，《白帖》97「鹿之斯奔」，後者傳寫之誤。《單疏》伎，本字作跂，《魯》《淮南·原道》高注、p2978、《白帖》97、《慧琳音義》79 引《爾雅》注作跂，《韓》《說文》《廣雅》《玉篇》趀，《字林》歧。案：跂歧伎通趀，趀趀，疾行貌。《毛》雊，《殷本紀》《正義》引作呴，擬聲詞。《唐石經》壞，《魯》《五經文字》《釋木》樊光注引、《說文》《釋文》《單疏》瘣，壞通瘣。

〔6〕《毛》兔，P2978 莬，誤，當是菟，菟同兔。《單疏》墐，《三家》《列女傳》《左傳》《說文》《九經字樣》殣，通殣。《毛》子，P29、78 之，《說文》《漢石經》涕隕，《唐石經》隕，同。

　　〔7〕《毛》醻，《詩集傳》《傳疏》酬，醻、酬古今字。《釋文》、P2978、小字本、相臺本、十行本作拖，案：本字作柁，《魯》《漢石經》《五經文字》柁，《唐石經》《單疏》《玉篇》《詩集傳》柂，作拖，非。《白文》作𣐈。《毛》佗，P2978作他，同。

　　〔8〕《毛》由，《魯》《釋言》繇，《韓詩外傳》繇，繇、由古通。《唐石經》垣，《單疏》垣，避宋諱。《毛》浚泉。案：泉當爲淵字之訛，《西狹頌》浚作浚，異體字。《箋》《單疏》淵，《唐石經》泬，《箋》《疏》「入其淵」，正作淵。第四章「有洸者淵」，《唐石經》《文選注》作泉。泉泬避唐廟諱。《唐石經》恤，《五經文字》邺，同。P2978苟，讀如筍。

　　宋·王柏《詩疑》疑末四句是《邶風·谷風》錯簡竄入。與上文不貫。

【詮釋】

　　〔1〕一章鸒飛，興。弁卞 pán、盤通昪，昪昪 biàn biàn，喜樂貌。弁又通抃，上下飛翔。鸒 yù，體形較小、腹下白的烏鴉，楚烏鳥；斯，語詞。案：提提，掭掭 chì chì，疊韻通借，安舒飛貌。穀通穀 gǔ，養，又訓善。我，代被讒害的太子或伯奇。于通居；罹 lí，憂。辜，罪過。天，周王。伊，繄，是。矣，語氣詞。云，語詞；如之何，奈之何，無可奈何。

　　韻部：斯提，支部；罹何何，歌部。

　　〔2〕二章茂草，興踧踧 dídí，平易。儦儦 yōu yōu，平坦宜優遊貌。周，大。鞫鞫，通窮 jū，盡。悠 yōu，憂。惄怒 nì，憂思；焉，然；擣 dǎo，疛、瘳 zhǒu，憂愁傷心。《韓》：疛 zhǒu，病。假寐，和衣而睡。維通唯，只；用，因；憂使人衰老。《魯傳》《論衡·書虛》：「伯奇放流，首發早白。《詩》曰：『惟憂用老。』」疢瘵瘵疢 chèn，煩病，憂鬱。疾首，爲協韻而倒文，疾 jí，使頭痛。鍾惺《詩經評點》：「古今說憂，盡此數語，非身歷不知。」

　　韻部：道草擣（疛瘳）老憂（悠）首，幽部。

　　〔3〕三章追敘故園，追慕父母。桑梓之思，故園之戀。維，唯；桑梓，古五畝之宅，祖父樹桑與梓以遺給子孫，後代指故園。《詩傳注疏》：「桑梓，父母所植，以遺子孫，見其樹則思其人，思其人則愛其樹，所以必恭必敬也。」梓 zǐ，紫葳科，落葉喬木，嫩葉可食，木材輕而耐朽，可供建築、傢具、樂器用，皮可入藥。止，語詞。瞻依，依賴，依，親而依偎；屬 zhǔ，連著；罹離通麗，麗 lì，附著。《說文》：「麗 lì，草木相附麗土而生。」附麗，內在聯結；

穀通穀 gǔ，養；毛，毛髮；裏 lǐ，心腹；毛髮心腹，毛髮依存於身體，身體是父母所遺，永不可忘。辰，時運；安焉，何。即生不逢辰。《原始》11「追慕父母，言極沉痛，筆亦鬱勃頓挫之至。」

韻部：梓止（之）母裏在，之部。

〔4〕四章柳斯鯛鳴。興。宛莞讀如鬱，莞莞，郁郁 yùyù，茂盛；斯，語詞。蜩 tiáo，蟬；嘒嘒 huìhuì，擬聲詞。有漼，漼漼 cuīcuī，深。萑 huán 葦，蘆葦；淠淠𣎵𣎵 pèi pèi，茂盛。艐屆 jiè，至。《談經》：「譬彼中流之舟，不知所命駕也。」之，語詞。案：皇遑；假，暇。假寐，和衣而似睡非睡。狀不爲重用的鬱悶。《魯傳》《九懷注》：不脫冠帶而臥曰假寐。

韻部：嘒淠〔𣎵〕，月部；艐〔屆〕寐，微部。

〔5〕五章鹿奔。興。斯，語詞。案：伎伎、跂歧、䟢䟢 qíqí，速行貌，伎伎承上句鹿奔，不當訓安舒貌。雉 zhì，長尾山雞；雊〔呴〕雊雊 gòugòu，擬聲。尙，猶。壞讀如瘣 huì，樹病腫，不長枝葉。用，因；疾，病，樹因病不長枝葉。寧 nìng，安，微責之詞。朱熹：安，何。難道。

韻部：伎（跂䟢歧）雌枝知，支部。

〔6〕六章投兔。興。相，視。投，驅趕掩捕。投，掩捕。先，開釋。行，路，墐通殣 jìn，掩埋。君子，幽王。秉 bǐng 心，本應持良心。維，何；之，語詞；忍，何其忍心據《說文》《易・萃》《漢石經》《一切經音義》3 作涕 tì，古無淚有涕。涕 tì，淚；隕 yǔn，墜。之，語詞。逐臣不思國亡，流著淚諫國王。

韻部：先墐（殣）忍隕，諄部。

〔7〕七章賦寫伐薪。信讒 chán，聽信讒言。如，卻；或，有時，有人；醻酬 chóu，答應。朱熹：酬，報。案：惠慧同聲通假 huì，明察。案：舒，申，伸張正義；究，推究，考察。掎 jǐ，伐樹時用繩牽引樹頭，偏引。析，破析；薪，柴；案：《漢石經》《五經文字》杝，《五經文字》訓爲支架，伐樹析木要有支架。扡通杝 zhì，隨其木紋理而劈開。《傳》：「伐木者掎其巔，析薪者隨其理。」舍，赦，免罪咎。案：予與古今字，《雞鳴》：「無庶予子憎，」《荀・成相》：「內不阿親賢者予。」《新證》：佗、拸聲近義同，加。佗馱 tuò 疊韻通借，負，讓無罪的人背負罪名。《直解》：〔六、七章〕章法之變且巧。

韻部：醻（酬）究，幽部；掎杝〔扡〕佗，歌部。

〔8〕11 章廣義，提防竊聽門。讒毀之言無所不至。浚 jùn，深。無，勿；

易，輕易；由，用；言，決定，由絲同。屬 zhǔ，附屬，耳貼於牆竊聽 qiètīng。無通勿；逝，亂；梁、笱，捕魚的魚堰與魚籪。躬，自身；《釋文》：閱，不閱 yuè，不被容受。邺恤 xù，優恤，顧慮。

韻部：山泉言垣，寒部；笱後，侯部。

【評論】

《齊傳》《易林‧同人之未濟》：「桑扈竊脂，啄粟不宜，亂政無常，使我孔明。」《魯傳》，《論衡‧言毒》：「君子不是虎，獨畏讒夫之口。」《詩總聞》12「此詩每章皆因物有感，一章飛鶯；二章茂草；三章桑梓；四章莞柳鳴蜩，萑葦舟流；五章奔鹿、雛（當爲雉）雉、壞木；六章投兔，死人；七章伐木析薪；八章山泉，梁笱。有懷在心，凡觸物皆傷感也。」《通論》：「此詩尤哀怨切痛之甚，異於他詩也。」《詩誦》3，「『何辜於天』四句，即孟子父母之不我愛也，於我何哉？千古孝子同一心也。愁焉如擣，《易林》之胸春，俗諺所謂『心頭撞小鹿』也。『假寐永歎』，『惟憂用老』，寫愁人情景，此爲最切。」焦循《詩說》「《疏》云『累木倒而掎之』，乃知詩人所詠，即野人伐木情狀，而煉一『掎』字。」《原始》：「離奇變幻，令人莫測。」「驚心動魄，一字千金」。《會歸》頁 1301，「一至四章皆上興下賦，二章興下閒二比，四章興下兼比再賦；五章上興中比下賦；六章上比下賦；七章上比而賦，中興下賦；八章兩上興，兩下賦。爲通體比、興、賦相間之格。」案：《十月之交》至《小弁》諸什，此詩多用複喻，文采郁郁，形象生動，大約是詩人的詭辭，是警世省人之篇，這種峻切深刻的密諫之詩當時傳誦開來，編輯家也獨具慧眼加以選用，代表了清醒而鄭重的政治家思想家。後開啓了《楚辭》。

巧言（《考言》）

悠悠昊天，	悠悠邈邈的上蒼，
曰「父母且」。	「您是人類的爹娘」。
無罪無辜〔辜〕，	咱們本無罪過，
亂如此憮〔憮〕，	災禍慘烈，如此遭殃！
昊天已〔巳〕威〔畏〕，	上蒼暴虐太可畏，
予慎〔傎〕無罪。	咱眞沒罪過，
昊天大〔太泰〕憮〔憮〕，	上蒼的罪網遍覆大地，
予慎〔傎 diān〕無辜。〔1〕	咱眞無罪過！

亂之初〔初〕生，　　　　　　　　亂子初生的時候，
僭〔譖讒〕始既涵〔涵減咸〕。　　當初讒言容受了。
亂之又生，　　　　　　　　　　　亂子重重的時候，
君子信讒。　　　　　　　　　　　國王也聽信讒言了。
君子如怒，　　　　　　　　　　　國王如果加以譴責，
亂庶遄沮〔阻〕。　　　　　　　　亂子尙能很快終止！
君子如祉，　　　　　　　　　　　國王而喜歡治理，
亂庶遄已。〔2〕　　　　　　　　亂子幾乎很快停止！

君子屢〔婁〕盟，　　　　　　　　國王屢屢結盟發誓，說了不幹，
亂用是〔是用〕長。　　　　　　　亂子因此滋長。
君子信盜，　　　　　　　　　　　國王聽信讒佞小人，
亂用是〔是用〕暴。　　　　　　　內亂因此暴漲。
盜言孔甘，　　　　　　　　　　　讒言乍聽很媚人，
亂是〔時〕用餤〔談鹽〕。　　　　亂子因此大湧，
匪其止共〔恭闋〕，　　　　　　　那讒佞小人忙內訌，
維〔惟佳〕王之卭〔邛恐忝慕〕。〔3〕　是爲國王之病！

奕奕寢廟〔庿〕，　　　　　　　　美輪美奐的宗廟，
君子作之。　　　　　　　　　　　國王規劃營造，
秩秩〔戜戜〕大猷〔繇〕，　　　　英明的治國方略、常道法則，
聖人莫〔漠謨〕之。　　　　　　　聖人們謀劃好。
他人有心，　　　　　　　　　　　他人要打國家的主意，
予〔余〕忖〔寸〕度之。　　　　　咱們揣測，防備好。
躍躍〔趯趯〕毚兔〔菺菟〕，　　　狡猾的大兔來來往往，
遇〔愚〕犬獲之。〔4〕　　　　　遇到獵犬則被捕捉了！

荏染〔䅃姌荏苒〕柔木，君子樹之。　柔韌的樹啊，君子親自栽植。
往來行言，　　　　　　　　　　　那些遊談無根的謠言，
心焉數之。　　　　　　　　　　　咱心裡明白，不由他扯謊！
蛇蛇〔虵虵〕碩言，　　　　　　　那些欺詐的言論、大話，
出自口矣。　　　　　　　　　　　出口並無調查研究。
巧言如簧，　　　　　　　　　　　那些如簧動聽的諛辭，
顏之厚矣！〔5〕　　　　　　　　臉皮太厚恬不知羞！

彼何人斯？　　　　　　　　　　　那到底何許人？
居河之麋〔湄〕。　　　　　　　　盤踞在黃河之湄，

無拳〔攈捲〕無勇，　　　雖無武藝又無英勇，
職爲亂階。　　　　　　　只是亂子的根柢。
既微〔黴〕且尰〔瘇瘒〕，　脛部潰瘍又腫又爛，
爾勇伊何？　　　　　　　根柢不好，沒有勇氣。
爲猶將多，　　　　　　　雖說謀計劃又大又多，
爾居徒幾何？〔6〕　　　　可憐啊！你能有多少同夥？

【詩旨】

　　《詩論》簡8「《少昊（小夏‧小雅）‧考（巧）言》：則言讒（讒）人之害也。」《竹書紀年集證》繫於前773年。以下二首，繫於前773年。

　　〔魯說〕《淮南子》7高注：「訟間田者，虞、芮及暴桓公、蘇信公是也。」似說蘇信公作此詩。漢‧劉向《說苑‧政理》：「『匪其止恭，惟王之邛』。此傷姦臣蔽主以爲亂者也。」

　　〔齊說〕《易林‧隨之夬》「辯變白黑，巧言亂國，大人失福，君子迷惑。」《家人之履》：「君子失意，小人得志。亂擾並作。姦邪充塞。雖有百堯，顚不可救。」

　　《毛序》：「《巧言》，刺幽王也。大夫傷於讒，故（P2978作也）作是詩也。」

【校勘】

　　〔1〕正字是《毛》辜，P2978享，俗字。本字作幠，《正字》、《兩漢全書》，《俄藏》凸X、05588《正義》閩本、明監本作泰幠，《唐石經》《單疏》、P2978小字本、相臺本幠，《魯》《新序‧節士》《傳》《箋》岳本、小字本、相臺本作泰幠，《新序‧節士》《兩漢全書》《韓詩外傳》4《釋文》《詩集傳》閩本、明監本誤作憮，何《校》幠。《毛》已，《唐石經》巳，巳讀若已。P2928作泰，《毛》大，《新序‧節士》、《釋文》大音泰。《毛》威，《傳》《毛詩音》威讀畏。《唐石經》予愼，P2978愼，愼同顚，愼讀如愼，相臺本、《毛》大幠，《釋文》大，本或作泰，《唐石經》、《正義》、小字本、蜀本、越本、興國本、P2978泰。大讀如太。

　　〔2〕案：本字作譖，《釋文》《單疏》《唐石經》小字本、相臺本僭、涵，《三家》《眾經音義》5《讀詩記》《序》《傳》《箋》《王肅注》《正義》《詩經小學》、《後箋》《傳疏》譖，又下文「君子信讒」，「巧言如簧，顏之厚矣」，則必爲「譖」。案：本字作涵，《箋》咸，《說文》涵，《玉篇》涵，或作涵，《唐

石經》洰，《韓》減，《眾經音義》5引作涵，減涵通。《新證》涵，本應作函，函陷音近。《毛》沮，《毛詩音》沮即阻，音義同。《毛》維，《三家》惟，滬博《緇衣》5作隹，同。

〔3〕《魯》《潛夫論·述赦》《唐石經》《單疏》屢，《考文》《釋文》婁，古字。《毛》是，《魯》《列女傳》時，《漢石經》亂是用時是字異音義同。《毛》用是，《漢石經》是用。《毛》餤，P2978談，《釋文》引沈旋音談，徐音鹽，《表記》《釋文》引徐邈本作鹽，鹽餤同為舌音鄰紐，談訛字，《別雅》：鹽，豔。案：本字作恭，《毛》匪其止共，共讀如恭，《魯》匪作不，《韓詩外傳》4恭，《釋文》共，本又作恭，其音恭，本又作供。案：當從郭晉稀先生曰：「共當讀鬩。《說文》：『鬩，鬥也。』」滬藏楚竹書《緇衣》簡5作隹功，《毛》維、卬，《三家》《說苑·政理》《釋詁》《唐石經》、P2978惟、卬，郭店楚簡《緇衣》簡7～8「非其止之，共唯王恐」《齊》《緇衣》引作惟卬，維、惟同，卬卬同。《說文》忎（恐）。功卬卬恐讀如恐。

〔4〕《單疏》廟，P2978**庿**，古字作庿。秩秩大猷，猷通繇，繇，道。《單疏》秩秩，《三家》《說文》戠戠，戠，《集韻》戠，當作戠 zhì，音義同。《單疏》《唐石經》猷、莫，《三家》《漢·敘傳》《幽通賦》《後漢·文苑傳》注引作繇謨。《魯》《淮南·太族》莫，《毛詩音》莫即謨，《魯》《釋詁》郭注漠，P2978模，繇通猷，《釋文》：莫又作漠，一本作謨。莫漠通謨。《唐石經》予，《魯》《史·春申君傳》余，同。《孟子》3、《釋文》忖，本又作寸，《說文》有寸無忖，《漢·律曆志》寸，案：寸是古字，又作刌度，《玉篇》㣥，又作劊，忖㣥俗字，通作忖度。《戰國策》《單疏》躍躍。《三家》《史·春申君傳》《集解》《易林》《韓詩外傳》趯趯，《荀·非十二子》狄狄，狄、躍讀如趯，《釋文》：躍躍，他歷（曆）反，即讀如趯。《毛》兔，P2978菟，菟字之訛。菟同兔。《單疏》《唐石經》遇，《釋文》愚，本作遇。

〔5〕《唐石經》荏染，《毛詩音》枲姌為正字，《魯》《史·司馬相如傳》《說文》《事類賦》《說文繫傳》荏苒，通作荏苒。《毛》蛇蛇，《魯》《呂覽·重己》注引、P2978作虵虵，又作蛇蛇，同，案：讀如訑訑。

〔6〕案：本字作湄，《傳》《箋》《單疏》《唐石經》《兩漢全書》麋，《魯》《釋水》郭注引《文選·魏都賦》張載注引、《別賦》注引《毛》湄，麋通湄。《單疏》《唐石經》拳，《五經文字》《吳都賦》作攈，古書或作攟、捲。案：本字作捲，《慧琳音義》17引《傳》、《希麟音義》9引《玉篇》捲。《傳》

《箋》微，《三蒼》《齊》《韓》《字書》癓，《通俗文》溦，《說文》黴 méi，《毛詩音》微即瑰，瑰微通癓。案：本字作瘣，《魯》《釋訓》《單疏》《唐石經》尵，何《校》尵，《齊》《韓》《通俗文》《說文》《廣韻》瘣，籀文作尫，隸變爲尵。

【詮釋】

案：《夏書・皋陶謨》：「何畏乎巧言令色孔壬（佞）？」《韓非・詭使》：「巧言利詞行姦軌以倖偷世者䘏。」因憂患意識而詩風清骨峻。

〔1〕悠悠，憂思；昊天，蒼天。曰，發語詞。且 qie，〈古〉清魚，句末語氣詞，此處用作韻腳。古人以爲天生人。憮通幠 hū，大。已，甚威通畏。泰，太；憮通幠 hū，傲慢無忌。慎愼眞，誠。《箋》「昊天乎，王甚敖慢。」

韻部：且辜憮（憮）憮（憮）辜，魚部。威（畏）罪，微部。

〔2〕僭通譖 zén，誣陷讒害。既，盡。減涵涵咸，容受，聽信。庶，庶幾。君子，國王；如，如果；怒，譴責。遄 chuán，速；沮 jǔ 通阻，止。漢・王肅：「言亂之初生，讒人數緣事始自入，盡得容其讒言，言有漸也。」祉 zhǐ 喜疊韻通借。《毛》訓福。一說祉，賢。賢，2013 年 6 月 28 日，習近平總書記指出：用一賢則群賢畢至，見賢思齊就蔚然成風。朱熹：祉猶喜。

韻部：涵（減咸）讒，談部；怒沮（阻），魚部；祉已，之部。

〔3〕婁，屢，屢盟，反覆無常，言而無信。《魯傳》《荀・大略》「故《春秋》善胥命，而《詩》非『屢盟』，其心一也。」是用，因此。長 zhǎng，滋長。盜 dào，讒佞小人，賤人。《韓詩》：「盜，讒也」《群書治要》：盜，小人。《穀梁傳・哀 4》：「辟中國之正道以襲利，謂之道。」盜言，詐言，譖言；亂，內亂；用，因此；暴，《詩緝》：驟進。孔甘，乍聽很甜很媚人。《直解》：盜言，欺騙之言，謊言。餤 tán，誘進，亂因而增多。案：晉・徐邈著《毛詩音》時，《三家詩》俱在，《表記》《釋文》引徐邈本作鹽，鹽 yàn，讀爲豔，《齊說》「亂是用鹽」，亂因此猛長，《類篇》：「鹽，好而長也。」匪，彼；其，助詞，歷史上不乏其例的那些勇於內爭、怯於攘外的人；止，之；《箋》：（止、職）小人好爲讒佞，既不共其職事又爲王作病。共讀如恭，恭敬於職事。《疏》共、恭、供，供奉。郭晉稀先生考辯訓釋爲鬨 hòng，《說文》鬨，鬥也。一說貌似恭敬。維，爲；王，國王；卬，病，又，蛬卭卭 qiong，讀如忑（恐）kǒng，畏懼。《箋》訓病。《魯傳》漢・陸賈《新語・輔政》：「故杖聖者帝，杖賢者王，杖仁者霸，杖讒者滅，杖賊者亡。」

韻部：盟長，陽部。盜暴，宵部。甘餤（鹽），談部。共（恭）邛（邛），東部。

〔4〕奕奕 yìyì，莊嚴高大。寢，宮室；廟，宗廟。作，興建。秩秩通戢戢 zhì zhì，〈古〉澄質，大；猷，規劃。謨莫漠謨共莫，謀。忖寸刌，度，古作劇，寸度、刌劇、忖度，刌劇 cǔnduó，連語，揣度。毚 chán，狡猾。躍躍趯趯 tìtì，騰躍逃隱。後四句用比喻，比喻在後，用來比喻前二句。王肅：「言其雖騰躍逃隱，其跡或適與犬遇而見獲。」

韻部：廟猷，幽部；作莫（模漠謨）度（劇）獲，魚部。

〔5〕案：荏姌、荏姌、荏染、荏苒 rénrǎn，雙聲詞，柔韌貌。樹，植。行言，連語，《釋詁》行，言也。焉，結構助詞；心焉數之，用心辨識它。此四句前二句用比喻，比喻後二句。案：蛇蛇（虵虵）yíyí，〈古〉余支；虵虵 tuótuó，〈古〉定歌，余定鄰紐，蛇虵通虵，欺罔自誇貌。如簧，如簧吹奏時動聽。行言，流言，浮誇淺薄，不正派不可信的大話。

韻部：樹數口厚，侯部。

〔6〕朱熹：何人，斥讒人也。斯，語詞。麋 mí 湄 méi，水岸。拳勇，連語，拳捲攑 quán，勇壯，威勢。勇氣。職 zhí，只；為，是；亂，內亂；階，原因。黴 méi 微通癓 wéi，水濕病，大腿間濕疹；尰瘇 zhōng，脛腫，風濕病。伊，繄，是。猶通猷 yóu，計謀，或訓欺詐。將，且。居，其，語詞；徒，同夥；幾何，多少。《平議》居，蓄，言爾聽蓄徒眾幾何人也。《傳疏》：徒猶直，猶言爾直幾何也。

韻部：麋（湄）階，脂部；勇尰（瘇），東部；何多何，歌部。

【評論】

《孔子詩論》簡 8：「《十月》善諀言。《雨無政》、《節南山》皆言上之衰也，王公恥之。《少旻》多疑，疑言不中志者也。《少宛》其言不惡，少有仁焉。《少弁》《考言》，則言讒人之害也。」《墨・親士》：「君必有弗弗之臣，上必有詻詻 èè 之士。」《韓詩外傳》10「有諤諤 èè 爭（諍）臣者，其國昌；有默默諛臣者，其國亡。」《魯傳》《呂覽・貴公》高注：「務在利民，勿自私也。」《說苑・政理》：「孔子曰：『匪其止共，維王之邛。』此傷姦臣蔽主以為亂者也。」漢・荀悅《申鑒》：「一曰不知，二曰不進，三曰不任，四曰不終，五曰以小怨棄大德，六曰以小過黜大功，七曰以小失掩大美，八曰以奸傷忠正，九曰以邪說亂正度，十曰以讒嫉廢賢能。是謂十難。十難不除，則

賢臣不用，用臣不賢，則國非其國也。」《續讀詩記》：「大夫傷於讒，望其君而怨其人也。」明·朱善《詩解頤》：「寢廟之奕奕者，惟君子爲能作之，以其法之定也。大猷之秩秩者，惟聖人爲能莫（謀）之，以其德之盛也。以興他人之有心，亦惟我爲能度之，以其鑒之明也。狡兔之走疾也，而遇犬則其跡無所逃。讒人之言巧矣，而遇明君哲，則其情無所遁，亦何益之有哉！」《詩誦》3：「通篇用韻整齊……錯落，節節相間，最妙是第二章後半，及三章促句換韻，於急拍之中，前用四『亂』字，三『君子』，後用二『君子』，三『亂』字，參差點綴，讀者但駭其疊浪奔騰，落花飛舞，而不見用韻之跡，正可與《節南山》五章參看。末章上五句斯、麎、階爲韻，勇、膻又爲韻，下三句連韻，兩『何』字又複韻，與《行露》首章同調。變化因心，不容擬議。」《會歸》頁1312，「篇中凡用八『亂』字。蓋以致亂爲全文之綱，而信讒又爲致亂之階，故各章皆循此結爲一脈，至末章『職爲亂階』，總結全文。全篇分前後兩幅，前幅刺王，後幅刺讒，而以第四章爲點睛，即全文之歸宿，篇法嚴整。」

何人斯

彼何人斯！	那是何許人啊？
其心孔艱〔難〕！	他的內心太兇險！
胡逝我梁，	爲何經過我的魚梁？
不入我門？	偏偏不進的門院？
伊〔維〕誰云從〔茈〕？	他唯誰是從？
誰〔維〕暴〔暴〕之云！〔1〕	唯暴桓公所造的讒言！
二人從行，	僅僅兩個人一道行，
誰爲此禍？	哪個造成這樣的禍？
胡逝我梁，	爲何打我魚梁的主意，
不入唁我？	不弔唁我被罪失職！
始者不如，	當初並非如此，
今云不我可〔㗾〕。〔2〕	而認爲我樣樣不如意。
彼何人斯！	那是何許人啊？
胡逝我陳〔陳〕？	爲何遊過我的庭院，
我聞其聲，	我已經聽到了他的聲音，
不見其身〔人〕。	爲何見他人這麼少？

不愧〔媿〕于人？　　　　　　　他能無愧疚於人？
不畏于天？〔3〕　　　　　　　無畏於上天的冥報？

彼何人斯！　　　　　　　　　那是何許人啊？
其爲飄〔票〕風？　　　　　　他像旋風般突然！
胡不自北？　　　　　　　　　爲什麼不從北？
胡不自南？　　　　　　　　　爲什麼不從南？
胡逝我梁，　　　　　　　　　爲什麼開啓我的魚梁？
祇〔秖祇〕攪〔捁桔覺〕我心。〔4〕　只把我的心兒攪亂！

爾之安行，　　　　　　　　　你緩步而行，
亦不遑〔皇〕舍〔舒〕。　　　也無暇舒遲歇息。
爾之亟行，　　　　　　　　　你急火火而行，
遑脂〔脂〕〔載桱〕爾車？　竟未及給車軸加油？
壹〔一〕者之來，　　　　　　往常你來舍下，〔可你變了〕，
云何其盱〔忏疒〕〔云何籲矣〕？〔5〕　我何等憂愁！

爾還〔旋〕而入，　　　　　　想當初你回歸進我門，
我心易〔施施〕也，　　　　　我用心善待您啊，
還〔旋〕而不入，　　　　　　如今你迴旋不進我門，
否難知也！　　　　　　　　　你的心不難識！
壹者之來，　　　　　　　　　當初你來，
俾我祇〔祇㡳㡳褆〕也！〔6〕　使我心安褆褆。

伯氏吹壎〔塤壂〕，　　　　　想當初您我如伯仲，
仲氏吹篪〔箎笢篪虒篪箎〕，　你吹塤，我吹篪，樂應和諧。
諒〔諒〕不我知？　　　　　　你眞的不知我？
及爾如貫〔毌串〕。〔7〕　　　我與你作一次賭咒之事，

出此三物，　　　　　　　　　祭出豬、雞、犬，
以詛爾斯！〔8〕　　　　　　　對天賭咒發誓，如何？

爲鬼爲蜮〔蜮魊〕，　　　　　人要是作鬼怪，作精怪，
則不可得！　　　　　　　　　不能預測，
有靦〔姡〕面目，　　　　　　你雖有人的面目，
視人罔極？　　　　　　　　　示給人的是失去行動準則？
作此好歌，　　　　　　　　　我有感而發吟成此詩，
以〔㠯〕極反側。〔9〕　　　　揭穿你等反覆無常的人的心跡！

【詩旨】

《詩論》簡 27：「《可（何）斯》雀（爵）之矣，御（麒）所惡（愛），必曰：虖（吾）奚舍之，賓贈氏（是）也。」

《毛序》：「《何人斯》，蘇公刺暴公（《世本》、譙周《古考》作暴辛公、蘇成公）也。暴公爲卿士，而譖蘇公焉，故蘇公作是詩以絕（P2978 作而）之。（《白文》蘇公刺而絕之。）」《續〈讀詩記〉》2 則認爲「暴公雖譖蘇公，是詩不指言暴公，而怨其從行者也」。此說比較貼切。《詩序辨說》下，詩中「只有『暴』字而無『公』字及『蘇公』字，不知《序》何所據而得此事也。」《詩切》：「蘇公被讒奪邑，而刺暴公不來。」案：《御覽》580 引《世本》：「蘇成公，平王時候也。」其實寫詩也要有由頭，寫詩往往有感而發，曾經蘇、暴奏樂壎篪相和如兄如弟，兩國土地犬牙交錯，或因土地之爭，或因有人挑唆，蘇、暴交惡。據《淮南・精神訓》高誘注，此詩是約作於前 721～前 718 年的蘇信公責備暴辛公的絕交的詩束。《編年史》繫於前 773 年。

〔魯說〕《淮南・精神訓》「延陵季子不受吳國，而訟間田者慚矣。」高誘注：「訟間田者，虞、芮及暴桓公、蘇信公是也。」暴、蘇之爭爲田。（《淮南子集釋》頁 540）案：詩中三次吟及「胡逝我梁」與《谷風》「毋逝我梁，毋發我筍」頗似，即在周代田與捕魚業是兩項重要經濟來源，對方在政治上又在經濟上貪殘，詩人不能容忍，發之於詩！

〔齊說〕《易林》《困之萃》：「被發獸心，難於爲鄰；來如飄風，去似絕弦。爲 狼所殘。」《賁之渙》：「火石相得，乾充潤澤；利少囊縮，祇益促迫，」

《注析》「同事絕交詩」。《會歸》頁 1319～1320，「此蓋蘇公爲暴公所譖，或已獲譴去職，故即附暴惑譖之何人，亦即蘇公前時之僚寀，詭祕遠己之行，爲反覆之推詰，期極其反側之情，而證實暴公之譖。何人既爲暴公之侶，發其黨暴公之過，即以刺暴公之惡。此詩之所爲作也。」

聞一多：棄婦詞。《全注》：「這是一名女子懷念和埋怨舊日情人的詩。」劉毓慶、李蹊譯注《詩經》：「這首詩表現了女子對情人變心的憤怒和譴責，揭露了他的狡獪、暗昧、詭譎和翻雲覆雨的醜態。」

【校勘】

〔1〕《毛》艱，p2978 難，當作艱才叶韻。《考文》、《單疏》、《唐石經》、台 20／304 P2978、六朝寫本《毛詩》殘卷阮《校》、何《校》、《白文》作維，《毛》閩本、明監本作誰。P2978 暴，俗字，《唐石經》「伊誰焉從」，「焉」磨

改作「云」。《毛》從，《漢石經》𢔅，同。

〔2〕《毛》陳，古字作敶。《毛》身，《列女傳・衛靈夫人》人，疑古本本作人，且累貫而下，《毛》避重，易人爲身，身人聲近義同。《毛》愧，或體。《說文》《考文》、P2978 媿，正字。

〔4〕《毛》飄，P2978 票，古字，票通飄。案：本字作祇。《七啓》注引《毛》《韓》秖，《說文》《漢石經》《箋》《唐抄文選集注匯存》2、182 祇，攪我心，《唐石經》《白文》祇，《贈謝惠連》注引、P2978 作秖，祇秖讀如祇。《字書》《集韻》《玄應音義》16 揹，或體。《後漢・馬融傳》梏《毛》攪，《歡逝賦》注引作覺，覺攪字形省。《毛》《正義》愧，《說文》《考文》《釋文》《後漢》《殤帝紀》《杜林傳》P2978 媿，古字。

〔5〕《毛》遑，P2978、《思玄賦》注作皇，古字。《毛》舍，《毛詩音》舍音舒。《毛》遑脂，《文選注》載，當是異本。《唐石經》P2978 脂，同。P2978 一，壹古字。《毛》《箋》《唐石經》盱，《漢石經》疒本字作忓，《毛詩音》：盱，即忓。《毛》其，《唐石經》初刻無「其」，後「何」下旁添「其」，《釋文》《正義》、小字本、相臺本有其，四言詩，當有其。案：本字作云何疒矣，《漢石經》《廣雅》《玉篇》作疒，《唐石經》云何其盱，p2978 云何籲矣，籲盱通疒。

〔6〕《唐石經》還，P2978 旋，下同，還讀如旋。《毛》易，《釋文》引《韓》作施施，作易、作施俱可，本文從《韓》作施施。案：本字作㡾，《毛》祇，由《箋》推知作褆，祇通褆，褆，安也，蘇轍本作祇訓安，《說文》《毛詩音》祇即㡾，《唐石經》、小字本、相臺本作祇，P2978 作祇，祇、祇通㡾，㡾 zhī 胝同，㡾，讀作褆，訓安。

〔7〕904 年抄《玉篇》作䑛，避唐曾祖李虎諱，當是古字虝。《魯》《呂覽・仲夏》《說文》《單疏》壎篪，《魯》《風俗通》《齊》《周禮》《世本》塤，《說文》無塤，壎塤古今字，P2578 作壂，訛字，

〔8〕案：一般〔7〕〔8〕合爲一章。此從《治齋讀詩蒙說》卷二分爲二章。案：本字依《說文》虝，《毛》篪，《唐石經》簾，避唐諱。《說文》唐寫本《玉篇》引《毛》作虝，又作笡，虝古字，笡異體，P2978 作篪，《字彙》篪，同篪，俗字。《毛》諒，P2978 諒，俗字，《毛》貫，《毛詩音》貫，今之串，貫串屮音近義通。

〔9〕《毛》覦，《方言》懥，《字彙》覾，《魯》覦，字異音義同。《毛》以，《魯》㠯《釋文》以本作㠯，㠯以古今字。螷螷蠯同。

【詮釋】

〔1〕前6章暗諷既然是同為周的諸侯、同僚、老友為何不想見，動我魚梁，經我庭院卻不見。案：據《魯傳》《淮南‧精神》、《詩稗疏》、《後箋》蘇、暴是王畿內小國。暴 bào 國在今河南省新鄉市原陽縣西，蘇國在今河南省焦作市溫縣西三十里，兩地相鄰。土地犬牙相入，土地漁業經濟糾紛，暴君謗毀，蘇君作此詩。彼何人斯！斯，語詞；詰問句，鄙薄之詞。孔艱，很陰險。案：「胡逝我梁」與《谷風》「毋逝我梁，毋發我笱」相似，逝，經過；魚梁，漁業是中國古代重要的經濟來源之一。案：胡，為何；逝通啓。伊，繫，是；誰讀惟，惟暴辛公是從，云，言；從，唯誰是從？責問二人只有暴辛公所誣陷讒毀的話是從。

韻部：艱門云，文部。

〔2〕《單疏》：明二人者，謂暴與其侶。為，造成。何義門《讀書記》：「二章言從行唯我與汝，非汝誰為之也？」斥暴公作此禍。唁 yàn，《單疏》：言唁者，雖不奪國，以被罪，當弔之。弔生曰唁。唁不必失國也。對遭遇非常變故的人的慰問。始者，當初；不如，不像今天。云，語詞；可，意動詞，不以為我可，又可通哿，哿 gě，喜。《續〈讀詩記〉》2「暴公雖譖蘇公，是詩不指言暴公，而怨其從行者也。……反覆論難，盡其難而極其辭，緩而不迫，怨而不怒。使聞者羞愧，無以自解免。此所謂好歌。今人親愛之爭者，不為疾聲詈語，曰：『我以禮相問』，亦此意也。」朱熹：「言二人相從而行，不知誰譖 zan 己而禍之乎？既使我得罪矣，而其逝我梁也，不入而唁我。女始者與我親厚之時，豈嘗如今不以我為可乎？」何《校》：「二章言從行，唯我與女，非女誰為之也？」

韻部：行梁，陽部；我可，歌部。

〔3〕顧鎮《虞東學詩》：何人，必蘇公素所交好之人，而新附暴公者。」逝，遊；陳，堂下至院門的通道。媿愧 kuì，慚愧。身人同。

韻部：陳身人天，眞部；聲，耕部。眞、耕通韻。

〔4〕票飄古今字。《魯傳》《離騷注》：飄風，回風。「胡不自北？胡不自南？」胡，何；自，從。以旋風比擬讒人行動詭秘莫測。秖、祇讀如衹，只；覺梏捁攪 jiǎo 雙聲疊韻通借，捁覺通攪，攪亂。

韻部：風，冬部；南心，侵部。冬、侵合韻。

〔5〕安行，安步徐行。皇遑古今字；舍讀如舒，舒遲歇息。亟 jí，急。

脂，給車軸塗油。代指歇息。壹者，昔者。云，助詞。案:《廣雅·釋詁》瘏，病。籲盱仵通瘏 xū，憂愁而病。

韻部:行行，陽部。舍（舒）車盱（瘏仵），魚部。

〔6〕爾，你;還讀如旋 xuán，返。入，進我門。案:易讀懌 yì，悅。《韓傳》:「施 shī，善也。」案:易施雙聲通借。我用心善待你，待君和和善善。《集疏》:「何人以從暴譖蘇，內愧而不肯來見，詩人既知其從行，又知其不入，而仍望其來者，意切而詞婉也。」否，不;不難揣測你的內心。壹 yī 者，《助字辨略》訓是人。俾，使;案:秖祇痕讀如禔 zhī，心安。《箋》:「一者之來見我，我則知之，使我心安也。」

韻部:易，錫部;施，歌部;知祇（痕禔），支部。陰入通韻中的支、錫通韻。

〔7〕追敘當年同爲傑出樂師，又有同僚之誼。詩人詛咒反覆無常之人。伯，行一;仲，行二，如兄如弟，《風俗通》:周平王時，蘇成公作箎。《古史》:「周幽王時暴辛公善塤，蘇成公善箎。」比喻當初暴、蘇如兄如弟，樂聲應和。塤 xūn，六孔，土製吹奏樂器。也有石製、骨製、象牙製品。鯱篪篪 chí，七孔或八孔，竹製吹奏樂器，邊陵音氣鳴樂器，相傳蘇成公創制。兩種樂器合奏，和諧悅耳。貫 guàn、串、卝，事。蘇公采邑，與暴公采邑相鄰。

〔8〕諒，誠;不我知?詰問句。是誠不知我的倒句。朱熹:我與汝如物之在貫，豈誠不我知而譖我哉?苟曰誠不如知，則出此三物以詛可也。出，祭出;《禮記》《疏》引《韓》:盟牲所用，天子、諸侯牛矛，大夫以犬，庶人以雞。詛祝，連語，呪詛使對方敗露，失敗。三物，豬、犬、雞，《定本》:「民不相信則詛之。」求神明加禍於人。斯，句末語氣詞，以協韻。

韻部:篪（鯱笆）知斯，支部。

〔9〕比擬對方如鬼如蜮，無行爲規範。爲，作;鬼，鬼怪;蜮 yù，傳說中一種含沙射影、使人致病的精怪水蟲;「則不可得」不能預測，《正義》:「則誠不可得而見。」得、德雙聲疊韻通借，《管·七臣七主》:「不備待而得和則民反素也。」《魯傳》「靦，姡也」。有靦，靦靦、悁悁tiǎntiǎn、姡姡 huóhuó，，羞愧。視，示，示給人以;罔極，失去準則。他示人以無行爲規範。作此好歌，吟成這一以示善意的詩歌。宋·王安石:作是詩，將以絕之。極，推究，揭露;反側，反覆無常。《洪範》「無反無側，王道正直」。《詩緝》:「此章峻辭責之，不復含隱也。」

韻部：蟁得極側，職部。

【評論】

〔魯傳〕《荀‧儒效》「奸事、奸道，治世之所棄而亂世之所從服也。……《詩》曰：『爲鬼爲蟁，則不可得。有靦面目，視（示）人罔極。作此好歌，以極反側。』此之謂矣。」明‧錢天錫《詩牖》：「通詩只『以極反側』一語盡之，應『其心孔艱』句。」《原解》21，「朱子疑詩中言『暴』不言『公』，爲無據，非也。詩言微婉，未有刺其人而面斥之者，讒口害人，蹤跡詭秘，平生僚友，一朝反顏如路人，故屢言『彼何人斯』，爲窮詰之辭；『二人從行』，究其推諉之奸；『逝梁』、『不入』，發其忸怩之情；『飄風』、『鬼蟁』，比其曖昧之私，辭婉而意切矣。……愚讀是詩，而益知『性情之說』矣」。《原始》「末句結出『反側』二字，應上『心艱』，首尾一氣相承。蓋惟『心艱』，是以『反側』，小人心跡，千古如見。」案：不妨看作諷刺性詩劇，詩人善於用生活細節、故事情節刻畫政治對手狡詐、窺我、魚梁不入唁我，到我甬道竟不見我，行如飄風，難以捉摸，由果推因，確乎生變，當年塤箎相和，竟成陌路，以至交惡。詩人篇末明旨揭示其鬼蟁行徑，乃貴族詩中佳作。三國‧魏‧嵇康《與山巨源絕交書》、齊‧劉孝標《廣絕交論》等名文本此。

巷 伯

萋〔緀〕兮斐〔菲〕兮，成是貝錦，	緀緀斐斐文采相錯，簧舌編織了誣人的貝錦，
彼譖〔讒〕人者， 亦已〔巳以〕大〔太〕甚〔甚〕！〔1〕	那讒害人的人啊， 也已經太過份！太過份！
哆〔銤侈誃〕兮〔其〕侈〔哆〕兮， 成是〔其〕南箕。	張大了箕口似的口，像是那南箕星。
彼譖人者， 誰適〔適〕與謀？〔2〕	那讒害人的人啊， 誰喜歡與他謀政？
緝緝〔咠〕翩翩〔幡扁諞繽〕， 謀欲譖〔讒〕人。	口舌傷人，姦佞誤政， 蓄謀誣陷人。
「慎爾言也〔矣〕， 謂爾不信！」〔3〕	「其時你裝作忠誠說話， 其實你並不可信！」

捷捷〔倢倢〕幡幡〔旛〕，　　你往來忙著用口舌誣陷好人，
謀欲譖〔讒〕言。　　　　　你蓄謀讒害他人，
「豈不爾受？　　　　　　　「難道不接受你的？
既其女〔汝〕遷〔訕〕。」〔4〕　既而又誹謗人。」

驕〔憍〕人好好〔旭〕，　　　真是小人得志驕矜傲慢，
勞人草草〔慅慅慅〕。　　　勞苦、受屈的人憂愁心亂，
蒼天！蒼天！　　　　　　　老天爺！老天爺，
視彼驕人，　　　　　　　　你審視那小人得志，
矜〔矜〕此勞人！〔5〕　　快哀憐受屈者受苦受難！

彼譖〔讒〕人者，　　　　　那專門讒害他人的人，
誰適與謀？　　　　　　　　誰喜歡與你議政？
取彼譖〔讒〕人，　　　　　拘捕那讒言誤國之徒，
投畀豺〔犲有〕虎〔虍〕；　扔給豺狼餧虎！
豺虎〔虍〕不食，　　　　　豺虎都不願吃他們，
投畀有北；　　　　　　　　擲給北方凍死他！
有北不受，　　　　　　　　太陰荒涼不毛的北方也不願要，
投畀有昊〔昦〕。〔6〕　　擲給昊天懲罰他的罪孽！

楊園之道，猗〔倚〕於畝〔畞〕丘。　楊園的路，緊依畝丘，
寺人孟子，　　　　　　　　後宮內小臣孟子，
作爲〔而〕此〔作爲〕詩。　憤起吟成這首詩歌。
凡百君子，　　　　　　　　諸位大人先生，
敬而聽之。〔7〕　　　　　警醒戒愼，請採納我的歌。

【詩旨】

余師《詩經選》：「這篇詩是一個表字孟子的寺人所作。作者遭人讒毀，用這詩發洩他的怨憤，給讒者以詛咒，同時勸執政者警惕。」案：《漢書・古今人表》繫孟子於共和與周宣王前，故當繫於前 841～前 828 年。據《齊傳》《漢書》馮奉世傳贊，孟子是受宮刑的內侍，又遭讒害，怨憤作詩。《編年史》繫於前 772 年。

〔齊說〕滬博藏楚竹書《〔《禮記》〕紂（緇）衣》簡 1，「子曰：盰顈女盰紂（好美如好《緇衣》，亞亞（惡惡）女（如）《衞白（巷伯）》。則民咸勞而型不刞（咸服而刑不屯，屯，重）。」《漢・司馬遷傳贊》《小雅・巷伯》之論，《漢・馮奉世傳》「孟子宮刑。」

《毛序》：「《巷伯》，刺幽王也。寺人傷於讒，故（P2978 作而）作是詩也。」

【校勘】

〔1〕正字作縷斐，《毛》萋斐，《三家》《說文》《類篇》《廣韻》縷斐，P2978、謝靈運《初發石首城》注引、P2978、《御覽》941、引《毛》作菲，《釋文》斐，或作菲，萋菲通、縷斐，疊韻形況詞。《毛》大甚，《群書治要》頁35、《白帖》93、P2978、《御覽》815、《詩童子問》太甚，《說文》《唐石經》甚，避唐諱。《魯》《說苑・建本》《唐石經》譖 zèn，《齊》《韓》《禮記》注、荀悅《漢紀》《齊》《緇衣》《韓詩外傳》《後漢・馬融傳》《類聚》85 讒，二字古通。

〔2〕《單疏》《唐石經》哆兮侈兮，《續修》1201 冊引《集注》：「侈兮哆兮」，《詩考補遺》引《三家》誃，《說文》銤，《魯》《釋言》郭注誃兮侈兮。P2978「哆兮其多兮，」誃哆侈銤 chǐ，字異音義同。「其」字衍，適，俗字。《毛》是，P2978 其。

〔3〕案：正字作貝、編。《唐石經》緝緝翩翩，P2978 扁《韓》《玉篇》緝緝繽繽，《魯》《齊》《說文》貝貝編編，《漢・揚雄傳》注引、《說文》貝貝幡幡，《釋文》又作扁，P2978、《白帖》93 扁，扁翩繽讀如編。扁扁、編編唹唹翩通編，又作便。《毛》也，《韓詩外傳》3 矣，也矣古通。

〔4〕案：本字作唹倢《唐石經》捷幡，《三家》《揚雄傳》注引作唹幡，又作倢，《慧琳音義》44 倢，捷通倢。《說文》幡，《五經文字》《唐石經》幡，同。《韓》繽，聲近義通。《毛》譖，《三家》《禮記》注、《後漢・馬援傳》《韓詩內傳》讒，同。《毛》女，古字，《考文》汝。《毛》遷，《箋》遷之言訕。

〔5〕《唐石經》驕人好好，《魯》憍人旭旭，驕憍同；《魯》《釋訓疏》《說文》旭旭。《毛》草草，《釋文》《釋訓》邢《疏》《玉海補遺》《三家》慅慅，《說文》《集韻》懆，《玉篇》憛，草通慅。《毛》矜，P2978 矜，正字作矜。

〔6〕《唐石經》譖，《魯》《白虎通》《齊》《緇衣》注，《漢紀》、《韓》《馬援傳》附朱勃《疏》、《類聚》85、《韓詩內傳》讒，譖讒通。P2978 投作殺，畀作畁，豺作犲。《齊》、《緇衣》注、《單疏》豺虎，《唐石經》虍，避唐諱。《釋文》一作犲，俗字，《後漢・楊秉傳》有虎；本字作畀，《毛》昊，《說文》畁。

〔7〕《唐石經》猗，《釋文》倚，P2978 作椅，《毛詩音》：猗畝久，當作倚，讀加，猗倚通。《唐石經》畝久，同。《釋文》《考文》《定本》《唐石經》《正

義》、《詩考》小字本、相臺本「作爲此詩」，P2978「作爲爲詩」，《定本》引
《箋》云：作，起也；爲，作也。」《釋文》「一本『作爲作詩』，非也。」《單
疏》當云作賦詩。《定本》『作爲此詩』，又《定本》《箋》有『作，起也；作，
爲也』二訓，自與經相乖，非也。」《正義》作爲作詩。《釋文》作爲此詩，
一本云「作爲作詩」。當從《考文》《定本》《唐石經》作爲此詩。P2978「作
爲是詩，」當以此爲準。《考文》引《箋》「作，起也；爲，作也」。段玉裁說
詳《續修》75-350、588-589，《釋文匯校》：當作「作而作詩」。

【詮釋】

〔1〕巷伯，姓巷名伯。內官（宮內小臣）之長。（《左傳・襄 9》：「令司
宮，巷伯儆宮。」）也。」案：哆，哆哆，張口貌；侈，侈侈，奢大貌。《魯
傳》《史・天官書》「箕主口舌」，比喻姦人播弄是非，誣陷好人。譖 zèn，讒
毀。南箕，星宿名，28 宿之一，有人馬座 υ、S、η，共 4 星，二星爲踵，二
星爲舌，踵窄舌寬，夏秋見於南方，古人附合於舌象，以爲箕星，比喻奸佞。
斐亹、斕斑、菶斐、縷斐、縷菲，疊韻詞，染絲織錦而文成，文采相錯貌。
貝錦，帛錦有文采貌。古人珍視貝殼，所以用爲錦上的圖案。以上說讒人誣
陷他人用許多迷惑人的言語，好像組織五色文采以成美錦似的。大音太。案：
誠如《齊傳》、《毛說》《後漢・孔融傳》「宛如巷伯」，首章則以宛而憤的藝術
筆觸揭開讒人的卑劣伎倆。

韻部：錦甚，侵部。

〔2〕案：此章用象徵技法。巧以天象喻人事。哆哆、侈侈、誃誃、鉹鉹
chǐchǐ，雙聲疊韻詞，張大貌。箕 jī 宿四宿成梯形，有人馬座 γ、δ、ε、η 四座
星，二星爲踵，二星爲舌，張如箕口，比喻讒人。適 shì，悅，《書・盤庚》：「民
不適有居。」與謀政事。此章以天象喻人事，比喻搬弄是非、讒害忠良的姦
人，天下本無事，姦人播是非。《魯傳》《天官書》：「箕主口舌。」

韻部：箕謀，之部。

〔3〕緝通咠，咠咠 qíqí，緝人之罪，誣陷他人貌，《周書》截截，善諞言。
繽偏扁翩通諞，諞諞 pián pián，諞佞，巧言善變，阿諛奉迎。巧佞之言。《釋
文》引《說文》緝，《說文》作咠。《說文》「咠咠，聶語也。（附耳私語）」謂，
以爲；不信，不可信。汪氏《詩義》：「經爲戒讒人，亦兼以諷王，謂不誠之
言不可信，直貫下經『既其女遷』，故《箋》云：」欲其誠者，惡其不誠也。」

韻部：翩（繽）人信，眞部。

〔4〕案：喈喈、捷捷、諓諓 jiéjié，口舌聲。幡幡 fānfān，便便 biànbiàn，善辯貌，反覆無常貌。狀辯佞之人。受，接受。案：既，盡，則；遷，《箋》：遷之言訕。（遷訕疊韻通借，遷讀如訕 shan，誹謗。）《集疏》：「言倉卒間，豈不受爾之讒言而憎惡他人？既而知汝言不誠，亦得將遷憎惡他人之心轉而憎惡汝矣。」

韻部：幡言遷（訕），元部。

〔5〕驕憍 jiāo，驕矜，小人得志貌。好好 hàohào 旭旭 xùxù 雙聲疊韻通借，《魯》《釋訓》注：旭旭，小人得志驕蹇貌。案：草草、慅慅 cǎocǎo 懆懆 cǎocǎo 懪懪 cǎocǎo 草草、慅慅、懆懆、懪懪雙聲疊韻通借，《魯》《釋詁》懆懆，愁也。好好，《傳》訓喜，《箋》訓喜讒言之人也。朱熹：好好，樂；草草，憂也。《玉篇》「懪懪，心亂」。驕人，憍人，讒人，得志驕蹇之小人。矜通矝 jin，哀憐。勞人，勞苦之人。朱熹：驕人譖行而得意，勞人遇譖而失度，其狀如此。

韻部：好（旭）草（懪懪），幽部；天天人人，真部。

〔6〕譖 zèn 讒 chán，陷害讒毀。適，悅。案：詩人恨之切齒的峻語，特出奇句，懸想奇特，亦民之聲也。取，拘捕。投，投擲；畁 bì，給予。有北，北，荒漠之地。有昊，昊天。《箋》「付與昊天，制其罪也」。《讀〈詩〉拙言》：「厭惡之峻語也。」

韻部：者虎，魚部；謀食北，之部。魚、之合韻。受畁（昊），幽部。

〔7〕案：貶出內宮後的寺人內小臣孟子抒懷，譏正得失。楊園，園名。猗倚 yī 同音通借；畝丘，方 100 步的山丘之地。寺通侍，近侍內臣，內宮永巷閹人；作，起，憤起；作為，吟作。《古今人表》：名孟子；列寺人孟子在「中之上」，《齊傳》、《漢·馮承世傳贊》張晏注：「寺人孟子賢者，被讒見宮刑，作《巷伯》之詩也。」凡百，諸位。敬通警，警醒，戒慎。

韻部：丘子詩子之，之部。

【評論】

案：《小旻》至《巷伯》抨擊惡人，抨擊政治界的腐惡，人神共嫉。《魯說》《新書·修政語上》：「顓頊（zhuānxū 古帝，黃帝孫）曰：『功莫美於去惡而為善，罪莫大於去善而為惡。故非吾善善而已矣；善緣善也；非惡惡而已也，惡緣惡也。吾日慎一日，其此已也』。」唐·杜牧宣導「放筆為文」，《後漢·明帝紀》詔曰：「古者卿士獻詩，百工（官）箴諫，其言事者，靡有所諱。」

《齊傳》《漢·翼奉傳》：「臣聞之於師，治道要務在知下之邪正。」《節南山》組詩是《詩經》中不可多得的犀利峻切的現實主義詩什，此詩不僅用賦體與抒情相結合的技法極寫受讒害者的怨憤之情，發誓要將讒人押給昊天治罪，又提出哀矜天下勞人，並能直書詩人之名，這顯示了在國家不幸時期詩人文家自有圭角，自有風骨，劍指強梁，敢於諤諤直言，進行抗爭，揭示社會的痼疾，希望引起政治改革家的留意，誠一代有一代的詩人文家，一代有一代的文學藝術。故有「史詩」之目。他們並沒有瘖啞失語。此詩善於用比，善於用示現技法，繪聲繪色，善於刻畫讒人意象，嘻笑怒罵，六章懸想奇特，七章坦白詩人名字，膽氣豪俊。下啓三國·魏·應璩《百一詩》、曹植《贈白馬王彪》、《鰕鮋篇》。朱熹引楊氏：「寺人，內侍之微者，出入於王之左右，親近於王而日見之，宜無間之可伺矣。今也亦傷於讒，則疏遠者可知。故其詩曰：『凡百君子，敬而聽之。』使在位知戒也。」鍾惺《詩經》：「每於讒人用疊字極力描寫。身罹其害，代爲之謀，似謔似呆，妙甚！妙甚！」《講意》：引陳定宇云：「《巧言》《何人斯》《巷伯》三篇，其述讒言之禍與讒人之情狀，可謂極矣！」（《存目》，經部276）《詩志》：「痛憤疾呼，明目張膽，『驕人』、『投畀』二章盡矣，妙在以冷婉發端，以肅重收結，便是怨怒之詩占身份處。」《詩誦》3「《巷伯》詩轟雷掣電之文也，然其言曰：『愼爾言也，謂而不信』又繼之曰：『豈不爾受，既其女遷』，仍怵以利害，使知悔而止。此詩人忠厚之心，末『敬』字包括甚大，勿草草讀過。」《詩志》：「詩人之旨以不說盡爲含蓄，《國風》《小雅》類。」《通論》：「刺讒諸詩無如此快利，暢所欲言。」下啓屈原、白居易等人的懼讒詩，雪讒詩。